解脱房貞慶の世界

『観世音菩薩感応抄』を読み解く

阿部泰郎／楠 淳證 編

龍谷大学仏教文化研究叢書53

法藏館

目次

解脱房貞慶の世界
――『観世音菩薩感応抄』を読み解く――

序　章　解脱房貞慶を尋ねて

鎌倉時代の延応二年（一二四〇）夏、宮廷の頂点に立つ前摂政関白入道九条道家《くじょうみちいえ》（一一九二〜一二五二）は病み、近侍の女房に「比良山古人《ひらさんこじん》」と名のる天狗が憑《つ》き、道家の兄の慶政《けいせい》上人（一一八九〜一二六八）と問答し、その内容が『比良山古人霊託《れいたく》』（以下、『霊託』）として記録されました。この『霊託』は、同じ年に承久の乱の結果として隠岐に流されたまま亡くなった後鳥羽院の祟《たた》りや怨霊が畏《おそ》れられる状況のもと、当時の人々や社会が、現実の世界を動かす目に見えない〝冥《めい》の力〟やその動向にいかに支配され、影響を蒙っていたかがよくわかります。その天狗との問答のなかで、慶政は、すでにこの世を去った聖俗の有力者たちの生所を探っています。そこに名を挙げられた幾人もの当時の著名な僧たちのうちに、高山寺の明恵《みょうえ》（一一七三〜一二三二）と笠置の貞慶《じょうけい》（一一五五〜一二一三）もいました。天狗は即座に、明恵房は都率《とそつ》の内院上生《ないいんじょうしょう》は疑いなし、近来《ちかごろ》真実に出離得脱《しゅつりとくだつ》の人はこの他に無い、と断言していましたが、一方、解脱房（貞慶）という人は知らない、と無視されてしまいます。

なお慶政は、「少納言已講《いこう》貞慶と申《もうし》し法相宗の碩徳《せきとく》、是なり」と説明しますが、天狗は「惣じてこれを知らず」とにべもありません。ただ、自分より若い物知りの天狗なら（貞慶のことは）知っているだろうが、己《おのれ》は学問がないので知らない、と弁解しています。(1)

当時、女性たちにも人気がありよく知られていた明恵に対して、貞慶の世間的な認知度の落差をあからさまに示すような一節です（ちなみに、無住〈一二二七～一三一二〉の『沙石集《しやせきしゆう》』でも、春日の神は、年若い明恵を「太郎」、年長の貞慶を「次郎」と呼んで、明恵が貞慶より神に愛されていたと示します(2)）。『閑居友《かんきよのとも》』（一二二二年(3)）の著者であり、入宋求法まで行った学僧ながら遁世《とんせい》の上人として仏法興隆に尽力した慶政にとって、貞慶は明恵とともに、宗派を超えて注目される高僧でした。しかも、遁世の先達としての彼が死後に天狗となったかどうか、つまり魔道に堕ちたか否《いな》かは最も気にかかるところであったのでしょう。

やはり鎌倉時代、南都の興福寺・春日社の仏神事に奉仕する楽人《がくじん》の狛近真《こまのちかざね》（一一七七～一二四二）が著した『教訓抄《きようくんしよう》』には、先祖の狛行光《ゆきみつ》が病死して冥途へ赴いて閻魔王の裁きを受けた時、その身に副《そ》った貴客（春日神）に救われ、地獄のありさまを見せようと巡ったあと教訓を蒙って蘇生する霊験譚が記され、これは「解脱上人貞慶ト申シテ、世コゾリテ生仏《イキボトケ》ノ如ク貴《タット》ミタテマツリシ人ノカキヲカセ給タリ。又、説法ニモタビ〳〵セサセ給シ也」と、貞慶が編んだ「御社験記《ごしやげんき》」に拠るものとしています(4)。この一節はやがて『春日権現験記《かすがごんげんげんき》』絵巻に結実する（その中には、本書第一章に後述する貞慶その人への春日神託宣の説話も含まれます）、興福寺僧や遁世上人たちによる春日神の霊験を通した南都の宗教世界像の生成に貞慶がきわめて重要な役割を果たしたことを、あざやかに物語っています。

保元・平治の「乱世」（同い年の慈円《じえん》『愚管抄《ぐかんしよう》』のことば）の始まりに生を受け、治承・寿永の大乱

（源平合戦）の時代に学んで、やがて已講《いこう》となって興福寺を代表する学僧として出世した貞慶（「已講」とは、南都諸大寺の学僧の登龍門である「三会《さんね》」、つまり興福寺の維摩会《ゆいまえ》、宮中の御斎会《ごさいえ》、薬師寺の最勝会《さいしょうえ》という国家的論義法会の講師を勤めて官僧の地位を獲得する資格を持った僧の呼び名です）は、将来、興福寺の別当《べっとう》（長官）となる栄達を期待されながら、その進路を惜しげもなく捨てて、上人《しょうにん》（聖《ひじり》）として寺院組織（交衆《きょうしゅう》）から離れ、遁世の道を択《えら》びました。

しかし、骨の髄まで学僧である貞慶にとって、遁世は、修学を停《と》め、世俗との交わりを絶って己の往生のみを祈るためのものではありませんでした。むしろ、それは本来の仏道を探り究める求法であり、自身の成仏のみならず、化他《けた》の利生《りしょう》を汎《ひろ》く世界に及ぼし、しかも今生《こんじょう》の現世に限らず、冥途の万霊や神祇を含む過去と未来にもわたるものでした。その欣求《ごんぐ》の志《こころざし》は、戦火によって滅んだ南都諸寺社の復興を願う「法滅《ほうめつ》の菩提心《ぼだいしん》」の実践でもあり、勧進《かんじん》によって普《あまね》く貴賤の衆庶を結縁《けちえん》させ、作善《さぜん》を営ませることによって自利（智慧）と利他（化度）の二利を全《まっと》うさせる菩提心を発《おこ》すために欠かせない方便であった、といえましょう。

その実践のために貞慶が書きあらわした著作は、本書の「主要著作解説」に紹介するように、仏教学上のいわゆる「論談決釈《ろんだんけっちゃく》」の所産をはじめとして、厖大な数にのぼりますが、それ以上に大きな特色を示すのが、化他利生のために草した作善仏事の勧進状や願文、表白、追善逆修供養の諷誦文《ふじゅもん》など、人に代わって作ったものも多く含む、唱導文の種々《くさぐさ》です。とりわけ、彼の得意とした作文《さくもん》の修辞を駆使して、一座の意願を見事に荘《かざ》り象《かたど》ったいくつもの講式《こうしき》[5]の制作は、その中核をなすものです。それは、中世の典型を示す宗教儀礼の総合的なテクストの様式を代表する作者としての名声を、永く貞慶に与えました。

　加えて注目されるのが、誰人《たがひと》かの消息（手紙）に言寄《ことよ》せ、あるいはただ「我」ないし「我等」の述懐《じゅっかい》として人と世の無常を嘆じ、罪障を懺悔《さんげ》したうえで自らの「愚迷」を省《かえり》み、その発願《ほつがん》を明かし救済を希《ねが》う詞《ことば》が、彼によってさまざまな法文《ほうもん》として書かれたことです。講式も同様ですが、これらの文章は漢文で書かれても全て訓《よ》み下されて格調高い和文として誦唱《ずしょう》され、声を介して聴聞される法語《ほうご》として流通します。このきわめて個人的と見える懺悔と祈念の詞は彼の宗教テクストの大きな特色ということができますが、それはまた、自らの格別な願いを繋《か》くべき仏菩薩や舎利《しゃり》、そして神などの本尊に対して表明される、他に類を見ない独自な祈りと思惟の産物でもあったのです。

　こうした講式や法語のような、独創的な貞慶の宗教テクストが目指していたのは、彼一個の願いを超えて、その活動の舞台となった笠置山や海住山寺《かいじゅうせんじ》における伽藍堂塔の造営や仏事法会の興行、ひいては南都を中心とする諸寺院の、神と一体となった仏法世界の再興に他なりません。――その焦点が、春日の神だけでなく、聖徳太子としても垂迹《すいじゃく》した本朝有縁の菩薩であり、劣機の人も臨終に来迎《らいこう》してその補陀落《ふだらく》浄土に迎え、そこから弥勒《みろく》の兜率《とそつ》（都率）浄土にも釈迦《しゃか》の霊山《りょうぜん》浄土にも、また弥陀《みだ》の西方極楽《ごくらく》浄土にも往生を遂げるのを導く、観世音菩薩への帰依を改めて表明することでした。

　貞慶の著作として、新倉和文氏と楠淳證氏が発見され、共同研究の成果として刊行された[6]『観世《かんぜ》音《おん》菩薩感応抄《ぼさつかんのうしょう》』一巻（東大寺図書館蔵）は、それらの貞慶の独特な宗教テクスト群のなかで、とりわけ特色ある形を示し、しかも回心というべき重要な思想の表明を行う、じつに興味深い多元的なテクストだといえます（それを、私は「間宗教《かんしゅうきょう》テクスト」と呼びます[7]）。この写本は、貞慶が海住山寺で観音の補陀落山を望みながら入滅した建暦三年（建保元年）より二年後の建保三年（一二一五）に写されたことが奥書から知られますが、その他の識語は抹消され、書写者も伝来も知られません。しかし、その後補された表紙に付された外題《げだい》は東大寺宗性《そうしょう》（一二〇二～七八）の自筆になるものであり、貞慶を深く敬慕し、その遺文を聚《あつ》めて『弥勒如来感応抄《みろくにょらいかんのうしょう》』を編んだ彼が収集し伝えた貞慶遺文のひとつであることは間違いありません。

本書において、この新たに見いだされた貞慶著作『観世音菩薩感応抄』を中心に、稀代の信仰の実践者であり、その表現者であった貞慶の生涯とその時代を概観し、彼の著作と行業を辿り、その多面的な宗教思想家としてのはたらきを、できる限り多角的にとらえてみたいと思います。そのために、この『観世音菩薩感応抄』の紹介者であり、詳細な解読と注釈を施された楠淳證氏を中心に、仏教学・宗教思想史・文学史・美術史などの諸分野の研究者が結集し、この凝縮された難解な、しかし貞慶の信仰告白というべき宗教テクストを巡って、さまざまな角度からのアプローチを試みました。

すでに平成二十四年（二〇一二）には、奈良国立博物館と神奈川県立金沢文庫が共同して『貞慶――鎌倉仏教の本流』と題する、貞慶に関する初めての本格的な綜合展覧会が開催され、そこには著作、文献資料に限らず、仏像、絵画をはじめとする貞慶とその信仰、ひいてはその記憶を伝える厖大な遺産が結集しました。(8) 本書には、その展覧会に参画された方々も加わって、その成果をふまえ、さらに最近進展した諸分野の貞慶研究の成果も紹介されています。

加えて、貞慶の著《あらわ》し書き遺した厖大な著述文章の主なものについての解説と、その識語を聚《あつ》めて示すことにしました。さらに生涯の事蹟の年譜を添えましたので、これらによって、彼の業績とその歩みの大概を見渡すことができるようになります。この一冊をもって、未だ広く知られざる偉大な仏教思想家かつ表現者である解脱房貞慶の世界への扉を開きたいと願っております。

註

（1）『宝物集　閑居友　比良山古人霊託』新日本古典文学大系、木下資一校注、四七三頁。岩波書店、一九九三年。

（2）（巻一）「春日大明神の御託宣には、「明恵房・解脱房はわが太郎・次郎なり」とこそ仰せられけれ」小島孝之校注『沙石集』新編日本古典文学全集、三八頁。小学館、二〇〇一年。なお同巻には、「解脱房の上人の参宮事」条に、伊勢神宮の神官の伝えた話として、貞慶が菩提心を祈請のため八幡から大神宮へ参れとの夢告を蒙り、夢中に参宮して外宮の経基禰宜往生の瑞相を示され、実際に参宮して経基と邂逅し、次生には神宮の神官と生まれて和光の方便を仰ごうと誓った、という神明説話が伝承されています。

（3）註（1）前掲書所収、小島孝之校注。

（4）『古代中世芸術論』日本思想大系、植木行宣校注、一六頁。岩波書店、一九七三年。

（5）阿部泰郎「中世仏教における儀礼テクストの総合的研究」阿部泰郎・松尾恒一編『中世における儀礼テクストの綜合的研究』国立歴史民俗博物館研究報告第188集、一一〜六七頁。国立歴史民俗博物館、二〇一七年。

（6）楠淳證・新倉和文『貞慶撰『観世音菩薩感應抄』の研究』法藏館、二〇二一年。

（7）「間宗教テクスト」の概念については、第一章註（10）を参照して下さい。

（8）奈良国立博物館・県立金沢文庫編、特別展図録『解脱上人貞慶――鎌倉仏教の本流』、二〇一二年。

（阿部泰郎）

第一章

貞慶の生涯とその著作

第一節　修学と遁世

貞慶の生い立ちと入室出家

解脱房貞慶《げだつぼうじょうけい》（一一五五～一二一三）は、鳥羽院政期の末、久寿《きゅうじゅ》二年（一一五五）に、藤原通憲《みちのり》（信西《しんぜい》入道）の息男、貞憲《さだのり》を父として生まれました。天台座主《ざす》となった慈円《じえん》（一一五五～一二二五）とは同い年です。誕生の翌年には、鳥羽院の崩御を機に保元の乱が起き、慈円が『愚管抄《ぐかんしょう》』にいう「武者《ムサ》の世」乱逆の時代が始まります。信西が仕えた後白河天皇と崇徳院の兄弟は武力によって世を争い、敗れた兄院は讃岐《さぬき》に流されました。四年後の平治元年（一一六〇）、今度は二条天皇と後白河院の親子の対立から、院の寵臣である藤原信頼《のぶより》により信西が討たれる平治の乱が起こり、信西一門は悉く配流されます。貞慶の父貞憲も解官のうえ、土佐に流されて、乱後は入道し、生西《しょうざい》と号す真言行者となって、俗世間に戻ることはありませんでした。幼い貞慶は、そうした逆境の中で成長し、母はこの悲運の下で生きるために「賤業を開く」（『観世音菩薩感応抄』「帰依因縁」）までに落魄したらしく、彼が八歳で叔父の興福寺覚憲《かつけん》（一一三一～一二一三）を師として入室したのも、おそらく僧となるより他に出身の途《みち》が無かったからなのでしょう。

当時の興福寺には、碩学《せきがく》として知られた菩提院蔵俊《ぼだいいんぞうしゅん》（一一〇四～八〇）があって、その門下に覚憲をはじめ多くの俊才が集まり、十一歳で出家した貞慶もその許で修学し、学僧としての途を順調に歩んでいました。その才学は、彼が二十歳の承安《しょうあん》四年（一一七四）に草した『聖徳太子表白《ひょうびゃく》』においてすでに明らかに示されており（『太鏡百練鈔《たいきょうひゃくれんしょう》』所引）[2]、覚憲からこの式文を作るよう依頼されたと注《しる》されています。ちなみに、前年に覚憲は『三国伝燈記《さんごくでんとうき》』を興福寺聖霊講《しょうりょうこう》の表白として草しましたが[3]、それは多武峯《とうのみね》との争乱に際して抱いた仏法の現状への深い危機感と自省の念《おもい》に貫かれています。

果たして、貞慶が二十六歳の治承四年（一一八〇）歳末、その年に蔵俊が没した直後ですが、南都は官軍となった平家の軍勢に攻められ、東大寺大仏をはじめ悉く炎上、興福寺伽藍も壊滅します。「法滅」と呼ばれたこの災禍を彼は身をもって体験し、辛うじて遁《のが》れたことでしょう。この出来事が彼に与えた衝撃は測り知れないものがあったと思われます[4]。

やがて再開された興福寺の講会に、貞慶は出仕を始めます。寿永元年（一一八二）の維摩会《ゆいまえ》研学《けんがく》竪義《りゅうぎ》を皮切りに、平家が西海に滅んだ文治二年（一一八六）には維摩会講師《こうじ》、同四年には最勝会《さいしょうえ》講師と、学僧の昇進の途としての三会《さんね》已講《いこう》へと順調に歩んでいました。しかし同時に、彼はすでに養和二年（一一八二）の段階で『大般若経《だいはんにゃきょう》』六百巻を書写する願を立てており、それと並行して、南都の僧侶にとって等しく古来から修行の道場であり、弥勒《みろく》の霊地であった笠置寺《かさぎでら》における本尊の供養や種々の仏事を興行する勧進文《かんじんもん》を草したり、願文を書いています[5]。それらの志は、彼の心に萌《きざ》していた、仏道修行への強い決意と、弥勒慈尊《みろくじそん》にその成就を欣《ねが》う深い信仰、そしてその意志を衝《つ》き動かす、自他の罪障を省《かえり》み懺悔《さんげ》する想いに支えられていたでしょう。

遁世と発心の詞

興福寺を代表する気鋭の学僧として声望を集めていた貞慶は、時の廟堂で鎌倉の源頼朝と連携して政権を担っていた九条兼実《くじょうかねざね》（一一四九～一二〇七）に招かれ、仏事の導師を勤めます。兼実は彼の学識と才覚を高く評価し、将来の興福寺を担う逸材として期待しています(6)（ただし、導師としての彼の声は小さく、説経師には向いていなかったようです）。しかし、すでに三十代になり生涯の半ばを過ぎた貞慶の心中には、遁世《とんせい》への思いが深く根を下ろしていたのでしょう。このまま寺家の一員として昇進の道を歩んで名利《みょうり》を求める生き方は、菩提心を発起して自利（智慧）と利他（慈悲）の二利の行を実践し菩薩の道を歩みたいという彼の強い願いとは、根本的に矛盾するものでした。その願いを実現するための修行としての学問とは、彼にあっては、自らの浄土往生《じょうどおうじょう》の欣いを叶えるだけでなく、恩愛深い二親父母や師長たちの救済の祈りのためのものでした。同時に、その成就を妨げる己の「愚迷」を省み、自他の罪障を懺悔する念《おも》いが強く自覚される手立てでもあったのです。

建久三年（一一九二）の春二月八日の夜、貞慶の訪問を受けた兼実は、直接、遁世の決意を告げられます。興福寺にとって欠かせない彼の離寺を仏法の滅相と兼実は嘆きますが、同時に、その決心が春日明神の冥告《みょうごう》にうながされてのものだと知るのです(7)。

この前後のことと推測されますが、貞慶は、仏道修行に専念する自らの決断を表明するため、『道《どう》心祈誠状《しんきしょうじょう》』という一通の表白文を草しています。これを元に、より詳しく結構を整えた文章が書かれ、それは貞慶の代表的な著作として汎《ひろ》く流布した『愚迷発心集《ぐめいほっしんしゅう》』一篇が成ったものと見なされます(8)。全篇を通じて「我」を省み、「我等」に呼びかける、自他への深い懺悔の思いに満ちている文辞が特徴的ですが、それは作者にとって必須の階梯である仏道修行の前提といえます。このような「発心」の詞をより端的に示すのが、師の覚憲に己の遁世の意趣を伝えるために書かれたとされる『貞慶消息《しょうそく》』

です。すでに寺務を退き、壺阪寺《つぼさかでら》に隠居した師に送ったと伝えられるこの一通（宗性《そうしょう》編『遁世述懐抄《とんせいじゅつかいしょう》』[9]の内）は、全篇にわたり罪障懺悔の詞と無常の章句に満たされた名文ですが、そこには誰しも逃れられぬ冥途の裁きの呵責の声と、これを悲しみ嘆く罪人の辛吟《しんぎん》に満ちています。これら貞慶が自身の発心と遁世をめぐって草されたいくつもの文章は、同時代の直接の関係者はもとより、後世に大きな影響を及ぼしました。つまり、彼は自らの遁世という行為を動機付ける思想を言説化し、積極的に〝公開書簡〟のような形で披露する、いわば宗教テクストの公共化を実現したのだと言えましょう。これを私は「間宗教《かんしゅうきょう》テクスト」と呼びますが[10]、それは以降の活動において一層多く生みだされます。

第二節　勧進と勧請

笠置入山と宗教空間の創成

貞慶が興福寺を離れて笠置寺に入ったのは建久四年（一一九三）の頃とされますが、それに先立って、自らの発心遁世を、文章ではなく講式という儀礼テクストによって示す『発心講式《ほっしんこうしき》』が建久三年七月に著されました。全てを経論等の本文からの引用で構成した、いかにも学僧らしい著作です。法《ほっ》相宗《そうしゅう》のみに限らず顕密《けんみつ》諸宗、天台本覚論《てんだいほんがくろん》の要文まで援用して、幅広い学識に拠りながら、そのうえで強いメッセージを訴えかけます。それを彼は、志を同じくする結衆《けっしゅう》が一座に集う前で、自ら導師として講演の旨趣を表白し、共に祈願する法会の式文として作ったのです[11]。すなわち貞慶は、自らの遁世を単に個人の行為とせず、講会《こうえ》という信仰共同体の儀礼を主宰し集団に表明する、〝劇場型〟とも言うべき営みとして実行したのです。

この『発心講式』を皮切りに、貞慶は数多くの講式を制作しますが、それらは皆、単なる起草者としてではなく、実際に講会を組織し、一座に呼びかけて、自らの信仰を共同祈願として実践する、社会的な営為として書かれたものでした。それは、遁世後の彼の終生変わらぬ方法であり、おそらくはその目的のひとつでもあったのでしょう。

その舞台となったのが笠置寺です。天智天皇によって開創されたと伝える、山頂の巨岩磨崖に化人《けにん》によって彫り顕わされたと伝えられる弥勒大仏を本尊とする山岳霊場としての笠置寺は(12)、東大寺をはじめとした南都僧の修行道場であり、また、「一代峯《いちだいのみね》」と呼ばれる斗擻《とそう》修行の起点でもありました。貞慶はここに遁世する以前より、本尊への毎日の仏供から、念仏道場への寄進、そして古くからの由緒を有する龍華会《りゅうげえ》興行の願文を草するなど(13)関わりを深めていったのですが、そこで勧進を介した寺院の枠を超えた交流が生まれ、それが笠置入山に結果したものかと思われます。もちろん、法相宗の学徒として、その本尊である弥勒慈尊の聖地であること、そしてその下生《げしょう》を未来に期し、また兜率上生《とそつじょうしょう》を欣《ねが》う修行に励むための選択であることは言うまでもありませんが、そのうえで、彼がこの霊場で、おそらく仏教界全体の興隆を図《はか》ろうとした企てを認めずにはおれません。

前述したように、貞慶はすでに養和二年（一一八二）から『大般若経』一部の書写を発願し、建久三年（一一九二）にはその功を了えていました。その『大般若経』六百巻を安置し、その経蔵を中心とした新たな一箇《ひとつ》の宗教空間をこの笠置山に建立することが企てられ、勧進と造営が始められました。その六角黒漆経台を納めた六角堂「般若台《はんにゃだい》」が完成し供養されたのは、建久六年（一一九五）十一月のことですが、ここに至って、真の意味での遁世は成し遂げられたといえるでしょう。つまり、貞慶の遁世とは単なる隠居でも世捨人になることでもなく、全くあらたな宗教活動、仏道探求の主体として積極的に選択されたひとつの生き方だったのです。この年にはまた、法相唯識教学の入門的綱要書というべき『心要鈔《しんようしょう》』も著されたと推定されています(14)。

貞慶の唱導文類聚というべき『讃仏乗抄《さんぶつじょうしょう》』(15)に収められた『笠置寺般若台供養願文《かさぎでらはんにゃだいくようがんもん》』からは、その結構とともに、この宗教空間に創り出された彼の宗教構想を見てとることができます。その中核となる「大般若経六角厨子」の各面扉には、護法の四天王と梵天帝釈、法相擁護の法涌《ほうゆう》・常啼《じょうたい》の二菩薩、阿《あ》難《なん》・玄奘《げんじょう》の二尊者、守護の天衆として娑伽羅《しゃから》龍王と閻魔《えんま》法王の十二躰が配され、各《おのおの》に深い意願を籠めた独特の構成です。本尊には釈迦《しゃか》と文殊《もんじゅ》・弥勒の三尊に、夢想により得た仏舎利《ぶっしゃり》が安置されました。この願文には、彼の生い立ちから始まり、修学の裡《うち》に道心を求めて春日神に「我が仏道」への加護を祈り、『大般若経』の書写を発願し、その功を遂げる頃に社壇に百日参詣して、その春に遁世に及び、次の年に永く「蟄居《ちっきょ》」を実現した経緯が述べられます。そしてこの般若台造営に知識として助成《じょじょう》した多くの僧俗檀那(その中には師の覚憲もあって、この供養に加わりました)を列挙し、最後に、伊勢大神宮と八幡大菩薩、春日大神、金峯蔵王《きんぷざおう》と当山護法の神々が守護のために勧請《かんじょう》されており、まさに神仏と冥道までもが一体となった綜合的な宗教空間が創り出されたのです(この般若台の宗教空間の尊像図像については、本書第三章の松井論文を参照して下さい)。

これ以降、この般若台を拠《よりどころ》として、貞慶は次々と自らが主導し主唱する儀礼を創始し、さらなる笠置寺を中心とするモニュメントの造顕が企てられ実現していきます。建久七年(一一九六)二月には、その信仰の中心を成す慈尊（弥勒）を本尊とする『弥勒《みろく》講式』を菩提山（正暦寺《しょうりゃくじ》）専心上人《せんしん》（生没年不詳）の依頼に応えて草しましたが、その第一段は罪障懺悔から始められて、華麗な修辞を駆使しながらも深く人間の無常を訴える迫力に満ちた詞《ことば》が連ねられます。(16) 次いで四月、笠置の衆僧に「一千日舎利講」のための仏供を勧進しますが、その講式として制作されたのが『誓願舎利講式《せいがんしゃり》』(17) です。それは三つの願から成るのですが、最初は何より重んずるところの「発菩提心」を願うことでした。秋九月には、般若台の傍らに春日神を勧請し、小祠を祀ります（この春日神の祭祀については項を改めて述べます）。この秋、『欣求霊山講式《ごんぐりょうぜん》』(18) を制作するとともに、冬十二月に『笠置八講勧進状《かさぎはっこうかんじんじょう》』(19) を草して、弥勒大仏の傍らに新たに仏舎利とともに『大般若経』『法華経』『心地観経』を安置する十三重塔の建立が発起されます。ここに法華八講を営み、釈尊の霊山会《りょうぜんえ》に擬す「般若報恩塔」または「霊鷲山《りゅうじゅせん》般若塔」と号する独創的な宗教空間が、般若台に続けて構想されるのです。『笠置八講勧進状』によれば、この『大般若経』は伊勢大神宮の真徳に奉り、その威力をもってこの国の衆生の発菩提心を生ぜしむる願いが籠められていました。

この建久七年秋には、朝廷において、久我《こが》通親《みちちか》の策謀による政変が起きて兼実は失脚し、九条家は沈淪《ちんりん》を余儀なくされます。しかしそうした世の転変は、貞慶の行学を左右することなく、むしろ一層の道心を深める機縁となったことでしょう。この後も、九条家やその周囲の人々との交流は、仏事を介して続いていたようです（ただし、権勢の座から退いた兼実は、専修念仏を唱える法然《ほうねん》に帰依して念仏に傾倒していきます）。

建久八年（一一九七）六月には、法相教学を継承・発展させる己の務めを果たすため、その根本論典である玄奘訳『成唯識論《じょうゆいしきろん》』に関する論義問答の決択《けっちゃく》（模範解答）を集大成する類聚（『唯識論尋思鈔《ゆいしきろんじんししょう》』の撰述）に取りかかります。[20] しかし、生来病弱であった彼の身心は、遁世以来の旺盛な活動の無理が重なったためか、抄出は捗《はかど》らず、ついに正治元年（一一九九）八月に至って、自ら死を覚悟するほどの病の床に臥すことになります（『春日権現験記』巻十六）。その前年の建久九年十一月には、前述した木造十三重塔の建立が成り、供養のための表白と呪願文を草して（『讃仏乗鈔』八）、盛大に法会が営まれました。

春日神の冥告と託宣

笠置における貞慶の一連の宗教空間創成の過程にあって、終始大きな役割を果たしていたのは、彼を遁世に導いた春日神の冥告であり、その託宣《たくせん》でした。しかもそれは、貞慶その人に神が憑《つ》いて語るという、彼の口から直接告げられた詞《ことば》なのでした。建久の笠置入山以降、貞慶は幾度も伊勢に参宮し、大神宮においても「大般若経奉納」の導師を勤めています（建久四年八月『笠置寺縁起《かさぎでらえんぎ》』、建久六年四月『東大寺《とうだいじ》衆徒《しゅと》参詣《さんけい》伊勢《いせ》大神宮記《だいじんぐうき》』）[21]。その経過は、前述した「般若報恩塔」十三重塔の、貞慶による独創的なモニュメントの建立と分かちがたいもののようです。建久六年（一一九五）秋七月、彼は『大般若経』の「理趣分」一巻を写し、それをもって般若台に納めた六百巻の大功を完成させました。さきに建久三年八月に写した際には「異念」が交り、深重の大願を成就し得ないとの反省から敢えて再度の挙に及んだのですが、その間には「夢想之告」があった、といいます。[22] ここに、慈尊の前で見仏聞法《けんぶつもんぼう》し、般若の智を開悟し、衆生利益のための菩提心を発《おこ》す誓願を新たにするのです（『弥勒如来感応抄《みろくにょらいかんのうしょう》』五「笠置寺上人大般若経理趣分奥日記」）。この告げが何者からのものかは明かされませんが、そのあと、貞慶は宇陀《うだ》において病み臥せり、そこで春日神に憑かれるのでした。以降、三度にわたる春日神の託宣は、『春日権現験記《かすがごんげんげんき》』巻十六「解脱上人事」に記されるところです。(23)

『春日権現験記』（以下、『験記』）は、貞慶による「御社験記《ごしゃげんき》」をその原型としていると考えられていますが、巻十六は、彼による春日託宣記というべき説話絵巻として構成されており、続く巻十七と巻十八の建仁三年（一二〇三）における明恵《みょうえ》（一一七三〜一二三二）への春日明神の託宣をめぐる説話とつながるかたちで展開します。すなわち、託宣により春日社に参詣した明恵が笠置の貞慶の許を訪れ、そこに神の来臨を貞慶が感じて法施を手向け、舎利を明恵に授与するのですが、それは明恵が社頭で感得した徴《しるし》と符合するものであったという話（『明恵上人現神伝記《みょうえしょうにんげんしんでんき》』に拠る）です。それは、春日の神に深く愛された二人の聖《ヒジリ》の邂逅《であい》と舎利の授与を、神の告げが導くという聖者伝《レジエンド》となっています。(24)

『験記』巻十六「解脱上人事」の、建久六年（一一九五）九月の宇陀での託宣（第一段）では、本心を失わず神が自らに降臨することに不信を覚えた貞慶を神が叱責します。そこで貞慶の口から下された神のメッセージは、末世の僧が名利を求める心から魔道に堕《お》ちるのを順次に往生へ導くことを示し、次に「我神」に宿縁あって臨終に加護し、多く発心に至るのも「我力」であり、『般若波羅蜜《はんにゃはらみっ》多心経幽賛《たしんぎょうゆうざん》』の読誦に際して『瑜伽師地論《ゆがしじろん》』（以下、『瑜伽論』）の文を見たことを機縁とすると告げ、また舎利を信ずることも同じく『瑜伽論』の文によるものと言います。つまり、彼にとって終始希求するところの発心も、また舎利への信仰も、全ては「我神」春日の導きによると宣《の》べるのです。この託宣の座で「対揚《たいよう》」（讃嘆役）を勤める僧に向かっては、「我、昔霊山にして、釈迦如来の説法を聞き」

と、釈尊との「昔在霊山」の契りを示し、「我もし法師（貞慶）に従はずは、いかでか我声を聞かんや」と、釈尊霊山説法の声は貞慶の説法詞を介してこそ末世に示されるという言挙《ことあ》げも注目されます。

この託宣を契機として、翌建久七年（一一九六）九月、般若台の鎮守として春日大明神を勧請することになります（第二段）。貞慶は同朋とともに春日社へ参拝し、御山の榊《さかき》を受け取って、勧請の儀式を修しますが、若宮の御前に赴くと、「心中に心ならず」詠歌を断続的に感得して詠じます。

我ゆかん　ゆきて崇《あが》めん／般若経／釈迦の御法《みのり》のあらん限りは

やはり憑依の過程と重ねて示される神詠による託宣は、神霊が御榊に飛び遷《うつ》って笠置に来臨した後も、般若台の傍らに神鹿《しんろく》顕現の夢想など瑞相が続き、さらに彼の夢中に「天《そら》の中に御音《こえ》ありて」、神詠は和歌と今様の二様の声として響き下《くだ》されるのでした。

我を知れ　釈迦牟尼仏の世に出《いで》て　さやけき月の世を照すとは
鹿島の宮より鹿《かせぎ》にて　春日の里を訪《たづ》ねこし
昔の心も今こそは　人にはじめて知られぬれ

最後の託宣は、正治元年（一一九九）の秋のことです（第三段）。前述のように建久八年（一一九七）に『唯識論尋思鈔』（以下、『尋思鈔』）の撰述を発起してから二年を経て、未だ成らざるところに再び笠置の草庵で病みつき、八月二十二日に俄かに常ならぬ気色となり、人を集め、室《むろ》を清めて浄衣を着し、自ら威儀を整えて導師として礼盤《らいばん》に上り惣礼《そうらい》の詞を発します。礼すのは釈尊と『成唯識論』、それに護法菩薩たちと玄奘らの祖師です。まず、釈迦と弥勒、霊山浄土と知足《ちそく》（兜率）は一体不二と示し、朗詠するように「中宗《ちゆうしゆう》」法相を「妙なり、深なり」と讃歎する音《こえ》に始まって、その縁起と伝来を説き（これは後に『中宗報恩講式《ちゆうしゆうほうおんこうしき》』に述べる、その原型のようにみえます）、本朝では「ただ我寺（興福寺）に留まる」として、離寺した貞慶を惜しみつつ、なお本宗を捨てぬのを賞して、中古以来の学者が学ぶ努力を惜しみ妬みにより法が失われようとすることを危ぶんで、蔵俊の後は法義の撰述が無いことを、「我宗は永く失せなまし」と悲しみ、「汝、抄出、急ぎ功終へよ」と命じます。

そのうえで、貞慶が営んでいた「口称念仏《くしよう》」を「汝に負《お》はず」と制し、その暇《いとま》を学問に充《あ》てよと勧め、加えて、先に彼が伊勢神宮に参宮して念仏を祈願したことは宿習の催すところながら、「半ばは魔界《まかい》の所為也」と誡《いまし》めるのでした。春日の神は、貞慶の口を借りて、彼の参宮を魔の使簇《しそう》するところと判じて、その契約する念仏（貞慶の場合、この念仏は、釈迦の宝号です）は、学業を斥《しりぞ》けるための方便と断ずるのです。しかも、大神宮の本意は仏法守護にあるのにもかかわらず、「汝皆知りながら、知りて自《みづか》ら惑《まど》へり」と非難しました。まさに貞慶は、巫病《ふびよう》を己が身に受けることをもって、神の冥誨《おしえ》を自ら語り出し、自身の裡《うち》に深くわだかまる危惧を説きあらわしたのでしょう。そして、この次第を師の覚憲に伝え知らせよ、と結んで神は去りました。(25) 正治元年七月の参宮の事は、他の史料には見えません。そこでの目的が釈迦宝号一日五万遍の念仏行を神前に啓白《けいびやく》することであったのも、『験記』によって初めて知られることです。

この後、同巻の最終段は、貞慶の弟子の一人であった興福寺僧 璋円《しょうえん》（一一七四～一二三九まで生存）が死後に或る女人に託して己が堕獄して春日三宮（本地地蔵）の構える春日山底の地獄にあって救済を待つことを語ります。(26) 璋円は『聖誉鈔《しょうよしょう》』によれば、覚盛《かくじょう》（一一九四～一二四九）門下の尼僧信如《しんにょ》の父で、落堕破戒の学僧でした。これも、貞慶の最初の託宣と呼応する、一連の興福寺僧への、遁世・落堕にもかかわらず方便をもって救済し、各自の業力《ごうりき》や機《き》感《かん》に応じて浄土往生へ導く、春日神の本地《ほんち》である仏菩薩の利生《りしょう》を示す霊験譚となるのですが、『験記』がその全体を貞慶の口から語られるかたちで記し、もしくは彼との関わりの許で導かれる僧たちのエピソードによって締めくくることに、彼の果たした役割の大きさを改めて思い知らされます。

この正治元年の託宣から二年後の建仁元年（一二〇一）九月、神から「抄出、急ぎ了《お》へよ」とうながされた『尋思鈔』はついに完成します（同書巻第一、貞慶識語）。楠淳證氏の研究によれば(27)、この原型となる『摩尼抄』を元として弟子との談義を重ねた結果、まず『尋思鈔』の「別要」が成立し、そのうえで全体にわたる「通要」が編まれるに至ったもので、まさに当代の法相教学の集大成となる論義綱要書の金字塔でした。

法相学僧として貞慶が負った務めを果たすために、春日の神が彼の口を通じて示した告命《ごうみょう》は、また、そのまま貞慶の生涯をかけて実践し追究するべき理念であり、仏道成就と自他の救済への途を指し示すものでもありました。それは菩薩の自利利他二利の誓願に集約されますが、それを象徴し、体現するのが「慈悲万行菩薩」である春日大明神の神躰そのものである舎利であり、その本躰である釈尊とその説法の場である霊山浄土であって、春日神の坐《ま》します春日山は、さながら寺僧はじめ万人にとって救済の〝約束の地〟であったのです。数度にわたる託宣を受けて、彼は春日神に対する信仰を深め、それを礼拝儀礼として創り出すに至ります。この原型となるのが、春日社での参籠祈願もしくは勧請にあたって草された『社頭発願《しやとうほつがん》』『春日御《かすがご》本地釈《ほんぢしやく》』（称名寺聖教「笠置上人」）や『春日御社御事《かすがおんしやおんこと》』（称名寺聖教）等の一群の説草です。[28] その中には『験記』中の重要な説話の祖型を示す『俊盛卿因縁《としもりきょういんねん》』や『多聞房已講事《たもんぼういこうのこと》』などもあり、さらには貞慶の春日託宣を中心とした『春日因縁少々《かすがいんねんしょうしょう》』も含まれています。[29] これらのうちの、「笠置上人」の発願や本地釈を元に、建久七年（一一九六）の般若台鎮守への勧請を機に制作されたと推定されるのが、『春日大明神発願文《かすがだいみようじんほつがんもん》』であり、また、三段から成る『別《べつ》願《がん》講式』であると考えられます。さらにそれを整えて体系立てたのが、五段式としての『春日権現《かすがごんげん》講式』となります。『別願講式』（『弥勒如来感応鈔』第一）は、弥勒の兜率天と釈迦の霊山を、春日の本地諸仏菩薩と本躰の舎利が統合することをその構成のうえで示しており、五段式は『春日御本地釈』を元に、[30] 二神約諾神話をふまえた国家神としての春日諸神の垂迹《すいじゃく》と本地を示し、学僧の修学を導く寺家組織に向けた式文であり、それを簡略化した三段式は作者貞慶自身というべき行者の発心修行と化他への願いを示すものとなっています。[31]

第三節　観音値遇

観音帰依の決智と回心

『尋思鈔』撰述の大業をようやく了えた建仁元年（一二〇一）とは、貞慶にとって大きな思想的転機となる時でした。この年に書かれたことが楠氏により推定されている、「暮年」に至った貞慶が観音への帰依を表明した〝秘文〟というべき一篇の著述が、東大寺宗性《そうしょう》（一二〇二～一二七八）により題を付された『観世音菩薩感応抄《かんぜおんぼさつかんのうしょう》』一巻です。『観世音菩薩感応抄』（以下、『感応抄』）には、彼の没後二年目にあたる建保三年（一二一五）九月に書写された奥書が付されていますが、肝心の書写者の署名か寺院名かに相当する部分が墨滅されており、伝来は明らかでありません。ただし宗性の蔵するところとなったのですから、南都、それも笠置周辺に伝わったものでしょう。全体は六段に分かたれます（「第七」は題も本文も記さず、未完のように見えますが、あるいは廻向を立てるつもりだったのでしょうか）。各段には章題を以下のように付していますが、本文にはほとんど訓点もなく、講式のように実際に演唱読誦されることを想定して書かれたテクストではなかったと思われます。

一、帰依因縁　観音が帰依すべき因縁ある本尊であることを説く。
二、滅罪利益　罪障深重の者に利益ある観音の神呪の功能を明かす。
三、臨終加護　観音が臨終に際し加護を与える本尊であることを経典により示す。
四、当来値遇　観音の来迎《らいこう》を得て当来に観音浄土（補陀落《ふだらく》）に往生することを願う。
五、往生素意　観音浄土から極楽往生を期する素意を明かす。
六、利他方便　観音に随従して大悲行を実践する願いを示す。

その本文は、講式とも共通する作文によって構成された論理的な文章で、楠氏は、その内容から十一箇に及ぶ貞慶の思想や所説と一致する共通点を指摘し、彼の著作であることを確定しました。

何より大きな特徴は、その全篇にわたって貞慶独自の自称が印《しる》しづけられていることです。「小僧」「愚僧」「仏子」そして「我」という、明らかな著述主体の表出による、卑下しながらも己の懐《おも》いを述べ、自省・回想し、罪障の深重に悲嘆する告白と、そして観音に随従して大悲行を実践したいという強烈な個人的願念が「我が別願」として表明されています。ことに全体を通して、観音へ帰依する理由が、その現世利益を超えた臨終における他尊に勝《まさ》る功能《くのう》を挙げて、観音の補陀落浄土に往生して然《しか》る後に阿弥陀仏の極楽往生を欣《ねが》うに至るという周到な論理によって精緻に弁証されているのです。そこには、すでに新倉和文氏や楠氏により指摘されたように、貞慶独自の信仰を支える教義解釈が縦横に張りめぐらされており、同時にそれは終始、作文の修辞によって整然とした論理として叙《の》べられており、願文、表白、講式の作者である文章家貞慶にふさわしい所産といえましょう。

『感応抄』が、観音こそ己の本尊であり、補陀落こそ往生の欣いを導くべき浄土である、という信仰表明を、一見、講式に類似する六段形式によって記したのはなぜでしょうか。ただ、これには伽陀《かだ》や名号《みょうごう》をはじめ、次第、法則《ほっそく》など儀礼として用いられる要素は全く付されませんし、識語も無く、果たして誰のために、何を目的として草され、披露されるものであったかもわかりません。つまり、他に示すことを殆《ほとん》ど想定せずに書かれた、その意味でまさしく〝秘文〟というべき貞慶遺文でしょう。

同書が示す貞慶の教学思想展開の上での意義やその重要性についての評価は、本書では章を改めて楠氏や舩田淳一氏の論説に委ねますが、説話や宗教文芸など文学研究の側から読み解いても、実に興味深い記述に満ちています。それは著者である貞慶の晩年に至る思想の深まりと分かち難くつながっており、むしろ、その論理や主張を効果的に支える役割を果たしていることが注目されるのです。

たとえば、一段「帰依因縁」の日本国中の観音霊場の縁起や開創の聖人たちのはたらきについて、長谷寺《はせでら》の得道《とくどう》（徳道／生没年不詳）や白山《はくさん》の泰澄《たいちょう》（六八二～七六七）が、興福寺ゆかりの教懐《きょうかい》（小田原聖人・一〇〇一～一〇九三・『春日大明神発願文』および『験記』において興福寺を離れても春日明神により往生を遂げた説話を示す）に先立って挙げられること、とりわけ観音垂迹としての上宮《じょうぐう》太子（聖徳太子）が、釈迦に準拠して「太子八相《はっそう》」を示すこと（その全文は、聖云《しょううん》『太鏡百練鈔』に引用(32)など、諸寺の縁起や伝記を参照しつつ、かつは独創的な己の文脈に取り込んでいることが見てとれます。

または、四段「当来値遇」における『日蔵夢記《にちぞうゆめのき》』への言及も注目されます。貞慶はその著作（『別願講式』など）において日蔵《にちぞう》（一説に九〇五～九六七）の冥界行きについて言及していますが、それは笠置山が日蔵の修行した一代峯であることにもよるのでしょう。あるいは阿波国の賀登《がとう》聖人の補陀落渡海のことも言及されますが、これはまた『観音講式』（三段）の識語に改めて記されています。これらの往生伝や霊験記の類いを彼は多く摂取し、それを証として論を展開するのです。こうした特色は、この『感応抄』が、単なる論述ではなく、貞慶にとっての観音への帰依と信仰を勧化、唱導《しょうどう》するための覚書といえるようなテクストであったからかもしれません。(33)

不空羂索願書との共鳴

本来は無題の貞慶〝秘文〟であった『感応抄』を位置付けるために重要な貞慶著作として注目されるのが、高山寺方便智院伝来の『上人御草等《しょうにんごそうとう》』（花園大学今津文庫蔵）(34)に収められる『不空羂索蓮光房《ふくうけんじゃくれんこうぼう》願書《がんしょ》』です。蓮光房（生没年不詳）は、同文である東寺観智院『貞慶鈔物《じょうけいしょうもつ》』『阿弥陀念仏勧進《あみだねんぶつかんじん》』に付される識語の「為菩提山蓮光房上人、沙門貞慶草之」と同一人物で、興福寺の別院であった菩提山正暦寺の住侶であったと思われます。[35] 貞慶に『弥勒講式』を依頼し、興福寺北円堂《ほくえんどう》再興の願主であった菩提山の専心上人と同法《どうぼう》（同朋）で、かつ法然門下の念仏聖であった可能性が指摘されています。ただし、この願文の本文を読んでみると、そこに念仏聖としての蓮光房の存在は全く言及されません。文中に、不空羂索《ふくうけんじゃく》観音への帰依と発願の旨趣を述べる「我」ないし「予」そして「仏子」の説くところは、さきの『感応抄』で見たように、紛れもなく貞慶その人が主体となって発する詞となっているからです（以下、引用は原漢文を私に訓《よ》み下し、一部に訓や傍点を付しました）。

冒頭近く、「我独り、何人か盲《めしい》の如く、聾《おし》の如し」に始まる懺悔の詞では、次のような一文があります。

大道中道の法に、剃髪染衣《ていはつぜんえ》の仮名《けみょう》の比丘《びく》は、仏界の死骨《しこつ》なり。世に於て嫌ふべしと雖も、法林の萎《しぼ》める華なり。

この「仮名の比丘」とは、『感応抄』の「仮名の練若《れんにゃ》」と共通する、遁世した自らを省み、また世間の遁世者を誡める詞ですが、これが当時の専修念仏者への批判を込めていることは、続く、「就中《なかんずく》、行に難易あり、尤《もっと》も易きは口称《くしょう》の念仏なり。道に遅速あり、太《はなは》だ速きは弥陀の来迎なり」と、称名の十念による往生を「造悪の凡夫」は善知識《ぜんちしき》に遇って示されるが、今の世に「念仏に心を運べる輩は、最後に至りて、事、素意に乖《そむ》き、往き易くして人なし」と、念仏による易行往生を否定ないし疑いを呈しています。そのうえで、次のように再び己を省みます。

予の如きは、無戒無智にして、曽《かつ》て一徳の取るべきなし。不信不法にして、只《た》だ（身口意の）三《さん》業《ごう》の放逸のみ有り。

それでは、このような「凡夫の知識の開悟」はいかにして可能となるのでしょうか。それが、「有《う》縁《えん》の大聖《だいしょう》に帰して臨終の加被《かび》を仰《あお》」ぐこと、つまり観音への帰依に他なりません。それは念仏者も例外ではありません。「就中、弥陀の大願は他力を借らず。念仏の一業《ごう》はその益足《やくた》ると雖も、法において、尊においてて別徳なきにあらず」と示し、次いで高らかに筆者自体が名乗りを上げます。

仏子に至りては、久しく観音に帰し、此の事を起請す。

観音帰依者としての筆者「仏子」がそこで提起するのは、観音部の経典のうち、「臨終の勝利を明かす秘密の神呪」を説く不空羂索です。その典拠となる玄奘訳『不空羂索神呪心経』（以下、『神呪心経』）の臨終八法を挙げて説くことは、『感応抄』三段「臨終加護」と共通します。この願書では、端的に経文のみを示しますが、その順序は、一、二、四、七法で、『感応抄』とは一と二の順が逆なだけで、引くところの本文は全く重なります。さらに、本有《ほんう》の生での臨終時の加護は、仮に障碍《しょうげ》があっても中有《ちゅうう》（四有の一で死有と生有の中間存在／冥途での裁きの間）にて願えば摂取に預かる、と述べて、その功徳の例《ため》しとして、天竺の無聞《むもん》比丘が観音の蓮台に来迎される話と、唐の雄俊《おうしゅん》が七度還俗《げんぞく》する大罪を犯しながら一度の念仏により閻魔王に赦《ゆる》される話を挙げて、「冥途の勝利」を示します。(36) このような得益が空しかったなら「（観音の）大悲の誓願は虚妄《こもう》に堕し本覚に還《かえ》らず」と本誓を示し、さらに「設《たと》ひまた、浄業未《いま》だ熟さずとも、此の界（六道）を廻《めぐ》るべくは、願はくは先ず、補陀落山に生ぜん」と願うべき生所を定めるのです。

続いて、その補陀落山の形状を述べますが、これは後の承元三年（一二〇九）に作られた『値遇観《ちぐうかん》音《のん》講式』（七段）とも共通するところです。さらに、「但し、今期《ご》す所は、南海の孤嶋（補陀落）を聖とするに足らず、只だ西土（極楽浄土）の初門たるを悦《よろこ》びとす」と、最終的には弥陀の西方極楽浄土（安養）が望まれることを示唆します。そのうえで、改めて「我をして見聞せしめよ」と、観音の威神力による堕地獄からの救済、罪障の改悔と開悟を願うのです。また、その威力は「不空羂索大神呪」にあると、その威力を讃え、功能は「三十巻の経典」（『不空羂索神変真言経』三十巻／その序品の別訳が『神呪心経』）に載せる、と示します。そして筆者がその持者（持明仙）そのものであることに言い及ぶのです。

仏子、此の聖言《しょうごん》を信じて、久しく微功《みく》を積めり。因《よ》りて大願を発《おこ》し、来縁を結ばんと欲す。

この「大願」を発した「仏子」が貞慶その人に他ならないことは、続く次の自省の一文からも明らかです。

但し、恐るべくは我が心の虚実《こじつ》なり。設ひ諂《てん》・誑《おう》と雖も、利益《りやく》空しからず。

その確信の根拠が『不空羂索神呪心経』なのですが、これも『感応抄』二段「滅罪利益」に同経の文を引いて説くところと共通します。そこでは「愚僧の望む所は（観音の神呪による）滅罪の功力《くりき》也」というのですが、その滅罪とは学僧としての貞慶にとって何より謗法の罪業でした。それは「弥陀の悲願も捨てて救はず」というほどの重罪ながら、この神呪のみは抜済《ばっさい》し、易く転重軽受する功能なるによって信を増す、とその威力の不可思議を讃えて勧めます。それこそは、日本国の「亞羊《あよう》の僧」すなわち「我侶」自らにふさわしい法だ、と述べるのです。

上代には猶《なお》恥ずべし、況《いはん》や当世に於てをや。名士にも猶秘すべし、況や某に於てをや。既に旃陀《せんだ》羅《ら》の類《たぐい》なり、豈《あ》に仏法僧の門《かど》に臨まんや。

ここに見る、まず自らを責める厳しい勘発《かんぱつ》というべき詞は、そのまま当時の念仏者に向けられていました。「僅かに南無阿弥陀仏の六字を唱へ、西方順次往生の九品を期すと雖も」と指し示すのは、法然門下の専修念仏に親近する専光房の依頼を受けながら、作善の本尊であった不空羂索の本誓と功能に言寄《ことよ》せて、その旨趣を換骨奪胎し、もはや紛れもない自身の願文として観音への信仰告白を敢行した貞慶の意図が何処《どこ》にあったかが、明らかに示されています。おそらく『感応抄』の〝秘文〟述作と相前後して、呼応するように成立したこの願書は、その契機となった背景の事情を具体的に伝えているのです。

これら一連の観音帰依への「決智《けっち》」による信仰表明のあと、その理《ことわり》を広く「女人」や「世間の男女」と共有し、披露するために制作されたのが、建仁元年（一二〇一）の五月に続けて草された五段と三段の『観音講式』でした。ことに汎く流布した三段式の奥書[37]には、前述したように『感応抄』にも言及される、補陀落山を目指した阿波の賀登聖人の渡海の伝を記しており、この先蹤に託した貞慶の観音帰依の思いがよくうかがい知られます。

建仁元年（一二〇一）に笠置寺般若台において『尋思鈔』を完成させた貞慶（同書巻一識語）は、同年に上記のような『観音講式』二篇を著し、その後、笠置山の東山に千手観音を祀る観音堂修造の勧進状を草しており、ここに観音堂を建立して移住し、以降は弟子たちより「東山上人」（良算撰『唯識論同学鈔』）と呼ばれるようになりました。建久末から建仁初頭にかけての時期は、貞慶にとって修学と信仰の両面で、まことに大きな達成と転換の季《とき》であったのです。やがて建仁元年の冬には、南都における弥勒信仰の伝統を受け継ぐ元興寺の、玉華院《ぎょくけいん》弥勒講を再興するための勧進状を草し、またそれに用いるための略本の『弥勒講式』三段式が制作されました。[38]さらには、『欣求霊山講式』以来、釈尊の霊山説法に連なることを希求していた彼にとって重要な経典であり、天台の一乗思想の独占であってはならない『法華経』を対象とする『法華講式』を、法相教学（唯識仏教）の立場から、慈恩大師の『妙法蓮華経玄賛《みょうほうれんげきょうげんざん》』（以下、『法華玄賛』）に拠って作りました。[39]また、『勧誘同法記《かんゆうどうぼうき》』も、この年の著作と推定されています。

第四節　興隆と帰依

南都諸寺の復興勧進

貞慶にとって、講式の制作に代表される、一座の講会に連なり、礼拝と修学を倶《とも》にする仏道の「同《どう》法《ぼう》」（同朋）を募り、呼びかける勧化唱導の文章の起草は、勧進状とともに、仏法興隆の大切な務めであり、その本領を発揮する分野でもあったでしょう。それは、私にいう〈間宗教《かんしゅうきょう》テクスト〉の典型といえます。そのテクストを創り出しつつ実践に駆使する活動は、今に伝えられる『讃仏乗抄』をはじめとする彼の文集から知られる限りでも、笠置山に限らず、広く南都の諸大寺やその周辺の別所等の諸寺院に及ぶものでした(40)。

建仁二年（一二〇二）秋、唐招提寺の東室《ひがしむろ》を礼堂《らいどう》に改造し、鑑真《がんじん》（六八八〜七六三）将来の仏舎利を鼓楼に安置して本尊とする釈迦念仏会を創《はじ》めるため、『唐招提寺釈迦念仏会願文《とうしょうだいじしゃかねんぶつえがんもん》』（唐招提寺蔵）を草しました。これは翌三年に開始され、現在もなお唐招提寺で継承されています。貞慶にとって、日本へ戒律を伝えた鑑真のもたらした舎利を本尊として釈尊の念仏を始めて営むことは、当時、隆盛を極めていた法然門下の専修念仏者による別時念仏などに対抗するためにも、必要な催しではなかったでしょうか。そのために読まれる講式も、おそらく彼によって制作されたはずであり、今も東寺御影堂《みえいどう》舎利会のために用いられる五段『舎利講式』が、それに当たるだろうと思われます(41)。また、一段のみの簡略な式も伝わりますが、これには春日大明神の霊告によって「解脱上人（貞慶）が草した」という伝承が識語に伝えられています。(42) すでに『別願講式』に明示されているように、舎利は春日の神躰そのものなのですが、貞慶はそれを釈迦念仏という儀礼創出にあたって改めて眼に見えるような形で示したのでしょう。

建仁年間（一二〇一～一二〇四）に、貞慶によって笠置入山以来継続されていた再興事業がひとつの完成段階を迎えます。建仁三年の春には、弥勒大仏を拝する礼堂と、附属する軒廊《こんろう》の勧進状を草し（『弥勒如来感応抄』(43)）、その功が成った翌元久元年（一二〇四）秋には、この礼堂と廊を舞台として装いも新たに龍華会《りゅうげえ》が盛大に営まれ、その願文と表白が伝わります（『上人御草等』『弥勒如来感応抄』(44)）。かくして完成したその全容は、「笠置曼荼羅《まんだら》」と通称される小品ながら美しい寺院参詣図の逸品（大和文華館蔵）に鮮かに写し取られています。(45) 戦火に失われて今は拝することのできない弥勒大仏を中心に、十三重塔と礼堂・廊を備えた霊場伽藍の様子が美しく描かれ、画中に参詣する男女の姿は、まさに彼が勧進の対象と期した世俗の人々を象ったものといえましょう。

舎利をめぐる明恵との交流

建仁三年（一二〇三）の春には、明恵が笠置の貞慶の許を訪れて、彼から舎利を賜っています。明恵はその前に、故郷の紀州湯浅《ゆあさ》において春日大明神の託宣を蒙り、天竺へ渡ろうとした企てを制止されました。その告げにうながされて春日社へ詣り、夢告を得て笠置へと赴いたのです。明恵が神前で白銀《しろがね》の小鎚を賜ると見た、貞慶より賜った舎利は九条兼実から伝えられたものですが、貞慶から明恵へと、その熱烈な釈尊への思慕と一体化した舎利信仰は受け継がれて、それを神躰とする春日権現の導きに誘《いざな》われて継承されることになったといえます。渡天を断念した明恵は、代わりにこの舎利を本尊として、やがて『十無尽院舎利講式《じゅうむじんいんしゃり》』を草してその経緯《いきさつ》を再演し、さらに釈尊涅槃《ねはん》を期して、『舎利講式』をはじめとする壮大な四座講式を制作し追慕するに至るのです。[46] 無住（一二二七～一三一二）の『沙石集《しゃせきしゅう》』には、このことを伝えて、春日の神は明恵を「太郎」、貞慶を「次郎」と呼んで愛《いと》しんだと言いますが、そのように神に賞《め》でられた二人の聖者の出会いと交流がこの時期に起きていることも注目されるところです。なお、この年の十二月に、貞慶は有馬に（おそらく湯治に）赴き、そこで『法華転読発願《ほっけてんどくほつがん》』を著します。法華と唯識の教えの許での法華転読は、自利（智慧）と利他（慈悲）の二利の大願を成就するためであると述べています。[47]

法然との対決と後鳥羽院の帰依

元久二年（一二〇五）の秋、貞慶は、興福寺を代表して、法然房源空《ほうねんぼうげんくう》（一一三三～一二一二）の主張する「浄土の新宗を立てて念仏を専修し他を雑行として否定」することを批難し、専修念仏の興行を禁止することを朝廷に求める『興福寺奏状《こうぶくじそうじょう》』（以下、『奏状』）を起草しました。その前に彼は『奏状』の前段階《プレテクスト》にあたる、同じく九箇条から成る『興福寺奏達状《そうたつじょう》』（以下、『奏達状』）を草しており、『奏状』はいわばその改訂版にあたります。両者の差異は実に興味深い問題を提起していますが、それについては楠氏の研究が指標となります。[48]

概して『奏達状』のほうが強い批判を展開し、法然の教えを「邪教」や「邪義」とあからさまに指弾するのに対し、『奏状』ではその趣意は同じながら、法然への直截《ちょくせつ》の非難は避けられています。この違いには、興福寺から朝廷に届けられて披露され、正式に受理されるまでの間を仲介した関係者の意向が反映された可能性もあります（九条兼実のように法然を擁護する人々も多くいたのです）。

前に提出された天台側の『延暦寺奏状《えんりゃくじそうじょう》』よりも遥かに徹底した貞慶による法然教説と専修念仏行儀への批判は、やがて朝廷を動かすことになり、三年後の承元二年（一二〇八）、院の沙汰により、門下の念仏者のスキャンダルを口実として苛烈な処断が行われ、法然は讃岐へ配流されてしまいます。連座した綽空《しゃっくう》（親鸞《しんらん》／一一七三〜一二六八）も越後へ流されます。この弾圧は、かえって新たな仏法の全国的な展開を惹きおこす契機ともなるのですが、貞慶の文章は、その引金をひくような役割を果たすことになったのでした。

一方で貞慶は、法然を断罪した後鳥羽院に深く帰依されました。それは既に正治二年（一二〇〇）、彼が法相宗（中宗／唯識仏教）の三国にわたる伝来とその要諦を講式の形で整然と解説した『中宗報恩講式』五段(49)を院に奉呈したことに始まりました。それを読んだ院は深く法相宗に帰依し、以来、『瑜伽論』一部百巻の自筆による書写を発起したのです。『奏状』を奉った元久二年の冬十二月には、院の春日社御幸《みゆき》があり、興福寺七堂巡礼の後、別当雅縁《がえん》（一一三八〜一二二三／久我通親の弟）の房にて一切経供養に臨みますが、その導師は貞慶が務めました。建永二年（一二〇七）には、菩提山専心の勧進になる興福寺北円堂（弥勒を本尊とする）の勧進状を草し（『弥勒如来感応抄』(50)）、造立が朝廷の支援を得て開始され、その完成をもって興福寺の復興はほぼ成就することになるのです。

同年（承元元年）秋、笠置では『大般若経』が供養され、翌承元二年（一二〇八）には寺僧の法華結縁のために『法華《ほっけ》開示抄《かいじしょう》』の著作を完成させました[51]。観音帰依の思いはさらに募り、その導きによる補陀落山往生の地を求めて、その浄土を遥かに望む瓶原《みかのはら》の海住山寺《かいじゅうせんじ》へ移り住むことになったのです。

承元二年九月、貞慶は、院御願になる河内交野《かたの》の新御堂供養の導師を勤め、その賞として、近臣藤原長房《ながふさ》を通じて、東寺と唐招提寺つまり空海と鑑真将来の舎利を賜りました[52]。この舎利を安置する寺として、別当雅縁が山荘としていた十一面観音を本尊とする古寺を新たに「海住山」と号して、補陀落を望む終焉の地に定めたのです。翌三年には、『感応抄』に表明された観音への値遇による往生の希求から、再びあらたな観音を本尊とする講式の制作に及びます。この七段『値遇観音講式』[53]は、より詳《つまび》らかに補陀落山の様相や荘厳そして観音の功能を讃嘆しますが、それはこの舎利にも重ねられていたかも知れません。谷口耕生氏は海住山寺本堂内陣壁画の補陀落山図と観音来迎図が、この講式によって構想され、読み上げられた可能性を提起しています[54]。

承元三年八月、自ら「草創之所」と言う平群《へぐり》の惣持寺《そうじじ》本尊薬師如来のために講式を草します（金剛三昧院本『薬師講式』）。持聖院《じせいいん》蔵『惣持寺縁起』には、建永元年（一二〇六）に教円《きょうえん》（三輪上人慶円《みわしょうにんきょうえん》）と共に再興し、快慶作の本尊像が貞慶を導師として供養されたと伝えます。寺趾《あと》には一針《いちはり》薬師と呼ばれる線刻薬師三尊石仏が遺り、笠置と共通の霊験仏信仰を示します。春日第二殿本地である薬師もまた彼の恃《たの》む仏であり、講式に抄出された十二大願等からは、その志願が伝わります。

承元四年（一二一〇）秋、後鳥羽院は自筆『瑜伽論』一部百巻書写の功を了《お》え、海住山寺に臨幸し貞慶によって供養せしめ、この寺を御祈願所としました。これを機に、長房は出家して貞慶を戒師として覚真《かくしん》（一一七〇〜一二四三）と号しました。すでに以前から貞慶に帰依していたのですが、本懐を遂げて僧となり、師の願い求めるところを成就させることを、己の使命としたのです。

第五節　仏道希求の生涯

観音侍者としての修学の生涯

最晩年の貞慶は、その示寂《じじゃく》の最期の時まで、一人の学僧として仏道を求め続ける営みを停《とど》めることはありませんでした。そのひとつが、戒律の学びです。すでに承元年間（一二〇七～一二一一）に『戒律興行願書《かいりつこうぎょうがんしょ》』（興福寺蔵戒如奥書本）を草して、興福寺の東西両金堂衆による戒家の伝統を再興するための勧進を呼びかけ、建暦元年（一二一一）九月には、唐招提寺で鑑真の御影を前に南都戒律の基本文献である『梵網経古迹記《ぼんもうきょうこじゃっき》』を講じています（『招提千歳伝記《しょうだいせんざいでんき》』）。ひいては、同二年に至り、興福寺内の常喜院《じょうきいん》に戒律専攻の供僧《くそう》四口の定員を設置してその基盤を整えました。やがて、そこから南都における戒律復興の運動が始まるようになるのです(55)。

また、若い頃から一貫して持ち続けた聖徳太子への崇敬は、それと一体化した釈尊への信仰（『感応抄』に言及されるように、太子の伝記を釈迦八相と重ねた「太子八相」を説いています）が結びつきました。法隆寺の上宮王院において、舎利殿に祀られる太子の挙内御舎利《けんないおんしゃり》を本尊とする釈迦念仏会が、建暦元年（一二一一）九月に貞慶によって始められたと伝えます（『法隆寺別当次第《ほうりゅうじべっとうしだい》』）。そのために制作されたと思《おぼ》しいのが五段『聖徳太子講式』ですが、それは貞慶作と伝わる「太子和讃」とともに、今も法隆寺で誦《よ》まれています(56)。

翌建暦二年九月には、彼の勧進によって、今度は法隆寺の聖霊院《しょうりょういん》において観音宝号の奉唱が始められており（『法隆寺別当次第』）、観音の垂迹である太子を対象として、彼にとって「繋属《けしょく》」すべき本尊である釈迦と観音を繋ぎわたす媒《なかだち》である太子への帰依が、中世法隆寺のあらたな礼拝儀礼として創りだされたことが知られます。

法相宗学僧としての貞慶晩年の取り組みは、唯識教学に欠くことのできない基礎学である因明《いんみょう》にも及んでいました。その達成が、建暦二年十一月に相次いで弟子たちと共同で完成させた『因明明要《いんみょうみょうよう》抄《しょう》』であり、集大成としての『明本鈔《みょうほんしょう》』です。その最終巻（興福寺蔵貞慶自筆本）の奥書には、その永年の因明の研鑽を回顧しつつ、「予一期案《いちごの》」を編纂したが、その「随分清浄之志」を春日大明神が納受されるようにと願っています。しかしまた、「病悩相続《あいつづ》」くによりもはや再治（改訂）することが叶わない、と書きつけており、まさに畢生の業《しわざ》であったことが察せられます。(57)

すでにその歳末には病も嵩《こう》じていましたが、翌建暦三年（一二一三）正月、病臥に至ってからも著述は止まず、十二日には後進のために『修行要抄《しゅぎょうようしょう》』を述作、ついで十七日には『観心為清浄円明《かんじんいしょうじょうえんみょう》事《じ》』(58)を談じて弟子たちに筆録させました。そこに病床でも語ることは、終始、観音来迎のことばかりであった、と伝えます。

これらに先立つ正月十一日には、覚真らと連名で『海住山寺条々起請《かいじゅうせんじじょうじょうきしょう》』五箇条を立て、一同して海住山寺一山の規則を定め、僧寺としての戒修遵守と、学問を根幹とする仏道修行の場として、観音の来迎を期《ご》し、補陀落から兜率《とそつ》・安養《あんにょう》の浄土へ到るべき聖地としての理想が印《しる》しづけられました。それは、今に海住山寺に伝えられる、貞慶の構想にもとづくと推察される本堂内陣の本尊周囲に巡らされた壁画の観音来迎図と補陀洛山浄土図に象《かたど》られ、[59]また同じく伝世する弥勒と阿弥陀の浄土を描いた（おそらく新渡の宋朝様式に拠る）独自な構図による曼荼羅にも託されました。[60]仏事においては、前年に入寂した先師の覚憲（壺坂僧正）の五七日追善諷誦文《ふじゅもん》（『讃仏乗抄』）、また、経蔵の本尊として安置した五台山文殊像の願文（『貞慶鈔物』）を草したのが最後の営みとなりました。その遷化は、建暦三年（一二一三）二月三日のことでした。『海住山寺縁起』絵巻（狩野永納画）[61]は、貞慶が「補陀落山《ふだらくせん》、観音聖衆《かんのんしょうじゅ》、臨命終時《りんみょうじゅうじ》、決定往生《けつじょうおうじょう》」と誦しつつ往生を遂げた、と伝えます。その遺偈は、次のように、「決智」の末に観音に帰依した彼の願いをあざやかに示します。

唯願永為　観音侍者　生々修習　大悲法門　度衆生苦　不異大師　我亦当来　名観世音

（唯だ願はくは永く観音の侍者として、生々に大悲の法門を修習し、衆生の苦を度さんことは大師に異ならず、我れも亦た当来に観世音と名のらん）

註

（1）楠淳證・舩田淳一編『蔵俊撰『仏性論文集』の研究』法藏館、二〇一九年。

（2）『大東急記念文庫善本叢刊16　聖徳太子伝』汲古書院、二〇〇八年（築島裕解説）所収。「聖徳太子講」（二一三～二二一頁）「以笠置上人御真筆本書之。承安三年二月廿二日用之」。以下、『観世音菩薩感応抄』に言及された「太子八相文残篇」（一六四～一八三頁）および「太子徳讃義残篇」（一九二～二一三頁）「承元三年（一二〇九）供養之、上人五十五歳」の太子遺文が集められる。編者聖云の識語は以下の通り。「予、幸求‐メ得エテ上人両三箇之先蹤一ヲ或結‐置《ムスヒヲク》太鏡百練鈔之終詞ニ、以之為《シ》ニ称揚懸レ鏡一之肝要一ト、以之為ス讃嘆餝花之手‐本一ト。風月之得《ウル》ニ意一ヲ有リ便《タヨリ》一。儒道之流《ナカルニ》筆一ノ無シ滞一。写《ウツシテ》此ノ様《タメシ》ヲ厳《イツクシクセヨ》彼カ言一ヲ而已。」

（3）横内裕人『日本中世の仏教と東アジア』塙書房、二〇〇八年。

（4）貞慶は、後に再建された東大寺の総供養（建仁三年〈一二〇三〉）の表白において、次のように述べます。「去ぬる治承の暦、庚子の歳、仏殿と僧房は忽ち煙雲と化し、霊像も聖教も空しく寂滅に帰せり。是は権臣の暴虐たりと雖も、猶お僧澆の濫悪より起これり。冥顕の然らしむるところ、天神も救うことなし」（私に訓み下し）称名寺本『讃仏乗鈔』第三之一（永井義憲・清水宥聖編『安居院唱導集上巻』角川書店、一九七二年、三八九〜九〇頁）。

（5）平岡定海『東大寺宗性上人之研究并史料』（下）、日本学術振興会、一九六〇年（臨川書店、一九八八年再刊）所収、宗性編『弥勒如来感応抄』第一に聚められた貞慶遺文によれば、元暦二年（一一八五）「笠置寺毎日仏供勧進状」（二三五頁）を草したのを始めとして、文治四年（一一八八）には「笠置寺念仏道場塔婆寄進状」（二三六頁）を草し、同五年（建久元・一一九〇）に「笠置寺龍花会願文」（二三二頁、『讃仏乗鈔』八にも収む）を草しています。

（6）『玉葉』建久二年（一一九一）二月二十一日、五月二日、同二十二日、十月七日、同十一日条。法成寺御八講で結座導師を勤めたのを始めとして、師覚憲の使者として兼実と面談、兼実の南都下向に際し誦経導師を務め、兼実邸では仏供発願や中宮女院御祈のための心経供養の導師を勤めるなど重用されています。

（7）『玉葉』建久三年（一一九二）二月八日条。

（8）山田昭全監修、講式研究会編『貞慶講式集』山喜房佛書林、二〇〇〇年。

（9）東大寺図書館蔵『遁世述懐抄』（註（5）前掲書）、天福二年（一二三四）九月条所収。仁木夏実「信阿小考——東大寺図書館蔵『遁世述懐抄』所収漢詩を中心に」『国語と国文学』第七九巻第四号、二〇〇二年。同「『遁世述懐抄』所収漢詩について」『文藝論叢』第六一号、二〇〇三年。

（10）聖典を中心とした、その注釈など一元的な求心構造に単純化される宗教テクストに対して、その社会との関わりと言うべき周縁において示す領域を、私に「間宗教《かんしゅうきょう》テクスト」と呼びます。これらは、宗教者間、宗派間、寺社組織間などの内外に流通し、利用・享受されて公開され、布教唱導や訴訟文書の如く、いわば公共的な場において重要な役割を果たします。と同時に、積極的に流布せしめられてメッセージを発信することを目的に著されるように、宗教テクスト間の、あるいはそれ自体の動態的関係性を担い、また生み出す宗教テクストの側面を指す用語です。阿部泰郎「宗教遺産学の実践としての宗教文化遺産アーカイヴス構築」木俣元一・近本謙介編『宗教遺産テクスト学の創成』勉誠出版、二〇二二年。

(11) 註(8)前掲『貞慶講式集』(四五~七五頁)。その画期的な独自性については、本書第二章阿部美香コラムを参照して下さい。

(12) 『今昔物語集』巻第十一「天智天皇の御子、笠置寺を始めたる語《こと》第三十」に、古代に伝承された笠置寺縁起が収録されています。また、『弥勒如来感応抄』第一(註(5)前掲書)の貞慶による笠置寺関係唱導文にも、「化人」ないし「天人」の降臨による「霊像」彫刻のことが説かれます。貞慶以降では、『東大寺縁起絵詞』(一三三五)や『二月堂縁起』絵巻(十六世紀)による、二月堂修二会開創縁起としての、実忠が笠置の岩屋より兜率天の常念観音院に詣り、その勤行を二月堂に遷して観音悔過を始めたという伝承が重要であり、これらが室町末期の『笠置寺縁起』およびその絵巻では、貞慶の般若台創建の事蹟とともに統合されていることが注目されます。

(13) 慶政写『諸山縁起』所収「一代峯縁起」(日本思想大系『寺社縁起』一三七頁)「かの金峯山はこれ兜率天の内院にして、今のこの一代笠置峯は兜率天の外院なり。この峯に一度《ひとたび》修行する輩は、必ず知足天に往生し、極楽において自在を得ること、全く以て疑ひあるべからざるか」。『日蔵夢記』と一代峯に関しては、阿部美香「浄土巡歴譚とその絵画化――メトロポリタン本『北野天神縁起』をめぐって」『説話文学研究』四五号、二〇一〇年を参照して下さい。

(14) 楠淳證『心要鈔講読』永田文昌堂、二〇一〇年。

(15) 藤田経世校訂『校刊美術史料　下巻』中央公論美術出版、一九七六年(七一~一〇六頁)。

(16) 『弥勒講式』は、宗性『弥勒如来感応抄』第一(註(5)前掲書)に、他の広略の弥勒講式諸本とともに収められますが、編者(平岡定海氏)は、本講式のみ、笠置寺に伝来する伝貞慶筆『弥勒講式』によって翻刻収録しております(二〇六~二一一頁)。『貞慶講式集』(註(8)前掲書)七七~九九頁。

(17) 『貞慶講式集』(註(8)前掲書)七~一六頁。

(18) 『貞慶講式集』(註(8)前掲書)一二一~一四二頁。

(19) 註(5)前掲書、二三八～二四〇頁。

(20) 楠淳證『貞慶撰『唯識論尋思鈔』の研究──仏道篇』法藏館、二〇一九年(六四頁)「去んぬる建久八年丁巳《ひとのみ》閏六月二十八日、唯識論に就き聊《いささ》か愚抄を企つ(下略)」。

(21) 真福寺善本叢刊第一期第十二巻『古文書集』臨川書店、一九九九年(阿部泰郎解題)。阿部泰郎「伊勢に参る聖と王──『東大寺衆徒参詣伊勢大神宮記』をめぐりて」今谷明編『王権と神祇』思文閣出版、二〇〇二年。

(22) 『弥勒如来感応抄』第五(註(5)前掲書)、四一五頁。

(23) 神戸説話研究会編『春日権現験記絵注解』和泉書院、二〇〇五年。

(24) 近本謙介「『春日権現験記絵』と貞慶──『春日権現験記絵』所収貞慶話の注釈的考察」(註(23)前掲書)。山崎淳「『春日権現験記絵』と明恵一巻十七・十八論」(註(23)前掲書)。舩田淳一「『春日権現験記絵』の貞慶・明恵説話とシャーマニズム」『神仏と儀礼の中世』法藏館、二〇一一年。

(25) 貞慶への春日託宣は、称名寺聖教の春日関係唱導書中の『春日因縁少々』にその中核部分が抄出されます。近本謙介「コラム　仏教説話のみちゆき──称名寺伝来の春日関係説草の窓から」神奈川県立金沢文庫特別展図録『仏教説話の世界』。同「春日をめぐる因縁と言説──貞慶と『春日権現験記絵』に関する新資料」『金沢文庫研究』三〇二号、一九九九年。

(26) 璋円(およびその娘であった信如尼)については、阿部泰郎「中世寺社の宗教と芸能(南都篇)」『湯屋の皇后』名古屋大学出版会、一九九八年(初出一九八七年)。近本謙介註(24)前掲論文、同「『春日権現験記絵』と解脱房貞慶」『中世文学』四三号、一九九八年を参照して下さい。

(27) 註(20)前掲書。

(28) 高橋秀栄「笠置上人貞慶に関する新出資料四種」『金沢文庫研究』二八六号、一九九一年。近本謙介註(25)前掲論文。高橋悠介「貞慶の春日信仰──称名寺聖教を通して」奈良国立博物館・神奈川県立金沢文庫編特別展図録『解脱上人貞慶──鎌倉仏教の本流』二〇一二年。

(29) 近本謙介註(25)前掲コラム。

(30) ニールス・グュルベルク「貞慶の春日信仰における『春日御本地尺』の位置」『金沢文庫研究』二九五号、一九九五年。
(31) 船田淳一「貞慶『春日権現講式』の儀礼世界」(註(24)前掲書)。
(32) 註(2)前掲『聖徳太子伝』所収『太鏡百練鈔』巻下「太子八相残篇」(一六四～一九二頁)「如意抄云／笠置解脱上人御作／私云略伝文㆓取要句取了㆒」の注記を冒頭に付し、後に編者聖云の追加文が続いています。
(33) 貞慶の唱導文集である『讃仏乗鈔』称名寺本第三之八「十一面観音」帖は、某「法主」の十一面観音画像の供養導師を勤める為の説草です。その表白には「仏地論」を引き、「法爾繫属」は観音に深しと帰依の因縁を述べ、「法主」が観音に縁深いことを、入胎の昔より成人の今に至るまで観音の霊地に詣すること多し、と、殆ど貞慶自身を想わせるように説きます。加えて「霊夢」を感じ、この供養の善根を以て母(の菩提)に資すというのです。以下、仏釈として三身釈や観音の弘誓を別紙に釈し、その功能を列挙し、「観音利生掲焉事玄賓尺」や「持咒事／霊地事／太子／大師／(春日)大明神」の事を連ねる点に、『観世音菩薩感応抄』との共通性が見出せます(これらを「此事、先日上綱尺給事、可述之」と、或いは師覚憲の仏事にも用いたものであったでしょうか)。更に「大明神生身観音也」という因縁として「朝欣上人事」つまり興福寺大御堂の児観音縁起(『興福寺流記』、『長谷寺験記』)を挙げ、そこから「四宮即観音」「権現覆護寺僧事」「神明利益及後生事」へとその説法の主題を展開させます。後半はもっぱら「法主」の母の恩愛と孝養を讃えて、三国にわたるその因縁を説くに至ります。貞慶の南都興福寺における観音信仰の唱導(説法)の実態を知るうえで貴重なテクストです。註(4)前掲書『安居院唱導集　上巻』四〇九～四一一頁。
(34) 光地英学「菩提山と蓮光法師」『大原先生古稀記念　浄土教思想研究』永田文昌堂、一九六七年、一七五～二〇八頁。
(35) 註(34)前掲論文、註(14)前掲書参照。
(36) 雄俊が七度還俗しながら堕地獄蘇生譚の主人公となった説話は、戒珠仮託『往生浄土伝』を介して流布しましたが、貞慶はこの例《ため》しを『閻魔講式』にも大きく取り上げています。本書第二章阿部美香コラム参照。
(37) 註(8)前掲書、一六一～一七六頁。西山厚「講式から見た貞慶の信仰――『観音講式』を中心に」寺院史研究会編『中世寺院史の研究』下、法藏館、一九八八年。関口静雄解説「解脱貞慶作『観音講式』について」、同

「観音講式　翻刻」『大正大学綜合仏教研究所年報』一五号、一九九三年。

(38)『弥勒如来感応抄』第一、「元興寺玉華院弥勒講勧進状」二四六～七頁。「弥勒講式」（三段式）二〇四～六頁（いずれも註(5)前掲書）。

(39)『貞慶講式集』（註(8)前掲書）一七七～二〇三頁。

(40) 貞慶の唱導テクストの全貌は、その「御真筆折紙」を聚めた『讃仏乗鈔』の現存部分（称名寺聖教――第三、東大寺図書館――第八、および『太鏡百練鈔』下巻「太子徳讃義残篇」〈「讃仏乗抄云／笠置上人御作／又風月鈔等有之」〉など）から推察するに、他の『妙意鈔』（東大寺図書館）や『上人御草等』（高山寺旧蔵）、『貞慶鈔物』（東寺）などを加えても、なお復原し切れないほどに厖大です。

(41) 阿部美香「宣陽門院の宗教空間におけるほとけとことば――東寺西院御影堂の中世的発展と貞慶の『舎利講式』をめぐって」近本謙介編『ことば・ほとけ・図像の交響――法会・儀礼とアーカイヴ』勉誠出版、二〇一二年。

(42) 註(41)前掲阿部美香論文所引『舎利講式』一段式の識語には、「春日明神の御所望により解脱上人これを書き進せらる。その夜、微妙の御声を以て誦し遊ばさる」と述べています。

(43)『弥勒如来感応抄』第一（註(5)前掲書）「笠置寺礼堂等修造勧進状」二四〇～四二頁。

(44)『弥勒如来感応抄』第一（註(5)前掲書）「沙門貞慶等敬白文」「龍華会願文」一三二～三三頁。

(45) 加須屋誠「「笠置曼荼羅図」小論」『仏教説話画論集　下巻』中央公論美術出版、二〇一一年（初出二〇一〇年）。

(46) 明恵による一連の講式制作の出発点となったのが、貞慶との邂逅の契機となった春日託宣および舎利の授受を主題とした『十無尽院舎利講式』（一二〇四年）であることは、きわめて示唆的です。

(47)『法華転読発願』は、註(28)前掲高橋秀栄論文に翻刻所収。本奥書に「建仁三年癸亥秋八月廿二日申刻、摂州有馬山草之、笠置寺法相沙門[redacted]」と貞慶識語を有し、法華経転読の発願と経典読誦の意義が述べられ、自ら普賢の行者となり、他も持経法師となし、兜率の法華三昧院に転生、霊山浄土へ詣で釈迦に仕え、法華と唯識の二法を以て菩提の岸に到ろうと誓願します。これを有馬で草したのは、おそらく『有馬温泉寺縁起』（九条家慶政写本を伝える）にも説かれるような、持経者尊恵の冥途蘇生譚における閻魔王宮での法華持経の契約を前提としているのでしょう。

(48) 楠淳證「龍谷大学図書館禿氏文庫蔵『興福寺奏達状』について――『興福寺奏状』の草稿本もしくは今一つの「奏状」」大取一馬編『典籍と史料』思文閣出版、二〇一一年。
(49) ニールス・グュルベルク「講式データベース」に翻刻データを登載。
(50) 註(5)前掲『弥勒如来感応抄』第一「興福寺僧綱等北円堂勧進状」二四三~四五頁。
(51) 『大日本仏教全書』所収。大谷大学蔵南北朝写本は、笠置寺福城院「秘蔵」本として、『仏教全書』本の対校本と思われます。註(28)前掲図録『解脱上人貞慶』解説を参照して下さい。
(52) 海住山寺蔵「仏舎利安置状」(一二〇八年、貞慶自筆)。註(28)前掲図録『解脱上人貞慶』解説参照。
(53) ニールス・グュルベルク「講式データベース」に翻刻データが登載されます。
(54) 谷口耕生「貞慶をめぐる二つの聖地図像」註(28)前掲図録『解脱上人貞慶』、二〇一二年。
(55) 貞慶を南都戒律復興の先駆とする位置付けを明確に示した業績に、関口静雄『律苑僧宝小誌』「貞慶」(昭和女子大学創立八十周年記念「唐招提寺展」開催記念誌)二〇〇〇年、があります。
(56) 聖徳太子奉讃会『聖徳太子全集』第五巻『太子関係芸術』石田茂作編(龍吟社、一九四三年)、「聖徳太子講式集」(大屋徳城編)所収。
(57) 奈良国立文化財研究所編『興福寺文書聖教目録』第一巻、法藏館、一九八七年。
(58) 『日本大蔵経』「解脱上人小章集」所収。
(59) 註(54)前掲谷口論文。
(60) 北澤菜月「海住山寺に伝来した一対の浄土図――貞慶の浄土観に関わる新発見」註(28)前掲図録『貞慶』、二〇一二年。
(61) 『海住山寺縁起』絵巻は、寛文四年(一六六四)、二年前の貞慶四百五十回忌を機に制作されたと考えられます。画家の狩野永納は、『本朝画史』を著し古画や絵巻に通暁した大和絵の伝統を背景に、畿内各地の寺社の縁起絵巻を数多く制作しました。註(28)前掲図録『解脱上人貞慶』解説参照。

(阿部泰郎)

コラム　貞慶と澄憲

信西一族

貞慶《じょうけい》の父は藤原貞憲《さだのり》で、祖父は藤原通憲《みちのり》（信西《しんぜい》）です。[1] 信西の一族は院政期から鎌倉時代にかけて多方面で活躍しました。[2] その一人が天台僧である澄憲《ちょうけん》（一一二六〜一二〇三）です。澄憲は信西の子で貞憲の弟ですので、[3] 貞慶から見れば叔父に当たります。貞慶の生年は一一五五年ですから、三十近く年齢差があります。さて、信西一門の中で澄憲は説経の名人として知られています。表白《ひょうびゃく》（法会の開催趣旨を述べた文章）や説経（仏や経についての解説）が多く伝わっています。[4] 一方、貞慶も仏教儀礼に関係する言葉を多く書いています。多くの講式が知られていますし、[5] 願文・諷誦文《ふじゅもん》・勧進帳などを集成した『讃仏乗抄《さんぶつじょうしょう》』もあります。[6] 天台僧として都を中心に活躍した澄憲と、興福寺に入り南都周辺を拠点とした貞慶とでは、修学した宗や活動時期が異なるのですが、仏教儀礼の場で読み上げたり、人々に作善《さぜん》を勧めたりする文章を多く残している点は共通しています。果たして、両者はどのような関係であったのでしょうか。教義や信仰、実践面での共通点と相違点が気になります。

貞慶と澄憲に注目することには重要な意味があります。なぜなら、信西の一門は多彩な活動を展開しているからです。院政期から鎌倉時代にかけての仏教界は、信西一門という視座から考えてみる必要があります。もちろん、これまでにも研究はありますが（註（2）論文など）、近年になって紹介された資料もあります。それらを見ながら、より深く追究していかなければなりません。特に貞慶研究の進展には著しいものがあります[7]。『貞慶撰『観世音菩薩感應抄』の研究[8]』はその一つです。そして、貞慶と澄憲に注目する立場からは、同書収録の新倉和文氏の論文[9]が注目されます。そこでは『転法輪鈔《てんぼうりんしょう》』に含まれる二、三の表白の作者が貞慶とされています。『転法輪鈔』は澄憲の著作と考えられていますので、大きな問題提起です。もし新倉説が正しいならば、澄憲の著作の見直しが必要です。実は、貞慶と澄憲をめぐっては、類似する文章のあることが従来から指摘されてきました。本コラムではそれら先行研究を振り返りつつ、新倉氏の説を検討してみます[10]。

貞慶『表白集』

貞慶と澄憲をめぐって問題になるのは表白です。貞慶作とされる『表白集《ひょうびゃくしゅう》』が存在しているのですが、伝本が多く、広く活用された形跡があります[11]。ただし、実際に使用されたものは少なく、あまたの法会で使用することを想定した模範文例集としての性格が強いものです[12]。問題なのは、これに収録された表白の文言の多くが澄憲の表白と重なっていることです。これについて研究者は、本来は澄憲作であったものが、貞慶作として流布したと考えています[13]。つまり、貞慶『表白集』は、澄憲の文章を元に作成された表白の規範文例集ということになります。それが貞慶の名前で流布したのです。澄憲の表白は、貞慶のものとして違和感なく享受されたようです。実際、『表白集』と共通する言葉や表現が貞慶の講式に見えることも指摘されています（註(12)前掲の小峯和明氏著書）。澄憲と貞慶の表白や講式には、共通する言葉や表現がたしかに存在するのです。

貞慶『表白集』以外にも似た事例が指摘されています。[14] 醍醐寺蔵慶長十年写『表白集』は「笠置《かさぎ》上人草」とされますが、内容は『言泉集《ごんせんしゅう》』亡父帖所収の九篇を中核にした供養表白の類聚《るいじゅ》です。ただし、両者を比較すると辞句に異同が存し、若干の繁簡出入が確認できます。鎌倉期・南北朝期に、表白文集は生きて活用・転用される融通性をもっていたということです。[15] 東大寺にも資料が残ります。東大寺図書館蔵『白月抄《びゃくげつしょう》』は本奥書に「此作文者澄憲草也」とあるのですが、内容は写本系の貞慶『表白集』と一致します。貞慶草と題する刊・写本が流布する中で、澄憲草と伝える一本もたしかに存在するわけです。[16] 澄憲と貞慶の名前は相互に入れ替え可能であったようです。

鎌倉期から南北朝期にかけて、澄憲の表白の流通範囲は拡大していました。その際、貞慶（解脱上人作・笠置上人草）の名前が付けられることがしばしばあったということです。このことをどう考えるべきでしょうか。両者の影響関係を追うことも大切ですが、むしろ、中世仏教儀礼における言葉の性格を考えるべきだと思います。それは澄憲や貞慶の言葉を核にして生み出され、宗を越えて広がっていました。その特質と意義を考究していくことが求められます。貞慶と澄憲の表現世界を分析することは、中世の仏教儀礼の言葉の世界へ分け入る

ことなのです。(17)

玄奘の『大般若経』訳出

このような中、新倉氏によって新たな指摘がなされたわけです。以下、氏の説を紹介しつつ検討してみます。新倉氏が論じたのは有名な「大原談義」(大原問答)です。氏はこの催しの中心は後白河院で、談義の目的は滅亡した平家一門の鎮魂だったと考えました。そして、この事業に貞慶が関与したとされたのです。今、新倉氏の論の全体を検証することはできないので、貞慶と澄憲に関係する部分に絞って取り上げます。

新倉氏が澄憲作ではなく貞慶作としたのは『転法輪鈔』に含まれる二つの表白です。すなわち、文治《ぶんじ》二年(一一八六)三月の「院七日御逆修結願表白」と文治四年三月の「院大般若供養表白」です。これらには貞慶の思想の核となる語句や文章があり、貞慶作と考えるべきだというのです。

文治四年の表白から見てみます。

就中、大般若経は、十方善逝、能生能養の智母、三乗賢聖、得道得果の導師なり。之を書写すれば福は恒沙如来を供養するに勝れ、之を誹謗すれば罪は大千諸仏を殺害するに超ゆ。何ぞ況んや、経説に云はく、「如来滅後之時分、於東北方大有機縁」と。故に玄奘法師、此の経を訳し訖りて徒衆に語りて云く、「此の典は此の方に於いて大いに因縁有り。鎮国妙典、人天大宝なり」と云々。是《ここ》を以て、一天此の経を仰宗し、四海此の典を流布すること、如来の教令に叶ひ、玄奘の所言に応ぜり。誰人か帰敬せざらんや、何処か流行せざらんや。(18)

ここでは『大般若経』が如来の滅後、「東北」(日本)に機縁があること、これを翻訳した玄奘《げんじょう》の言葉通り、今の日本では『大般若経』が流行していると述べられています。新倉氏はこれを貞慶の文言と考えました。傍線を付したように、ここには「経説」と玄奘の言葉が引用されているのですが(波線部については後述します)、このような説は、貞慶ら法相の学生にふさわしいということです。新倉氏は根拠資料として『法相宗大意名目《ほっそうしゅうたいいみょうもく》』を指摘しています。

また、『般若経』に云わく、「般若修行菩薩乗」釈をなすに東北方の五々百歳の人出せり。東北方、日本国等也。五五百歳、此の時なり。他宗の人師の釈して云わく、日本国円機深く熟せりと。云わく、自宗の古徳の説も多く是れと同じなり。(19)

ここで貞慶は『大般若経』の文言を解説しています。「東北方」とは日本国を指し、「五百歳」は今この時に当たるとし、「他宗の人師」も「日本国円機深く熟せり」と言うが、自宗の古徳も同じだと述べています。たしかに、『大般若経』が日本国に深い縁を持つということを貞慶が述べています。ここで「他宗の人師」が出てくる理由については楠淳證氏の論文[20]を参照できます。それによると、このような貞慶の発言の背景には、天台と法相との対立があります。「他宗の人師」とは天台宗の源信で、その著作『一乗要決《いちじょうようけつ》』に対し、貞慶の師である蔵俊《ぞうしゅん》や貞慶が反論していたのです。ただし楠氏によると、貞慶の反論は独特です。「一乗」を会通《えつう》して、自己のものとして昇華していくのが貞慶の方法です。直接対決するのではなく、相手の主張を自分の論へ組み込んでいくのです。『大般若経』に言及した箇所でも、貞慶は天台の謗難に柔軟に対応しています。相手を真っ向から否定するのではなく、それを取り込みつつ、自らの立場を主張しています。『法相宗大意名目』に「他宗の人師」の釈を利用したのは、そのような和会《わえ》の理論があったからでしょう。

さて、このような貞慶の文章を確認した上で、『転法輪鈔』に戻ります。ここでは「経説」として『大般若経』由来の文言を引用しています。そして翻訳後の玄奘の言葉も引用しています。これを見ると、たしかに法相宗の立場が強く出ているように見えます。ただ、これを他宗の僧が言うことが本当に無かったのでしょうか。調べてみる必要があります。そこでいくつか探してみますと、たとえば栄西の『興禅護国論《こうぜんごこくろん》』が見つかります。『大般若経』の文言が、日本が『大般若経』流布の国であることを言う中で用いられています[21]。そして実は澄憲の資料にも類似文が確認できます。金沢文庫保管の『釈門秘鑰《しゃくもんひやく》』大般若経帖です。本帖には「大般若略尺」と延暦寺の大衆《だいしゅ》が根本中堂《こんぽんちゅうどう》で大般若供養をした時の経釈が含まれます。「大般若略尺」には、

至唐玄奘三蔵求法時、具伝来十六会広文、於玉花寺、与筆受・証義・綴文・十余人大徳、自顕慶五年正月一日、至龍朔三年十月廿二日、翻訳之了、（中略）故三賢十聖□□此法啼泣、四智五□□□此経恭敬、故、供養者、福過供養恒沙諸仏、誹謗者、罪超殺害大千如来、般若大意以如此、[22]

とあります。波線部が、文治四年の大般若表白の波線部と一致しています[23]。また、根本中堂での経釈には、次のようにあります[24]。

今此大般若波羅蜜経者、唐玄奘三蔵軽□□□□流沙葱嶺、至□□□□□春秋寒暑一十七年、耳目見聞百三十五箇国、都大小乗経律論、得六百五十七部、訳布中夏、宣揚□□、其中此大般若経、（玄奘の大般若経翻訳を述べた後）告徒衆曰、玄奘来此玉花者、此経之力也、此経於此地有縁明矣、（中略）
唐龍朔三年十月廿三日、訳訖、三蔵法師、自合掌歓喜、告徒衆曰、此経於此地有縁、此乃鎮国妙典、人天大宝也。（以下略）

玄奘の『大般若経』翻訳に触れているのですが、傍線部のように、『大般若経』翻訳後の玄奘の言葉を含んでいます[25]。玄奘の『大般若経』翻訳とその言葉を引用することを、澄憲も行っていたのです。これらを見ると、文治四年院の表白について、貞慶でなければ書けないとは言い切れないと思います。表白では『大般若経』が優れていること、日本で敬われ流布しているのは当然のことだと言っています。それを法相宗の功績として法会の場でことさらに強調する必要が貞慶にあったかということも問題です。後白河法皇のまわりには澄憲をはじめ、東大寺の弁暁《べんぎょう》や三井寺の公顕《こうけん》といった有力寺院の説経の名人が集まっていました。(26)彼らの間に、自宗の優越性を説いて法皇の帰依を勝ち取ろうとする動きが無かったとは言えませんが、むしろ、一致団結して法皇のために尽くした面が強かったのではないかと思います。和会の思想（融会《ゆうえ》の思想）を育てていたように思うのです。詳しく調べてみる必要がありますが、学僧として教義面で対立する部分があったとしても、法会の場では連携した可能性を考えた方がよいと思います。後白河法皇が主催した法会では、その趣旨に沿うものであれば、他宗の僧侶の言葉を取り入れて表白が作成されたり、説経が行われたりすることがあったのではないでしょうか。

歴事十方諸仏

もう一つの文治二年の表白で問題となるのは、「十方諸仏に歴事」という箇所です。新倉氏は、これは法相宗の貞慶にしか書けないと主張されました。

我君、戒恵薫修、善根純熟して、三心具足、十念成就せん。必ず苦海を超過し、速に浄土に往生せん。初歓喜地に昇り、無生法忍を証し、十方諸仏に歴事し、六道衆生を済度せん。普賢願海に入り、如来果地に楷はん。

右の傍線部がその箇所です。同じ文言が澄憲の他の表白に見出せないか探してみましたが、今のところ見つけられておりません。ですので、貞慶にしか書けない言葉である可能性は否定できません。ただし、前後の文脈は気になるところです。最初に「我君」とあるのは後白河法皇のことで、この部分は祈願の言葉です。すなわち、法皇が波線部のように「三心具足」「十念成就」し「浄土に往生」すること、「初歓喜地に昇り」「無生法忍《むしょうぼうにん》を証し」「六道衆生《ろくどうしゅじょう》を済度《さいど》する」ことが祈られています。このうち、「十方諸仏に歴事」の直前にある「無生法忍」は澄憲の他の表白に出ています（『転法輪鈔』「十箇日舎利講結願詞」）。さらに遡って探すと静照《じょうしょう》『極楽遊意《ごくらくゆうい》』第十四上輩生想や、三善為康《みよしのためやす》『拾遺往生伝《しゅういおうじょうでん》』序が見つかります(27)。これらでは、往生して「無生忍《むしょうにん》」を得、娑婆《しゃば》の衆生を利益したいと述べられています。文治二年の表白も法皇の往生を祈願する中で「無生法忍」を出しているので、他の文献と近い文脈で「無生法忍」を用いていると言えます。

このような「無生法忍」という言葉の次に「十方諸仏に歴事」が出てくるわけです。ここで問題なのは、このような祈願の文脈で特定の宗の教学が濃厚に反映された言葉を出すことが果たしてあるかということです。新倉氏は、「諸仏に歴事」を、阿弥陀一仏に繋属《けぞく》する法然に対して、多仏に仕える貞慶の教学が反映された部分とみました。しかし、法皇のための祈願で、自身の宗の立場を強く主張したでしょうか。先にも書いた通り、後白河法皇のまわりには各宗の僧侶が集まっていました。それぞれの立場から、そして時には共同で後白河法皇のための法会を行っていたのです。そのような状況の中、特定の宗の立場を強く主張する文言がどの程度用いられたのか、丁寧に検証する必要があります。

後白河法皇のための表白という面からは、「十方諸仏に歴事」に続く「六道衆生を済度」の部分も気になります。新倉氏も平家鎮魂に言及していますが、文治二年の逆修は後白河法皇にとって特別に重い意味を持ちます。平家が滅亡したのが文治元年で、その霊魂にどのように向き合うか、切実な問題だったからです[28]。それを考える際、問題の箇所は、やはり重みを持ちます。僧侶たちが後白河法皇に何を期待しているかが分かるからです。もちろんこれは後白河法皇自身の往生の願いを述べたものではあるのですが、それだけではないでしょう。ここには、後白河法皇周辺の僧侶が理想とする法皇の姿が投影されていると思います。僧侶たちは、「六道衆生を済度」する法皇の出現を願っているのです。

平家の「鎮魂」については、さまざまな形がありました[29]。すなわち、死者の近縁者による素朴な哀悼に満ちた場から、統治者の立場で怨霊を鎮撫する必要に迫られた緊張した対決の場まで、多様な「鎮魂」があったのです。その中で近年注意されているのは、第三の方法です。これは、死者の思いを代弁して語り鎮める方法とも、死者を讃美して慰める方法とも異なります。すなわち、「説得・威圧」とも言える「鎮魂」で、王権に反逆したのだから滅亡したのは当然だと相手を納得させる方法です。その上で、その罪を赦して功徳を分け与えるのです。このような「鎮魂」があることを踏まえて今回の表白を見ると、さらに第四の「鎮魂」を考えることができそうです。それは、法皇自らが往生して菩薩道を実践し、怨霊を含めた有縁の者を済度するという方法です。そのような方法を実践できる法皇を、僧侶たちは生み出そうとしていたように見えます。このような方向性は、貞慶と澄憲を含めた信西一族を中心に生み出されてきたのではないかと考えています。

新倉氏の問題提起を踏まえて、今後追究していくべきことは多いと思われます。平安時代末期に説経や講式の文章をたくさん残して、人々を導く役割を果たした貞慶と澄憲の思想と言葉に対して興味は尽きません。

註

（1）瀬谷貴之・高橋悠介編「解脱上人貞慶年譜」『解脱上人貞慶――鎌倉仏教の本流』（二〇一二年に貞慶の御遠忌八〇〇年を記念して奈良国立博物館、神奈川県立金沢文庫で開催された特別展図録）。

（2）中村文「信西の子息達――成範・脩範・静賢・澄憲を中心に」（『後白河院時代歌人伝の研究』笠間書院、二〇〇五年、初出は一九八六年）、市古貞次「信西とその子孫」（『日本学士院紀要』四二―三、一九八七年）、木村真美子「少納言入道信西の一族――僧籍の子息たち」（『史論』〈東京女子大学〉四五、一九九二年）、ジャメンツ・マイケル、米倉迪夫訳「信西一門の真俗ネットワークと院政期絵画制作」（『奈良国立博物館研究紀要　鹿園雜集』一〇、二〇〇八年）など。

（3）貞憲について、註(2)前掲ジャメンツ・マイケル論文を参照。

（4）代表的なものが『言泉集』と『転法輪鈔』で、永井義憲・清水宥聖『安居院唱導集　上巻』（角川書店、一九七二年）に翻刻されています（金沢文庫保管本）。『転法輪鈔』の国立歴史民俗博物館本が近年『国立歴史民俗博物館研究報告』（一八八、二〇一七年）で紹介されました。なお、澄憲の資料については牧野淳司「安居院流唱導書の形成とその意義」（阿部泰郎編『中世文学と寺院資料・聖教』竹林舎、二〇一〇年）参照。

（5）大正大学綜合佛教研究所講式研究会編（山田昭全・清水宥聖編）『貞慶講式集』（山喜房佛書林、二〇〇〇年）。

（6）『讃仏乗抄』は永井義憲・清水宥聖『安居院唱導集　上巻』（註（4）前掲）に収録されて安居院流（澄憲を祖とする唱導の流派）の書物と考えられたこともありましたが、東大寺の宗性が編纂した貞慶作文集です。貞慶起草文をまとめたものとして、『解脱上人御草等』や『貞慶鈔物』もあります。以上、註（1）前掲の図録を参照。

（7）澄憲のものは紹介が遅れていますが、二〇一七年に紹介された歴博本『転法輪鈔』が重要です（註（4）前掲）。

（8）楠淳證・新倉和文『貞慶撰『観世音菩薩感應抄』の研究』（法藏館、二〇二一年）。

（9）新倉和文「大原談義の成立事情――後白河院、平家の鎮魂のため談義を開く」（初出は二〇一〇年）。

（10）新倉論に対する見解は二〇二二年三月に行われた龍谷大学世界仏教文化研究センター主催の研究セミナー「貞慶宗教テクストにおける教学研究と信仰の間」でコメントした内容です。そこでは新倉論の一部を取り上げました。論の全体については、今後、丁寧に検証していかなければなりません。

（11）貞慶『表白集』の伝本系統については、筒井早苗「貞慶『表白集』――その伝本と内容の検討」（『金城国文』七八、二〇〇二年）を参照。

（12）小峯和明『中世法会文芸論』（笠間書院、二〇〇九年）の「Ⅱ　安居院の法会唱導世界――澄憲と聖覚を中心に」の「五　『貞慶表白集』小考」を参照。初出は一九九四年で、その後の研究を踏まえて改稿され定稿となっています。貞慶作『表白集』に関係する主要な研究も網羅されています。

（13）ただし、澄憲以外の表白（三井寺の公顕のものなど）が混じっていることも指摘されています（註（12）前掲の小峯和明氏著書）。

（14）以下の資料は牧野和夫氏が紹介したものです。牧野和夫「貞慶・澄憲の周辺――「笠置上人草」

「解脱上人之作」と題した「表白集」類について」（『仏教文学』一九、一九九五年）。

(15) 牧野和夫氏は同じく醍醐寺蔵である『笠置寺聖人説法草』と『祈雨廣表白』（解脱房貞慶草）にも言及しています。

(16) 牧野和夫氏は東大寺図書館蔵『風月鈔』にも触れています。これも貞慶『表白集』の異名同書です。

(17) 舩田淳一『神仏と儀礼の中世』（法藏館、二〇一一年）は、中世の神仏儀礼の特質に迫る成果ですが、貞慶の講式が重要資料となっています。講式については、星優也『中世神祇講式の文化史』（法藏館、二〇二三年）も出て研究が進んでいます。また、柴佳世乃氏は澄憲の『如意輪講式』を紹介・研究していますが、醍醐寺蔵の『如意輪講式』は澄憲作七段の講式を貞慶が改作して三段にしたものといいます。柴佳世乃「澄憲から貞慶へ――『如意輪講式』をめぐって」（『仏教儀礼の音曲とことば――中世の〈声〉を聴く』法藏館、二〇二四年、初出は二〇一八年）。

(18) 引用は永井義憲・清水宥聖『安居院唱導集　上巻』（註(4)前掲）に拠り、私に書き下しました。

(19) 本文は新倉論から引用しました。なお、楠淳證「貞慶の菩薩種姓自覚の理論と仏道観――新資料『法相宗大意名目』ならびに『心要鈔』等を中心として」（『龍谷大学論集』四七九、二〇一二年）でも本文を確認できます。「亦般若経云、般修トノ行菩薩乗尺ヲ弁スニ、東北方ノ五ノ百歳ノ人出セリ。東北方日本国等也。五ノ百歳、此時也。他宗ノ人師釈云、日本国円機深熟セリト云。自宗古徳説モ多是同也」とあります。楠氏は、「『般若経』が仏滅後に東北方で興隆することがすでに予言されていると貞慶が考えていたことは、すでに引用した『心要鈔』の文で明らかである。この確信は実は『般若波羅蜜多経』に、（経文引用）とある点に基づくものであり、これをもって貞慶は「仏滅後（後時後分後五百歳）の東北方の国である日本において今現在『般若経』を信受している我が身は間違いなく菩薩種姓である」という論理を構築したといってよい」と述べています。なおこのような文言のもとになった『大般若波羅蜜多経』の文は次の通りです。「舎利子。如是般若波羅蜜多甚深経典。我涅槃後復従北方至東北方漸当興盛。（中略）復次舎利子。我涅槃後後時後分後五百歳。如是般若波羅蜜多甚深経典。於東北方大作仏事」（傍線、筆者）。

(20) 註(19)前掲論文。

(21) 『興禅護国論』巻上（第一門）に、「大般若経に云く、舎利子よ、我が涅槃ののち、後時後分の後五百歳に、甚深般若相応の経典、東北方において大いに仏事を為さん。何をもつての故に。一切如来のともに尊重したまふところ、ともに護念したまふところなれば、彼の方において久しきを経て滅せざらしめん文。」とあり、同巻下（第九門）に、「難じて云く、「印度・赤県はこれ殊勝の地なり、果報純熟の人その中に生ず。日本はこれ辺地なり、不善の種族ここに生ず、故に尤も有り難し。また戒行疎欠すれば、いよいよ有るべからず」。答へて曰く、「大般若経に云く、我が涅槃ののち、後時後分の後五百歳に、かくのごときの経典、東北方において、大いに仏事を作さん文と。東北方とは、日本国これなり。いまだ辺地を嫌はざるか。」とあります（引用は日本思想大系）。

(22) 金沢文庫の紙焼き写真を参照。『釈門秘鑰』第十八之二。

(23) 寿永二年の「如法転読大般若表白」でも澄憲は玄奘の『大般若経』翻訳に言及しています。

(24) この経釈は応保元年六月に比叡山の大衆が『大般若経』を書写して根本中堂で供養した際のものです。

(25) 天台では玄奘三蔵が「般若宗」であり、「一乗仏性」を究竟の宗としていたと主張していたようです。楠淳證・舩田淳一編『蔵俊撰『仏性論文集』の研究』（法藏館、二〇一九年）を参照。

(26) 寿永二年如法転読大般若には、延暦寺澄憲・興福寺範玄・園城寺道顕・東大寺弁暁が参仕しています。

(27) 静照『極楽遊意』第十四上輩生想に「私に加うるに、無生忍を悟り已って、娑婆に還来し、広く有縁を度す」（佐藤哲英『叡山浄土教の研究　資料編』百華苑、一九七九年）、三善為康『拾遺往生伝』序に「即ち願を発して曰く、吾順次生において、必ず極楽に往生し、疾く無生忍を得て、深く諸の三昧に入り、弥陀の願をもて吾が願となし、普賢の行をもて吾が行となし、観音の心をもて吾が心となし、この娑婆国土において、当に一切衆生を利すべし」（日本思想大系）とあります。往生して無生忍を得、娑婆の衆生を利益したいという願いは、広い範囲で確認できそうです。

（28）この問題については、牧野淳司「後白河法皇と建礼門院の「鎮魂」――寺社における唱導から見る『平家物語』の「大原御幸」」（松尾葦江編『軍記物語講座　第二巻　無常の鐘声　平家物語』花鳥社、二〇二〇年）で論じました。

（29）佐伯真一「『平家物語』と鎮魂」（日下力監修『いくさと物語の中世』汲古書院、二〇一五年）。

付記　本稿はJSPS科研費基盤研究（B）「唱導の場から見た日本古代中世文学の特質についての総合的研究」（課題番号20H01235）の助成を受けた成果である。

（牧野淳司）

第二章

『観世音菩薩感応抄』解説

——行者の信仰実践の書

序

『観世音菩薩感応抄《かんぜおんぼさつかんのうしょう》』――。何と興趣にあふれた書名でしょうか。「輪廻《りんね》苦悩の中にある世の人々が観世音菩薩（以下、観音）の本願を信じて名を唱える声（世音）を智慧のまなこで観じ取って教え導き救済しようとする大慈大悲の尊者」が世にいう観音菩薩です。そのため、貞慶は観音を「仏道成就《ぶつどうじょうじゅ》を願って修行する行者の行」を加被《かび》する尊者として敬い、帰依いたしました。『観世音菩薩感応抄』には、このような観音との「感応」がまた、語られているのです。

本書は、東大寺図書館に所蔵される、世に一点しか現存しない貴重な古典籍です。著者は、鎌倉初期の法相宗《ほっそうしゅう》（唯識《ゆいしき》仏教）の僧侶であった解脱房貞慶《げだつぼうじょうけい》[1]（一一五五～一二一三）という人物でした。彼は、建久《けんきゅう》四年（一一九三）に笠置寺《かさぎでら》に遁世《とんせい》して以降、仏道成就を願って『唯識論尋思鈔《ゆいしきろんじんししょう》』『安養報化《あんにょうほうけ》』『観心《かんじん》』『心要鈔《しんようしょう》』『法相宗大意名目《ほっそうしゅうたいいみょうもく》』『勧誘同法記《どうぼうき》』『法華経開示抄《ほけきょうかいじしょう》』『明本抄《みょうほんしょう》』『明要抄《みょうようしょう》』『修行要鈔《しゅぎょうようしょう》』『観心《かんじん》為清浄円明事《いしょうじょうえんみょうじ》』等の書籍、ならびに『発心講式《ほっしんこうしき》』『舎利《しゃり》講式』『欣求霊山講式《ごんぐりょうぜん》』『弥勒《みろく》講式』『観音講式』『文殊《もんじゅ》講式』『別願《べつがん》講式』『地蔵《ぢぞう》講式』『弁財天女《べんざいてんにょ》講式』『弁財天式』『法華講式』『薬師《やくし》講式』『聖徳《しょうとく》太子《たいし》講式』『観世音菩薩感応抄』等の講式類を多数、著しました。これらは何のために書かれたのかといえば、すべては「仏道成就」のためでした。そして、その中にまた、自らの仏道理論をも示していたのです。ことに『観世音菩薩感応抄』は、貞慶の心情を赤裸々に語った「秘文」であると共に、「信仰が行者の実践そのものである」ことを明確に示した書として、特筆すべきものがありました。

筆者が『観世音菩薩感応抄』に出会ったのは平成十七年（二〇〇五）のことであり、学友であった新倉和文《しんくらかずふみ》氏と一緒に東大寺図書館において、顧みられることなく埋もれていた本書を発見いたしました。その成果を令和三年（二〇二一）二月に、楠・新倉共著『貞慶撰『観世音菩薩感應抄』の研究』（法藏館、以下『感應抄の研究』）として刊行いたしました。(2) このたび、阿部泰郎教授の企画により、新たに本書『観世音菩薩感応抄』を「宗教文化に交流をもたらした間宗教《かんしゅうきょう》テクストの一つ」として位置づけることになり、令和四年（二〇二二）三月の研究セミナーを経て、このたび『観世音菩薩感応抄』を文献学・歴史学・文学・仏教美術等の多様な観点から解明するはこびとなりました。ここに、新たな貞慶像が広く読者の皆さま方に示されることを願いつつ、本章では『感応抄』の核心をなす観音浄土信仰の実態を貞慶の「信仰実践理論」をもとに、お話したいと思います。

なお、本章は『観世音菩薩感応抄』の「解説」にあたる部分ですので、原文をある程度は引用すると共に、貞慶関連の古典籍をも適宜に訓読引用しながら、説明を付加して解説を行なっていきます。この点、他章とは異なるので、ご理解ください。

第一節　『観世音菩薩感応抄』の著者と伝持者——貞慶と宗性

観音は、古訳《こやく》では闚音《きおん》・光世音《こうぜおん》・現音声《げんおんじょう》などと訳され、旧訳《くやく》では観世音・観音・観世自在と翻訳され、玄奘《げんじょう》三蔵（六〇二〜六六四）の新訳では観自在《かんじざい》と訳されました。法相宗の高祖に位置づけられる玄奘が観自在と訳したのは、それまでの「音声」を用いた訳語が誤りであり、「観察された自在者」

と訳すのが正しいと判断したからです。しかし、その後の諸展開の中でこれらの語は同一視されるようになり、貞慶もまた「観音」「観世音」「観自在」の三つの訳語を同じように用いました。たとえば、本書『観世音菩薩感応抄』においては「観音」と「観世音」の呼称を共に用い、また三段式・五段式・七段式の『観音講式《かんのんこうしき》』や『春日大明神発願文《かすがだいみょうじんほつがんもん》』等では「観音」と「観自在」の呼称を同時に用いていました。したがって、貞慶においては「観音」「観世音」「観自在」という三つの用語は同じ意味を持つものであったと理解しておく必要があります。

もう一つ注意すべきは、観音の特性に関する貞慶の理解です。諸経論には観音の特性がさまざまに説かれ、中には相反するものまで見られます。これをどのように受け止めるかですが、貞慶はこれらの観音の特性をすべて一尊の特性として集約していきます。今、その特性を列挙すると、およそ次のようになります。

(1) 観音は過去世においてすでに成道して正法明如来《しょうぼうみょうにょらい》となっている。
(2) 観音は未来世に普光功徳山王如来《ふこうくどくさんのうにょらい》となる。
(3) 観音は永遠に仏に成らない大悲闡提《だいひせんだい》の菩薩である。
(4) 観音はやがて、阿弥陀如来の後を補って成仏し、極楽世界の教主となる一生補処《ふしょ》の菩薩である。
(5) 観音は極楽世界を荘厳する二十五菩薩の中の一尊である。
(6) 観音は南海の補陀落山に住している。

等々と。一見すると相反する見解が見られますが、貞慶はこれらの経典や論典に説かれる観音の特性を疑うことなくすべて受け入れ、和合会通《えつう》（和会《わえ》）いたしました。したがって、貞慶にとって観音は、「本質は如来でありながら今世では実の菩薩（闡提菩薩）となって活動し、未来世では再び仏となる尊者」であり、かつ「極楽世界にあっては阿弥陀仏の一生補処の菩薩でありながら南海の補陀落山に住する尊者」でもあると理解していたことになります。このような一見矛盾する諸説を和会できたのは、貞慶に法相教学の「如幻論《にょげんろん》」があったからです。すなわち、諸法（事法）は各別の存在でありながら、理という高見より見れば一に帰すると見るのです。なぜならば、すべては仮そめ（如幻）だからです。これをまた「不一不異《ふいつふい》」といいます。このような「不思議《ふしぎ》」を貞慶は違和感なく受け入れていたのです。今の私たちにはなかなか理解できない境地ですが、これが法相教学を窮《きわ》めた「行者貞慶」の根幹的な考え方だったのです。

したがって、このような観音を貞慶は菩薩でありながら本質は如来であると見て、自らも菩薩の道を歩むため、観音の補陀落浄土への往生を求めていくことになります。その信仰理論を明らかにした書が、本書『観世音菩薩感応抄』でした。本節では、まず本書の著者と伝持者について明らかにしていこうと考えていますが、その際、「感応抄」の名を付した書物が何冊も出てくるので、混乱をさけるため、本章では『観世音菩薩感応抄』というフルネームをあえて用いることにいたしました。この点、あらかじめお断りしておきます。

『観世音菩薩感応抄』の著者

さて、『観世音菩薩感応抄』の著者はすでに明らかにいたしましたように、解脱房貞慶です。貞慶は、在世当時より総じて評価の高かった人物ですが、殊に鎌倉・室町期の学侶《がくりょ》（学僧）から「上人」と尊称され、その学説がしばしば依用されるほどに、優れた学匠でした[3]。と同時に、真摯な求道者でもあり、建久四年（一一九三）三十九歳の時に僧界での出世を抛《なげう》って遁世し、仏道成就を願って著述活動や修行実践に後半生を費やしました。本書『観世音菩薩感応抄』もその中の一つであり、貞慶の観音帰依への「思いの誠」が吐露されているばかりでなく、筆者が数多くの書物をもとに推論してきた貞慶の「信仰実践理論」が、本人の言葉で明記されている点に、大きな意義を有する書物でもあります。

ところが、残念なことに本書には、著者名が明記されていませんでした。このようなことはよくあることで、奥書《おくがき》に「解脱上人草《そう》なり」「解脱上人なりと云々」などと記載されている写本が、他にも幾つか存在します。そのような場合、筆者は「思想的類似性」を確認することで貞慶の書物か否かを判断してまいりましたが、今回の『観世音菩薩感応抄』についてはそのような記載も全く見られないので、精査する必要性が生じました。その結果、貞慶が笠置寺に建てた「般若臺《はんにゃだい》」の名称を含む計十一点もの顕著な類似性を確認することができました。その十一点とは、およそ次のようなものでした。

(1)貞慶の持論の一つである「多重浄土論」が「浅深多重の計」として示されている。
(2)貞慶撰述の「五段式」「三段式」「七段式」の『観音講式』に共通する「大悲法門」「観音の侍者」

「別願」という貞慶独特の持論が展開されている。
(3)貞慶の持論の一つである「観音の神呪《じんじゅ》」が詳細に論じられている。
(4)貞慶の持論の一つである「多仏繋属論《けぞく》」が前提となっている。
(5)貞慶撰述の『魔界廻向事《まかいえこうのこと》』と同趣の「練若《れんにゃ》の過《とが》」という見解が示されている。
(6)法然浄土教《ほうねんじょうどきょう》を批判した『興福寺奏達状《こうぶくじそうたつじょう》』『興福寺奏状《そうじょう》』にも使用される「官職の譬喩」が用いられている。
(7)隠意をもって法然浄土教を批判する貞慶独特の手法が用いられている。
(8)観音の浄土である補陀落山《ふだらくせん》の描写について『不空羂索神呪心経《ふくうけんじゃくじんじゅしんぎょう》』を用いているが、同じ描写の文章が「七段式」の『観音講式』にも用いられている。
(9)貞慶が創建した「般若臺」の名称が確認できる。
(10)加登《かと》上人・日蔵《にちぞう》上人等の逸話が語られている点で一致している。
(11)聖徳太子を日本の釈迦であるとして誕生から入涅槃までの八相《はっそう》成道のあり方を示しているが、これが『太鏡百練鈔《たいきょうひゃくれんしょう》』にも貞慶の見解として示されている。

その論証の詳細は拙著『感応抄の研究』を参照していただきたいと思いますが[4]、重要な点は、それまで著者不明の書として顧みられることのなかった本書が貞慶の書であると特定できたことにより、貞慶の「信仰実践の理論」がいよいよ明確になったということです。

本書の撰述年次については論証の都合上、「第四節」において明らかにいたしますが、ここでは本書『観世音菩薩感応抄』の著者が間違いなく貞慶であったことをまずは指摘し、次には歴史の狭間の中で埋もれて消えていったかも知れない本書を発見・伝持し、東大寺にもたらしたのは誰であったのかについて、さらにお話を進めていきたいと思います。

『観世音菩薩感応抄』の伝持者

本書『観世音菩薩感応抄』は「表題」と「本文」よりなります。しかし、両者の筆跡は明らかに異なっています。(5) したがって、「本文」を発見・入手して伝持した者が、後に「表題」を付したと考えてよいでしょう。この内、「本文」の奥書には「建保《けんぽう》三年（一二一五）九月十四日」（書写者名なし）の記述があるので(6)、「本文」自体は貞慶示寂の建暦《けんりゃく》三年（一二一三）二月三日からわずか二年七ケ月が経過した頃に、書写されたものであったことがわかります。その写本を入手した人物として想起されるのは、華厳宗《けごんしゅう》の宗性《そうしょう》（一二〇二～一二七八）です。宗性は貞慶を追慕・尊崇する思いが篤く、文暦《ぶんりゃく》二年（一二三五）から文応《ぶんおう》元年（一二六一）にかけて、貞慶ゆかりの笠置寺《かさぎでら》に赴き、寺内の東谷坊《とうこくぼう》や般若院《はんにゃいん》で貞慶撰述の弥勒関連文書を整理し、『弥勒如来感応抄《みろくにょらいかんのうしょう》』を編述しています。(7) その中の巻一の奥書には、

文暦二年二月八日酉《とり》の時、笠置寺東谷房に於いて、之れを抄し畢んぬ。抑《そもそ》も、宗性は去《さ》ぬる寛喜《かんぎ》二年の秋自《よ》り、図らずも此の霊地に参籠してより以降《このかた》、深く慈尊《じそん》の引接《いんじょう》を憑《たの》み、偏に兜率《とそつ》の往《おう》生《じょう》を楽《ねが》う。（中略）抄出の勤《ごん》を励まして、今、此の一帖をば抄して結集する所を訖《おわ》んぬる也。此

の中、『観兜率記《かんとそつき》』の外《ほか》は、皆な是れ祖師上人の御草案也。毎《つね》に拝見して信仰の涙、眼《まなこ》に浮かび、毎《つね》に読誦して随喜の思い、肝に銘ず。実に是れ末代の要書、後学の重宝なる者歟《か》。(8)

とあるように、寛喜二年（一二三〇）の秋より「弥勒の霊地」とされる笠置寺を訪れ、そこで貞慶の遺した著述にふれ、「信仰の涙」と「随喜の思い」をもったことを告白しています。注目すべきは、その中で貞慶のことを宗性が「祖師上人」とまで尊称し、追慕していることです。宗性は、貞慶が笠置に遁世する際に、師である覚憲《かつけん》（一一三一〜一二一二）に宛てた『故解脱房《こげだつぼう》遣坂僧正之許消息之状《のさかそうじょうのもとにつかわすしょうそくのじょう》』を蒐集・収録した『遁世述懐抄《とんせいじゅっかいしょう》』をも著しており、(9)早くから貞慶に深い関心を寄せていたことが知られます。したがって、宗性が本書の「本文」を入手した可能性が最も高いと考えられるのです。

しかも注目すべきは、『弥勒如来感応抄』にも『観世音菩薩感応抄』と同じく、「感応抄」という名が付されているという点です。宗性には他に『地蔵菩薩感応抄』も存在し、また「感応要文抄《かんのうようもんしょう》」と名のつく書物が『華厳経文殊師利《もんじゅしり》菩薩感応要文抄』『華厳経普賢《ふげん》菩薩感応要文抄』『華厳経感応要文抄』『華厳経観世音菩薩感応要文抄』と四点も現存しています。したがって、この点からも宗性が『観世音菩薩感応抄』の命名者・伝持者として、最も可能性の高い人物ではなかったかと考えられるのです。この推論を傍証するものが、『華厳経観世音菩薩感応要文抄』（以下、『感応要文抄』）の奥書です。そこには、以下のような記述が認められます。

貞永《じょうえい》元年六月晦日巳《みそかみ》の時、東大寺中院《ちゅういん》に於いて之れを抄し畢んぬ。抑《そもそ》も、宗性は去《さ》ぬる年の秋

> の比《ころ》、笠置寺に参籠してより以来《このかた》、偏に弥勒に帰依し、輒《すなわ》ち兜率《とそつ》を欣求《ごんぐ》せり。観自在尊の悲願をば殊《こと》に数《さくさ》く信じ、補陀落山《ふだらくせん》の往生を仰ぎ、亦た所望と為すの間、（中略）就中《なかんづく》、去ぬる嘉禄《かろく》二年十月の比自《よ》り、興福寺光明院法師時に大僧都覚遍の門室に入るの間、彼の師範たる笠置寺上人貞慶の御事に専ら帰伏し奉る耳《のみ》。而《しか》るに彼の上人は早《すみや》かに観音大士の悲願に乗じて、已《すで》に補陀落山の往生を遂ぐと云う事、現證の示す所は一に非ず、夢想の告げる所も亦た多き者歟《か》。爰《ここ》に宗性は、今の世に彼の上人を拝せざるの恨み、心肝に銘ずること、而して尤も深し。後生に彼の上人に値遇するの志、骨髄に徹すること、而して専ら切なり。願はくは、上人と同じく観音の補陀落の堺に生ぜんことを。願はくは、上人と倶に弥勒の都率天《とそつてん》に詣《もう》でんの砌《みぎり》には、世々に大慈大悲の法門を習学し、生々に地前《ぢぜん》・地上《ぢじょう》の修行を経歴《きょうりゃく》し、遂に無上の仏果を成じ、還《かえ》りて有縁《うえん》の衆生を度して廻向せんことを。無貳《むに》の願望、之れ有り。観音大士、哀愍・知見したまえ。
>
> 右筆、華厳宗末学大法師宗性[10]

と述べています。これを見ると宗性は、貞永元年（一二三二）三十一歳の時の六月三十日に、『感応要文抄』を編述し終えたことが知られます。その編述に至った経緯を見ると、まず嘉禄二年（一二二七）二十六歳の年の十月に貞慶の上足の弟子であった覚遍《かくへん》の門室に入り、これを機縁として深く貞慶に「帰伏」するようになります。そして、「去ぬる年の秋」に貞慶が遁世した笠置寺に参籠して以来、「偏に弥勒に帰依し、兜率を欣求する」ようになったと述べています。では、「去ぬる年の秋」とはいつなのかですが、これついては先にあげた『弥勒如来感応抄』の奥書に「寛喜二年秋に笠置に来た」

と記されていたことを考え合わせると、貞永元年の二年前にあたる寛喜二年（一二三〇）、宗性二十九歳の秋であったと考えられます。これらの奥書に記される一連の流れを見てみると、宗性は覚遍の門室に入ることによって貞慶に深く帰伏するようになり、やがて貞慶の影響を受けて弥勒に帰依し、兜率内院《とそつないいん》への往生（上生《じょうしょう》）を強く願うようになったことがわかります。

ところが、貞慶は弥勒のみならず観音にも深く帰依し、最期は観音の補陀落山への往生を欣求して亡くなりましたので、宗性も「補陀落山への往生」を先に望みました。これについて奥書には、「今の世に彼の上人を拝せざることを恨み」とし、次の世では「上人と同じく観音の補陀落の堺に生ぜん」ことを願い、かつまた往生して後は「上人と倶に弥勒の都率天に詣でん」ことを強く願っていたことが記されています。それほどに、宗性は深く貞慶に帰伏していたのです。しかも、貞慶が補陀落山に往生を遂げた「現證と夢告」が幾つもあったと、兼ねて記しています。これは、浄土往生を願う者にとっては、大きな拠り所となるものでした。

これだけでも大きな情報ですが、この奥書において最も注目すべきは、「観音大士の悲願」について記されていた点でしょう。これは、後に述べるように『観世音菩薩感応抄』説述の根底をなす貞慶の観音帰依の真因の一つですが、奥書では「観音大士の悲願に乗じて笠置寺上人（貞慶）が観音の浄土である補陀落山に往生を遂げた」と述べられているのです。さらに、自己もまた「世々に大慈大悲の法門を習学し、地前・地上の菩薩の修行を成し遂げて仏と成り、有縁の衆生を済度したい」との宗性自身の願いも示されています。これなどは、後に述べる貞慶の求道精神そのものであり、『観世音菩薩感応抄』を披見しないかぎり、ここまで同じ願いが示されることはまずありえません。したがって、『感応要文抄』は『観世音菩薩感応抄』を披見した上で、宗性が編述した書であった可能性が非常に高いのです。

では、宗性が『観世音菩薩感応抄』を披見したのはいつ頃でしょうか。すでに指摘いたしましたように奥書には、嘉禄二年（一二二七）二十六歳の年の十月に覚遍の門室に入ったことを機縁として深く貞慶に帰伏するようになり、寛喜二年（一二三〇）二十九歳の年の秋には貞慶が遁世した笠置寺に参籠して弥勒に深く帰依するに至り、翌々年の貞永元年（一二三二）三十一歳の時の六月三十日に『感応要文抄』を編述した流れが記されています。したがって、嘉禄二年の十月から貞永元年までの五年の間に『観世音菩薩感応抄』を入手し、披見した可能性が非常に高いのです。奥書には貞慶示寂の地である海住山寺のことは全く書かれておりませんので、少なくとも海住山寺に赴いて入手したのでないことだけは確かです。

ともあれ、建保《けんぽう》三年（一二一五）九月十四日に書写された『観世音菩薩感応抄』の本文がいかなる変遷を経て宗性の手に渡ったかは定かではありませんが、宗性がそれを見出して東大寺に持ち帰り、披見した上で『感応要文抄』を著したことは、ほぼ間違いないものと筆者は考えています。

なお、伝持者が付したと考えられる「表題」の文字ですが、宗性のものによく似ています。宗性の筆跡は年齢によって変化していますので明確な判定は下し難いものの、非常によく似ています。とすれば、無題であった本書のタイトルに、宗性はなぜ「感応」の名を付したのでしょうか。それは、本書が「観音との感応」の結果として著された書であると、宗性が受け止めていたからではないかと思われます。そのような判断が客観的になされるほどに、『観世音菩薩感応抄』には後に述べるような

「観音との感応」が記されています。では、『観世音菩薩感応抄』はいつ撰述されたのでしょうか。この点については、すでにお話いたしましたように、論証の都合がありますので「第四節」に譲ることとし、今は貞慶の信仰の構造についてお話を進めることにいたします。

第二節　貞慶の信仰の構造――浄土を見る

『観世音菩薩感応抄』は、すでに述べましたように「行者の浄土信仰」の論理を元にして著された書物です。信仰そのものが実は「行」そのものだったのです。また、遁世してから数多くの書籍を著していますが、それも「仏道成就のための行」に他なりませんでした。たとえば、貞慶畢生の大著というべき『唯識論尋思鈔《ゆいしきろんじんししょう》』（以下、『尋思鈔』）の奥書には、

> 進退するの間、冥顕《みょうけん》は恐らく多けれど、憑《たの》む所は亦た直心の一事なるのみ。敬いて発願して云わく、今生及び先世の中の、三宝の所に於いて、二利《にり》の事に於いて、若しくは願、若しくは行、若しくは論、若しくは慧、多少なりとも真妄所有の功徳の、此の一縁に依りて悉く皆な薫発《くんぽつ》し、■正念《しょうねん》を修して浄処《じょうしょ》に往生し、速やかに大聖《だいしょう》に値い、其の甘露の門を聞き、得る所の福慧をば転じて衆生《しゅじょう》に施し、二利をば退かず、共に菩提《ぼだい》を成ぜんことを。春日大明神《かすがだいみょうじん》、殊に我が願いを助けたまえ。(11)

とあるように、「菩提成就」の「一縁」として、『尋思鈔』を編述した真意が書き記されています。この奥書を読むと貞慶は、発心・修行（二利）を円満して菩提を成就することを求め、そのための資《し》糧《りょう》となる願・行・論・慧を熏発するために、『尋思鈔』を編述したことがよくわかるのです。

行者の感得する浄土――四尊の浄土

右の奥書において今一つ注目すべきところは、「正念を修して浄処に往生し」とある点です。これは貞慶の学んだ法相宗（法相教学）において整備されていた「浄業の実践によって臨終時に正念に住して浄土に往生する」という浄土往生の理論を示したものです。この点について貞慶撰述の『法相《ほっそう》宗初心略要《しゅうしょしんりゃくよう》』には、浄土と菩薩の行位について、およそ次のように簡明に記されています。

> 他受用身土《たじゅゆうしんど》に十重有り。初菩薩の為に現ずる所は百葉臺《ようだい》上。第二地菩薩の為に現ずる所は千葉臺上。乃至、第十地菩薩の為に現ずる所は不可説葉臺上なり。（中略）変化身土《へんげしんど》は或いは浄土、或いは穢土《えど》なり。其の浄土に於いて略して二重有り。加行位《けぎょうい》の為に現ずる所は三千大千世界を量と為す。此れ則ち他受用浄土の蓮花の一葉量に当たる。資糧位《しりょうい》の為に現ずる所は一の四天下《してんげ》を以て量と為す。是れ加行土の百億分の一分に当たる。(12)

と。これを行者の視点で見ると、菩提心を発起した資糧位にある菩薩は一阿僧祇劫《あそうぎこう》の間は小化土《しょうけど》を感得（知見）し、その一阿僧祇劫の行を満たして加行位に至った菩薩は大化土《だいけど》を感得し、初地から第十地の一々において十レベルの報土《ほうど》（他受用土）を感得すると述べられていたことが知られます。したがって、私たちが菩薩となった時は「如来より加えられた大慈悲」を受けて浄業《じょうごう》（智慧と慈悲）を実践することで、まずは小化土を感得することになります。これが「感応」です。

　周知のように、菩薩の行は如来の「資助《しじょ》」（加被）によって行なわれます。如来という言葉も、「真如来生」を略したものですので、先に如来となった者は成就した大慈悲力によって衆生を加被《かび》し、菩薩の能力に応じた浄土世界を具現し、摂取して導く尊者であるということになります。このあり方を法相宗（法相教学）では理論化し、それを受けた記述が、前に示した『法相宗初心略要』の文言となったのです。したがって、「初心の行者が感応・感得できる世界は一の四天下《してんげ》に限られる」と貞慶は考えていたことになります。いわゆる「一の四天下」とは、須弥山を中央に据えて四方に四大陸を擁する「一小世界」（一仏国）のことであり、これが初めて菩提心《ぼだいしん》を発起した行者の知見（もしくは往生）することのできる世界であると論じられていたのです。このことがやがて、貞慶の現世での浄土信仰のあり方を決定づけていくことになります。

　もともと、浄土（＝浄仏国土）という言葉には、「清浄《しょうじょう》なる仏の国土」と「仏国土を浄《きよ》める」という二つの意味がありました。総じていえば、「如来が衆生を資助するために示現《じげん》された清浄なる仏の国土」を浄業の実践によって浄め知見していくあり方が、「仏国土を浄める」ということでした。具体的には、自利《じり》（智慧）と利他《りた》（慈悲）の二利の行を実践することによって浄土知見と見仏聞法《けんぶつもんぼう》の不思議がなされました。まさしく、如来の加被力《かびりき》によって行者が浄土を知見していくあり方が、本来の浄土信仰であったということができます。これを受けて、貞慶の浄土信仰も「行者の実践」として展開していくことになったのです。

およそ、貞慶には今生において、総じて「弥陀・弥勒・釈迦・観音の四尊の浄土」への往生を願う浄土信仰がありました。(13)研究者の間では、複数の信仰を有した貞慶のあり方を指して「貞慶は多仏信仰者である」と説くむきもありますが、それは正確ではありません。貞慶には「三阿僧祇劫にわたって諸仏に歴事《れきじ》するのが菩薩である」との信念がありましたから、その観点からいえば間違いなく多仏信仰者でした。(14)しかし、すでに指摘いたしましたように、初発心の行者の感得できる世界は「一四天下」に限られていましたので、臨終時に複数の尊者の浄土への往生を同時に願うことはできませんでした。そこで、貞慶は娑婆《しゃば》世界有縁《うえん》の尊者として「弥陀・弥勒・釈迦・観音の四尊」を選び、その時々によって信仰の比重を変えながら、最期には観音の補陀落浄土への往生を願って示寂したのです。このあり方を正しく理解しておかないと、「貞慶は複数の尊者を信仰した多仏信仰者であり、同時に複数の浄土へ往生することを欣求した人物であった」という誤解を生じてしまいます。それは、貞慶の学んだ教学上、ありえないことでした。

なるほど、貞慶は多数の講式を著して複数の尊者への信仰を示しましたが、その数は二十にも及びません。そして、その信仰の核心はあくまでも、弥陀・弥勒・釈迦・観音の四尊の浄土信仰にありました。では、余他の信仰は何かといえば、一つには四尊の浄土に往生するための資助を願ってのもの、二つには仏道を成就するための資助を願ってのものでした。(15)このことについては、すでに拙著『貞慶撰『唯識論尋思鈔』の研究――仏道篇』（法藏館、二〇一九年、以下『仏道篇』）や拙著『感應抄の研究』において明らかにしましたが、総じていえば貞慶の信仰は実践そのものであり、「浄土に往生して見仏聞法し、二利の行を円満して仏となる道」をめざすものでした。この観点より貞慶は、四尊の浄土への往生を欣求したのでした。

皆さんは「死んだらどこに行くのか、どうなるのか――」と考えたことはありませんか。しかし、この難問は科学万能と考えている現代人には、なかなか解明できない問いかけでした。しかし、仏陀の教えを聞いて禅定瞑想する行者たちはこのことをよく理解し、かつ解明していました。このようなインドの禅定瞑想者によって著された書物の一つに、『瑜伽師地論《ゆがしじろん》』という論典があります。この書物には、人は死んだら中有《ちゅうう》という存在となり、七日あるいは十四日あるいは二十一日、ないし四十九日を経過すると次の命を受け、輪廻《りんね》していくことが記されています(16)。「輪廻する」とは、命の苦悩が連鎖して永遠に続くことを意味しています。このような果てることのない輪廻の苦悩から衆生を解脱させるために、先達《せんだち》の仏や大菩薩は、さまざまな救済の手を差し延べてくれました。特に如来は、自らが悟り開いた真浄世界（真如の世界）に相い似た清浄世界（浄土）を行者（菩薩）のレベルに応じて示現し、修行実践を資助したのです。それが、先ほど述べた二重の化土（大化土・小化土）と十重の報土（他受用土）でした。特に小化土は、三界内に化託して示現された世界で、兜率天にある弥勒の浄土、インドの地にある釈迦の霊山浄土、南海に化現された観音の補陀落浄土が特に有名でした。一方、三界を超え出でた勝妙なる世界として示されたのが、阿弥陀仏の極楽浄土でした。これらが私たちにとっての最も有縁の浄土であると伝えられてきたのです。

ところが、このような「行者としての浄土信仰」が一般化する中で、同時に如来の大慈悲（本願）に着目して「迷える衆生を浄土に摂め取り救済する道」もまた示されました。そのことを説きすすめた著名な人物に、中国の善導《ぜんどう》（六一三～六八一）や日本の法然《ほうねん》（一一三三～一二一二）などの人師がいました。彼らは、「阿弥陀仏の本願を信じて称名念仏することにより、いかなる愚かな凡夫でも阿弥陀仏の本願力によって勝《すぐ》れた浄土（報土）に往生することができる」と説きました。いわばこれは、「凡夫のための浄土信仰」だったといってよいでしょう。

かくして、二通りの浄土信仰が展開する中で貞慶の求めたものは、先ほどからお話している「行者としての浄土信仰」でした。建久六年（一一九五）に撰述されたと推定される『心要鈔』において貞慶は、いみじくも法然浄土教を暗に取り上げて、次のように論じています。

已《すで》に発心せる人は暫時の願と須臾《しゆゆ》の行とを以て必ず往生す可し。（中略）最後の臨終に始めて善《ぜん》知識《ぢしき》の語を聞く者は、弥陀如来の不可思議威神の功徳に於いて忽《たちまち》に決定の信を生ず。若し十念を具すれば必ず浄土に生じて、必ず仏道を成ず。此《かく》の如き一一の所説に於いて、総じて疑惑無し。語に随いて信ずるが故に。即ち菩提心を発す。（中略）今、正念《しようねん》無からん。此の如きの人、臨終に自ら仏号を唱う。数《さくさ》く十返を過ぐ。定んで三界を過ぎて浄土に生ずべきや否や。他人は知らず。已に於いては信じ難し。(17)

と。これを見ると貞慶は、「臨終時に正念に住することもできない愚かな凡夫が称名念仏するだけで輪廻の世界（三界）を超え出でた阿弥陀仏の勝妙《しようみよう》なる浄土（報土）に往生する」と説く法然浄土教の言説を「信じ難し」と否定し、発心・修行による浄土往生こそが「おのれの歩むべき道である」と考えていたことを明白に示しているのです。

かくして、貞慶の実践の中核に「行者としての浄土信仰」が据えられることになりました。それは、信仰する尊者に関わる行業を実践することによって輪廻の原因となっている「雑穢《ぞうえ》の業《ごう》」を除き、浄土を知見（感得・感応）していこうとする点に特色を有するものでした。これについて『尋思鈔』には、

> 浄穢の差別は、因に依り相に依る。因とは業因、相とは器界《きかい》也。未だ分別の二障《にしょう》を除かざるの時の所作の業を雑穢の業と名づく。若し其の雑穢を除き了《おわ》らば、浄業名を得る。除障に伏断《ぶくだん》の二位有り。断は是れ地上《ぢじょう》にして、無漏《むろ》の浄業を成熟《じょうじゅく》し、真浄土を感得す。伏は地前《ぢぜん》にして、有漏《うろ》の浄業を成熟し、変化《へんげ》相似《そうじ》浄土を感得す。[18]

とあるように、「雑穢の業を除く浄業」によって順次に相似の変化浄土（化土）から真実の浄土（報土）を感得していくあり方が明瞭に示されています。浄土に生まれる功徳とは何か。一言でいえば、「見仏聞法」して「衆生化益《けやく》」を行ない、自利と利他の二利を成就して仏となる道が開かれてくるという点にあります。したがって、仏道実践による浄土知見（感得・感応）は行者にとって必須のことであったといってよいでしょう。なお、浄土を感得する道は、現生での知見と、命終往生によって知見するあり方の二つがありましたが、現生での知見はなかなか困難であったことを付言しておきます。

観音の浄土への往生を願って示寂

さて、右のような法相教学にのっとり、貞慶は弥陀・弥勒・釈迦・観音の四尊の浄土への往生を願いました。しかし、何度も指摘いたしますが、最初発心の行者には命終《みようじゆう》して後、これらの浄土に同時に生まれる力はありませんでした。なぜならば、発心して一阿僧祇劫の間は、いくら修行を積んでも、一つの仏国土（一小世界・一四天下）しか知見（感得・感応・往生）することができなかったからです。これを「一四天下の難」といい、貞慶の属する法相宗の大祖（宗祖）である慈恩大師基《じおんだいしき》（六三二〜六八二）が、すでにこのことを明らかにしていました[19]。そこで貞慶は、最初は阿弥陀仏の極楽浄土への往生のみを願い、『安養報化《あんにようほうけ》』を著して「弥陀の化土に生まれてから弥陀の報土へ転入する一生往生」や、「娑婆から兜率天の西方浄土院、西方浄土院から弥勒下生時の娑婆、弥勒入寂時の娑婆から極楽浄土へと転生する三生往生」等の理論を構築しました。ところが、天台宗との論難を通して貞慶には、「誹謗正法《ひほうしようぼう》」の慚愧《ざんぎ》心が生じました。仏語を信じることの篤い貞慶は、『仏説無量寿経』に説かれる阿弥陀仏の第十八願に「唯除五逆《ゆいじよごぎやく》誹謗正法」とある言葉を重く受け止め、自己の「涯分《がいぶん》」（能力）を量って弥陀浄土への往生を断腸の思いで断念するに至りました。そこで次に貞慶は、同じく欲界内にあって往生しやすい浄土である弥勒・釈迦・観音の浄土への往生を欣求するようになります。この点について、承元《じようげん》三年（一二〇八）五十四歳の時に著した『観音講式』（七段式）の奥書には、

釈迦・弥勒・観音をば仰いで三尊と為す。彼の三尊の所居《しよご》、殊《こと》に欣求する所也[20]。

とありますように、没年の六年前にあたる五十四歳の時点で、釈迦・弥勒・観音の三尊の浄土への往生を等しく欣求していたことが知られるのです。また、この『観音講式』においても、後に指摘するように、弥陀浄土と観音浄土の一体論を示しておりますので、晩年においてもなお、密かにではあるものの、四尊の浄土信仰を堅持していたと考えられます。

したがって、貞慶の浄土信仰は「行」そのものであり、初発心の行者が知見することのできる浄土のいずれかに往生することを願い、ここを端緒として菩薩の道を歩んでいこうとしていたことが知られるのです。この点について建久七年（一一九六）の『弥勒講式』には、

> 宿世《しゅくせ》の機縁に依り、既に上生を遂ぐ。見仏聞法、須らく勝位に進むべし。（中略）賢劫《けんごう》・星宿《せいしゅく》、諸仏に歴仕《れきし》し、住《じゅう》・行《ぎょう》・向《ごう》・地《ぢ》と漸次増進し、遂に花王《けおう》の宝座に昇り、宜《よろ》しく大覚《だいかく》の尊号を受くべし[21]。

とありますように、法相教学に基づく浄土知見と菩提成就の道が明瞭に示されております。浅なる十住位から深なる十地位そして仏位へと漸々に進む行道論、ここに貞慶の浄土信仰の本質があったといってよいでしょう。しかし、行力の未熟な初発心の行者にとって往くべき世界は、すでにお話したとおり、一尊の浄土に限られていました。そこで貞慶は、その時々に欣求する浄土への比重を変えながら、最期には観音の補陀落浄土への往生を願って亡くなったのです。これについて『解脱上人行状記《ぎょうじょうき》』ならびに『名勝誌《めいしょうし》』には、

ご臨終の式を示され、同月三日、西南の方に向かい奉りて端座し入滅したもう。（行状記）

天暦元の三、海住山《かいじゅうせん》に在りて、観音の宝号を唱えて入滅したもう。（名勝誌[22]）

とあるように、四尊の浄土を求めつつも最期は、観音一尊の浄土を欣求して亡くなったことが明確に示されているのです。このことは臨末の建暦《けんりやく》三年（一二一三）正月十七日に口述筆録された『観心為《かんじんい》清浄円明事《しょうじょうえんみょうじ》』（以下、『円明事』）に、

病席の雑談の多くは観音の補陀落の事に在り[23]。

とあることが傍証となります。貞慶が示寂したのは二月三日のことですから、『円明事』筆録の十六日後に亡くなったことになります。

以上のように、貞慶の浄土信仰は実践そのものであり、あくまでも「行者の浄土信仰」の理論に基づいて展開したものであったことは明らかです。これについて、同じく没年の正月十二日に口述筆録された『修行要抄』（別名『出離最要』）には、「出離の最要は只だ唯識観にあり[24]」と記されておりますので、最後まで唯識観という浄業の実践を重視していたことがあらためて知られます。最期は「命終往生」となりましたが、「現生往生」にせよ「命終往生」にせよ、そこには如来の加被力によって示現された浄土を行者が知見・感得するという「感応論」が前提としてありました。このこともまた、

宗性が本書を『感応抄』と名づけた理由の一つではなかったかと考えられるのです。

では、四尊の浄土の中で、なぜに貞慶は観音に帰依し、観音の補陀落浄土への往生を最期には願ったのでしょうか。このことを明らかにするため、まずは貞慶の弥陀浄土信仰のあり方についてお話を進めたいと思います。

第三節　西方願生者でもあった貞慶——久しく願望を係く

貞慶は、法然（一一三三～一二一二）の浄土教思想を批判した人物として知られており、『発心講式』『心要鈔』『興福寺奏達状《そうたつじょう》』『興福寺奏状《そうじょう》』『円明事』等、法然浄土教を陰に陽に批判した書が複数あります。特に有名なものが、元久二年（一二〇五）に起草した『興福寺奏達状』（以下、『奏達状』）ならびに『興福寺奏状』（以下、『奏状』）でしょう。[25]

弥陀信仰を断念して弥勒・釈迦信仰へ転入

貞慶が最初に著した『奏達状』は修正が加えられて『奏状』の原案となり、さらに三綱《さんごう》・五師によって整えられ、朝廷に上奏されました。これによって最終的に専修念仏《せんじゅねんぶつ》は弾圧され、法然も流罪に処せられましたので、貞慶は長らく「法然浄土教への弾圧を導いた悪人」と見られ、「浄土教に暗いからこそ法然浄土教を批判した」と誤解されてきました。ところが、『観世音菩薩感応抄』「第五往生素意」の段を紐解くと興味深いことに、

夫《そ》れ諸教の讃ずる所は弥陀の本願也。衆賢《しゅうけん》の欣《ねが》う所は西方の浄土也。小僧、涯分《がいぶん》を量らずして久しく願望を係《か》く。(26)

とあるように、貞慶自らが長らく西方の阿弥陀仏の浄土に往生することを願っていた事実が赤裸々に記されていたのです。ちなみに、「小僧」とは貞慶自身の貶称《へんしょう》であり、「涯分を量らず」とは「自分の位地や能力を考えもせず」という意味ですから、阿弥陀仏の浄土に往生する行力を持たない愚かな自己を憂えた言葉であったということができます。その背景には、阿弥陀仏の報土に往生するには一阿《あ》僧祇劫《そうぎこう》もの長い修行が必要であるという「経・論・疏《しょ》・章」等に基づく法相宗の浄土義がありました。しかし、西方願生の思いの篤い貞慶は、これらを会通して「極速三生論《ごくそくさんしょう》」(三生往生)「報化《ほうけ》二十一体同処論」(一生往生)等の理論を構築し、「往きやすい阿弥陀仏の化土にまず往生してから往き難い阿弥陀仏の報土に往生する行者の往生論」を展開しました。その理論書ともいうべきものが薬師寺所蔵の『安養報化《あんにょうほうけ》』でした。(27)ところが、『観世音菩薩感応抄』「第四当来値遇《とうらいちぐう》」の段になると、

凡《およ》そ近代の習いとして道俗の賢愚は、我と云い人と云い後生を思わば、極楽を欣《ねが》い、兜率を欣う。即ち仏子等に至りては、輙《すなわ》ち浄土を望む。若しくは其の所は我が分に称《かな》うや不哉《いな》。我が行は当に彼の業なるべきや不哉。須く分斉を量りて、当に欣求に及ぶべし。(中略)大師の釈して云わく、「他方浄土は分を越えたる望みなり」と。又た云わく、「故に当に己《おのれ》の行として此の業《ごう》を修す可し」と云々。「此の業とは兜率《とそつ》の業也」と云々。当に知るべし、分を越えたるの事は修するも望

む可からずということを。所得の果と能感《のうかん》の業をば量りて、分斉を定めて、宜《よろ》しく希望《けもう》に及ばん。譬えば、世の人の官を望み職を求むるが如しというは、但だ此の意《こころ》なり。大師の釈を以て證《あかし》と為す。都《すべ》て安養を嫌うにあらずして兜率を喜ぶなり。先ずは只だ分を越えたる望みを遮《しゃ》するのみ也[28]。

といい、「浄土往生は自己の分斉（涯分）を量って希望《けもう》に及ぶべきである」といい、阿弥陀仏の勝《すぐ》れた報土への往生を望むことは涯分を超えたことだとして否定し、その例として「官職の譬喩」を示すようになります。この譬喩は『奏達状』や『奏状』にも出てまいりますが、そこでは凡夫が阿弥陀仏の本願に乗じて一足飛びに勝れた報土に往生するとした法然浄土教の「凡入報土論《ぼんにゅうほうどろん》」を批判する際に用いられています[29]。しかし、『観世音菩薩感応抄』では涯分を超えて極楽往生を願った我が身へと向けられているのです。なぜならば、菩提心を発起して以降の菩薩は資糧位《しりょうい》菩薩所見の浄土（小化土）を知見し、ほぼ一阿僧祇劫の修行を積むと加行位《けぎょうい》菩薩所見の浄土（大化土）を知見し、次に十地の位に入るや、以降は初地から第十地までの一地ごとに十レベルの報土（浄土）を知見するという「唯識の道理」が、貞慶の属する法相教学では厳然として説かれていたからです。このことは前節でも指摘したとおりです。そこで『観世音菩薩感応抄』「第三臨終加護《りんじゅうかご》」の段では、

凡そ因果の道に大小の相あり。浅自《よ》り深に至る大旨に、方便に順ずる有り。教文は其の説、区《まちまち》なりと雖も、真実の性相《しょうぞう》は其の理《ことわり》、知んぬ可し。菩薩の位を得て諸の仏身を見るに、初めには小の化身を見、次には大の化身、後には臺上《だいじょう》の舎那《しゃな》なり。其の報仏身に云わく又た十重有りと。之れ

を以て之れを案ずるに、菩薩に値遇することは尚お、仏身よりも易し。菩薩に於いて又た変易《へんにゃく》あり。実身は下位の知る所に非ず。設《たと》い化身に於いても、本形は尚お、見難し。随類の一身は値遇すること尤も易し。爰《ここ》に臨終の時を以て、弥陀の降臨と聖衆の囲遶《いにょう》は、感得すること甚だ難し。観音一身沙門《しゃもん》の形相《ぎょうそう》は、彼に対するに以て易し。(30)

といい、「浅より深に至る大旨」を論じました。筆者は『観世音菩薩感応抄』を発見する以前には、法相教学および貞慶の他の著述をもとに右の「浅から深の論理」をもって貞慶が浄土を欣求していたと推論していたのですが、何とそのままの文章が『観世音菩薩感応抄』には記されていたのです。これによって、推論が事実であったことが実証されました。

では、法然と貞慶の弥陀浄土信仰の理論の相違はどこにあったのでしょうか。それは共に本願を重視しながらも、法然は「阿弥陀仏の本願力による凡夫の報土往生という絶対的な救い」を説いたのに対して、貞慶は「阿弥陀仏の本願の資助による浅から深に至る行者の修行実践の王道」を説いた点にありました。だからこそ、誹謗正法の凡夫である我が身を顧みて涯分を量り、ついには西方願生を断念するという苦渋の選択を貞慶は迫られることになったのです。そこで建久《けんきゅう》六年（一一九五）正月に著された『二巻私記指事《にかんしきしじ》』（『子島記注《こじまきちゅう》』）の奥書において貞慶は、

建久六年正月。（中略）上は世尊の恩に報い、中は弥勒の値遇を得、下は春日大明神の加護を蒙り、臨終正念《りんじゅうしょうねん》の大事を遂げんと欲し、暫く念仏の単修《たんじゅ》を抑えて、再び稽古の広業《こうごう》を交える。是非

の間、進退測り難し(31)。

と記し、「弥勒の値遇」を得るための行業を実践する弥勒浄土信仰に信仰の主軸を移すことにいたしました。なぜならば、弥勒の兜率浄土は人間界と同じ欲界内にある化土であり、三界を出過した阿弥陀仏の浄土（報土）より往きやすい世界だったからです。この点では、同時期に欣求した釈迦の霊山浄土も同様であり、私たちの住まう娑婆世界のインドの地に霊山浄土は化現されていましたので、より往きやすい浄土（化土）だったことになります。したがって、貞慶は自らの「涯分」を量って、「阿弥陀仏の極楽世界より往きやすい浄土」を次々に欣求していったことが知られるのです。

観音の補陀落山への往生を願う

このような貞慶の「信仰実践の理論」にもとづいて、『観世音菩薩感応抄』「第四当来値遇」の段には、「なぜに観音の補陀落世界への往生を願うのか」が明白に示されています。すなわち、

然而《しか》らば浅深多重の計を廻《めぐ》らすに如《し》かず。且つは心に順次決定の思いあり。所居《しょご》の器界は設《たと》い三界を出過するの浄土にあらずとも、所感の身形は設い相好具足の身にあらずとも、出離《しゅつり》に於いて妨げ无し。何ぞ必ずしも恨みと為《せ》ん。先ずは観音の国土を以て我が住所と為し、大聖の一身を以て能化《のうけ》と為す。（中略）本《もと》より浄土を観ずるは、漸くにして浄業を成ずるの者なり。其の業は未だ円満せず、其の心も未だ純浄ならず。三界を出でざると雖も、亦た凡鄙《ぼんび》を超えたること有り。

此れ等の衆の為に小の浄所を現ず。(32)

といい、「浄業を成ずることが困難な自己においては観音が最も値遇し安い尊者」であり、「観音の補陀落世界は阿弥陀仏の浄土のように三界を超え出でた勝《すぐ》れた報土ではないが、その本質は小の浄土（小化土）に他ならない」と論じているのです。また、『観世音菩薩感応抄』「第五往生素意」の段では、

時に法を同じくする一・両の者、病にて傍に在り。有るが云わく、「此の香気を聞くや不哉《いな》」と。其の語、未だ訖《おわ》らざるに、旃檀《せんだん》流水の匂いの芬郁《ふんいく》として薫る観あり。（中略）而るに観音の声と臺《うてな》は安祥にして近し。勢至《せいし》は合掌・微笑《みしょう》して進みたもう。始めて聖境《しょうきょう》に触れ、未曽有の心を得已《おわ》りて、決定《けつじょう》して徐《おもむろ》に西方を見るに、二十五菩薩の相好光明、百千万億の大聖《だいしょう》の威儀、進み止まる内證外顕《ないしょうげけん》、歴々《りゃくりゃく》して眼《まなこ》に在り。彼の万徳円明の粧い、紫磨照曜の質《ぜつ》に至りてをや。（中略）覚えずして観音の花臺《けだい》に移りて扈従《こじゅう》せり。世尊の法を信じて後に花開の相に託生せり。見仏聞法《けんぶつもんぼう》の徳あり。九品《くぼん》は定め難く、具《つぶさ》に説くを得ず。(33)

といい、臨終時に観音の補陀落山に往くことができれば、そこから観音に付き従って、阿弥陀仏の極楽浄土に往く理論まで語られています。これなどは、『安養報化』において理論化した「兜率天の安養浄土院（小化土）から極楽世界（報土）へと転入」する二生往生の論理を観音に振り替えたものと

いってよいでしょう。同様の記述が建仁元年《けんにん》（一二〇一）に著された三段式の『観音講式』にもあり、そこでは次のように記されています。

西方往生に至りては、本願は殊《こと》に相応せり。弥陀は是れ観音の本師、観音は是れ極楽の補処《ふしょ》なり。必ず聖衆と共に来迎《らいこう》し、自ら蓮臺を捧げて我等を引摂《いんじょう》したもう。願う所は只だ此の事に在り。設《も》し行業の未だ熟さずして往生に滞り有らば、先ずは補陀落山に住す可し。(34)

といい、「西方往生に滞りがあるならば、まずは補陀落山に往生すべきである」と述べているのです。これなども、明らかに『安養報化』で理論化された「化土から報土への転入」を示す「報化二土一体《ほうけにどいったい》同処論《どうしょろん》」による論理構築だったといってよいでしょう。そこで『観世音菩薩感応抄』「第三臨終加護」の段には、

若し西方の紫雲に乗ぜば直に安養界《あんにょう》の宝池に生じ、南海の青波を渡れば且く補陀山の石室に住せん。業縁の引く所、悉く機をば簡《えら》ばず。(35)

とも述べ、「業縁が熟すれば阿弥陀仏の報土（安養界）に生まれたいが、そうでなければ観音の補陀（落）山に生じたい」との思いを示すのです。すでに指摘しましたように、貞慶は『感応抄』の中で阿弥陀仏の浄土への往生を「涯分」を量って断念しました。しかし、最終的には阿弥陀仏の安養浄土

（極楽・報土）に生まれたいとの願いを密かに持ち続けていたことが、右の文章によってわかります。

では、「報化二土一体同処論」とは如何《いか》なるものだったのでしょうか。これについて貞慶は『安養報化』において、

> 尋ねて云わく、西方浄土は実には此処《ここ》にも在りと云う事、誰かこれを信ぜん。諸教の中には皆な悉く「十万億の外に安養界有り」と云々。何ぞ現文に背いて、此処に在りと云うや。況んや此界には三悪等有りて、安養には悪趣《あくしゅ》の名字《みょうじ》なきを哉。又た、何の証文有らん哉。
> 答う。如幻《にょげん》の法の習いに、此《ここ》に在り彼《かしこ》に在りの差別無し。何処《いずこ》をか安養と定む可きや。何処をか娑婆と名づくる可きや。只だ、座を動ぜずして浄穢一処に之れ在り。此の趣きは『仏地論《ぶっちろん》』に出ださ被《る》るか。（中略）
> 尋ねて云わく、此の義の如くならば、他受用《たじゅゆう》と変化《へんげ》の二土も同処に在る歟《か》。
> 答う。爾《しか》也。化土《けど》は、報土《ほうど》の中の葉上・葉中の土なり。然りと雖も、自心の差別《しゃべつ》に随いて、下は上を見ず。機見不同なりとも、如幻《にょげん》の界は互いに障碍《しょうげ》せざるが如き也。(36)

といい、報土（他受用土）の中に化土（変化土）が存することを示しています。法相宗の浄土義によれば、初地菩薩のために現れまします仏陀は「百葉臺上の報身仏」であるといいます。その中の一葉世界が三千大千世界、すなわち一〇〇億の仏国です。この一〇〇億の仏国の一々が、私たちの住まう一小世界（一須弥界・一四天下・一小化土）であり、これら一〇〇億の仏国は何と、次元をずらして同

時・同処に重層的に存在しているというのです。その集合体が大化土であり、大化土の集合体が報土です。しかし、愚かな私たちには自らの住まう一小世界（一の四天下）しか見ることができません。これに対して、報身仏の化益の対象である初地菩薩は、百葉世界（一〇〇億の仏国の一〇〇倍）、すなわち一兆もの仏国を同時に見る力能があり、そこに住まう全ての衆生を教化・救済の対象としているのです。彼らのような高位の菩薩から見れば、報土と化土はまさしく一体同処なのです。そこで、貞慶は「今は報土を知見する力がないから、まずは化土に生まれてから報土をめざす」という理論をもって、阿弥陀仏の浄土への往生を願ったのです。その理論をそのままに使い、観音の補陀落浄土という小浄処（小化土）から阿弥陀仏の極楽浄土（報土）への転入理論を構築し、もし可能ならば極楽に往生したいが、無理ならば観音の補陀落山に往生したいという願望を貞慶は示したのでした。

このような報化二土一体同処論の背景には、「如幻論」に基づく「極楽・補陀落一体論」がまた、ありました。すなわち、承元三年（一二〇九）の七段式の『観音講式』には、

大聖《だいしょう》の境界は隔てず紛れず。安養と知足は殆ど一処の如し。況んや弥陀・観音の所居に於いてを哉。(37)

といい、理の高見から見た時の極楽浄土と補陀落浄土の一体論が語られているのです。これもまた、貞慶の如幻論の一展開でした。理という高見から見れば、私たちには不可解なあり方も、当たり前のように展開します。この如幻論を用いて貞慶は、三阿僧祇劫という長遠《ちょうおん》の時間が一刹那《せつな》という短い時

間に摂在《しょうざい》するという不思議をも論じました。また、観音が過去世においてすでに正法明如来《しょうぼうみょうにょらい》となりながら、大悲尽衆生界《じんしゅじょうかい》の大願を成就するために、再び実の菩薩となって衆生救済の実行《じつぎょう》を実践しているという「実成実菩薩論」をも論じました(38)。これもまた、如幻論による不思議を論ずるものでした。したがって、観音の世界である補陀落山は、「悟りの一歩手前の等覚《とうがく》位の境地にある観音菩薩の所居」であると同時に、「如来としての観音の浄土」でもあったのです。ここに、極楽浄土と補陀落浄土の一体論が構築されることになりました。かくして、法相教学における「浄土義の難壁」を再度クリアーした貞慶は、次に「なぜに観音に帰依するのか」を明らかにしていきます。

第四節　観音信仰への転入――決智を生ず

貞慶が観音に帰依した前提として、法相宗の浄土義を基盤にすえた貞慶の浄土思想のあったことは明白ですが、「ではなぜ観音だったのか」という疑問が生じます。これに対して、『観世音菩薩感応抄』には明確な答えが示されました。それが「第一帰依因縁」の段に出る次の文です。

今、本寺を離れて当山に住すと雖も、真に付け俗に付け憑《たの》む所は他无《な》し。是の故に垂跡自《よ》り本地を得る。過・現を以て未来を思うに、憑む可きは只だ観音の本誓《ほんぜい》なり。恃《たの》む可きは又た不空の神《じん》呪《じゅ》なり。漸《ようや》く暮年に及び、始めて決智《けっち》を生ず。是れ寂化の過《とが》なりと雖も、又た思惟《しゆい》の徳有り。知んぬ可し、皆な是れ大聖《だいしょう》の加被《かび》也、先世の宿習也ということを(39)。

とありますように、「観音の本誓」と「不空の神呪」に強く感銘を受けたことが観音に帰依した真因であったと述べているのです。しかも、「思惟を重ねた結果として暮年に及んで初めてこの決智を得た」と書いているので、かなりの確信と感嘆の思いの中で、観音を選び取ったことが知られます。この表明が、実は『観世音菩薩感応抄』の根幹にあたるものであり、以下の第二段から第六段においては、「観音の本誓」と「不空の神呪」を根底に据えた理論が展開していくことになります。

観音の本誓に帰依——大悲法門

「観音の本誓」とは何でしょう。観音には、七難即滅や大悲尽衆生界の大願など、幾つもの世に知られた誓願がありますが、ここで貞慶が着目した「観音の本誓」とは、『四十華厳』に出る次の誓いでした。すなわち、

彼れ当に我が浄仏刹《じょうぶつせつ》に生じ、我れと同じく菩薩行を修すべし。(40)

とある願いがそれです。本体が久成の如来である観音が、「我が浄土（浄仏刹）において私と同じく菩薩の行を実践しようではないか」と呼びかけているのです。今では大蔵経データベースがあるので簡単に検索できますが、昔はなかったので、筆者はかつて『八十華厳』『六十華厳』『四十華厳』を二回も繰り返して読み、この文章をようやくにして探し出したという記憶があります。では、そこに誓われた「菩薩行」とは何でしょう。この点について、建仁元年（一二〇一）五月十八日に著された五

段式の『観音講式』には、

観音、自ら行者に告げて云わく、「彼れ当に我が浄仏刹に生じ、我と同じく菩薩行を修すべし」と云々。（中略）「我と同じく菩薩行を修せん」というは、大悲法門にして光明の行也。観音に帰するの人は必ず其の所に住み、大聖《だいしょう》に仕える者は皆な其の行を学ぶ。（中略）願くは此の功徳を以て普く一切に及び、我等と衆生と皆な共に仏道を成ぜんことを。(41)

といい、「大悲法門」すなわち大悲行の実践こそが観音の呼びかけた「菩薩行」に他ならないと、貞慶は述べているのです。そして、「我と同じく」と呼びかける観音の誓願に対して、「観音に帰依したものは皆な大悲の行を修学」し、「皆な共に仏道（仏果）を成就したいものだ」との志願を示しているのです。したがって、これこそがまさしく、貞慶の観音帰依の真因の一つであったといってよいでしょう。周知のように、大乗仏教の特色の一つは「大悲」にあります。菩薩となって仏と成る道をめざす者にとって、「大悲行」の実践こそ取るべき道であるとの貞慶の意思は、すでに建仁元年三月に書き上げていた『唯識論尋思鈔別要《じんししょうべつよう》』（以下、『尋思別要』）の「大悲闡提」においても明確に示されていました。(42) それが五段式の『観音講式』にも、明瞭に認められたのです。また、このことは五日後の二十三日に著された三段式の『観音講式』においても、

観音、自ら行者に勧めて云わく、「彼れ当に我が浄仏刹に生ずべし。我れと同じく菩薩行を修せ

ん」と云々。我が浄仏刹とは、遠くは西方極楽、近くは補陀落山也。其の菩薩行とは観音の本願大悲の法門なり。[43]我等、今生の父母親族より始めて先世の恩愛知識《おんないちしき》に至るまで、共に彼の山にて同じく仏道を修せん。

といい、「父母親族等となった恩愛知識と共に補陀落山において観音と共に大悲法門を実践したい」という志願となって示されています。ここでは、観音の「浄仏刹」が極楽浄土と補陀落山であることが特定され、阿弥陀仏の浄土より往きやすい「より近き補陀落山」においての大悲法門の実践が謳われています。その際、「菩薩行を修せん」という『四十華厳』の表記を貞慶は、「仏道を修せん」とあえて言い換えているところにも特色があります。

「仏道」という用語には本来、「果」として用いる場合と「因」として用いる場合の二通りがありますが、貞慶はここで「大悲法門」こそが因にも果にも通ずる大行であると理解していたことが知られます。このような見解は、理（真実）と事（現象）との「不即不離《ふそくふり》」を学び、熟知した者でないと、なかなか出てまいりません。『尋思別要』「大悲闡提《せんだい》」において貞慶は、「観音は久成《くじょう》の如来（果）であると同時に、実の菩薩（因）でもある」という「実成実菩薩論」を展開しましたが、[44]これもまた不即不離の原理にしたがって構築された理論でした。この不即不離の原理こそが、前節で述べた「如幻論」に他ならず、「理」（真理）の高見より「事」（現象世界）を見た時に示される「不即不離論」「如幻論」を用いて貞慶は、「果」として成就された大悲法門を「因」として実践している観音に感銘を受け、自らも大悲法門の実践を強く願ったのでした。

このような「大悲法門」への貞慶の篤い思いは、八年後の承元《じょうげん》三年（一二〇九）に著された七段式の『観音講式』においても継承されました。すなわち、

夫れ大悲法門は観音の行願也。争《いかで》か彼の尊に仕え、此の道を学ぶことを得ん。而るに大士勧めて言《もう》さく「彼れ当に我が浄仏刹に生ず可し。我れと同じく菩薩の行を修せん」と文《いえ》り。其の仏刹というは、所謂ゆる西方の極楽浄土、此界の補怛洛山等を以て[redacted]也。今は近きに就き、易《やす》きに依り、且く補怛山に生ぜんと欲す。(45)

といい、やはり『四十華厳』の文を引用して、「観音に付き従って大悲法門を修学する」という願いが明確に示されているのです。しかも、「その仏刹とは極楽浄土と補陀落浄土であり、近きに就き、易きに依り、しばらくは補陀落浄土に往生したいものだ」と記されていますので、これも建仁元年の『観音講式』および『観世音菩薩感応抄』の説を継承していたことがわかります。

では、『四十華厳』に出る大悲法門への願いについて、『観世音菩薩感応抄』ではどのように記されていたのでしょうか。これについて精査したところ、「第四臨終加護」の段に次のように記されていました。すなわち、

我に別願有り。（中略）何に況んや人間の父母妻子も君及び師友も師の怨敵も、順逆を談ぜず、染浄《ぜんじょう》を論ぜず。仏子の見聞覚知の境界は皆な観音と為せり。化身は身に非ざるの化用にして、此

れに自《よ》りて戒・定・慧の解を具す。彼れに依り慈悲喜捨に住し、人をして我が如くに観音に近づけ、共に大悲法門を修し、無上の仏道に入ら令めたまえ。(46)

といい、「観音と共に大悲法門を修して無上の仏道（仏果）に入りたいものだ」との貞慶の願いが「別願」として示されています。明らかに『四十華厳』の文意を受けた文章であることは明白ですが、ここではまだ『四十華厳』の文章そのものは引用されていません。また、『観世音菩薩感応抄』「第六利他方便」の段においても、

我れ若し願いの如くに大聖《だいしょう》に近づくことを得て、大悲を以て衆生を利益《りやく》し、漸《ようや》くにして其の徳を具せば、忝《かたじけな》くも我が本師の如く観自在尊たらん。（中略）小僧の別願は、粗《ほ》ぼ其の跡を学ぶにあり。(47)

と述べ、「自己もまた将来において観自在尊となりたい」とまで願うのですが、やはり『四十華厳』の文章はまだ引用されていません。では、『観世音菩薩感応抄』は三種の『観音講式』に比して、いつ頃、撰述されたのでしょうか。「決智を生じた」あり方やその内容、建仁元年になって急に二篇の『観音講式』が作成された状況、『四十華厳』の当該文の引用がないこと等を勘案すれば、『観世音菩薩感応抄』が『観音講式』より先に撰述された可能性が非常に高いと思われます。これについて承元三年の『観音講式』の奥書には興味深いことに、

観音の値遇《ちぐう》は建仁の比《ころ》か。粗《ほ》ぼ略して三段を記す。其の後は懈怠《けたい》なり。(48)

と記されています。何と、「建仁の頃に観音の値遇があった」と述べているのです。これについて想起されるのは、『観世音菩薩感応抄』の「決智を生じた」という言葉です。しかし、『観世音菩薩感応抄』は自己の思いをしたためた「秘文」というべきものでしたから公にはせず、「粗ぼ略して三段を記す」として、三段式の『観音講式』を撰述したことのみを示しています。しかし、よく見ると「粗ぼ略して」とありますから、三段式の『観音講式』の元になったものが別にあったことが想定されます。それが『観世音菩薩感応抄』だったと筆者は考えています。この年、五段式の『観音講式』も著されていますが、概して三段式に代表させたか、あるいは三段式の方がより『観世音菩薩感応抄』の大意を略していると貞慶が考えたのかのいずれかでしょう。いずれにせよ、略されたものは『観世音菩薩感応抄』であり、その要点を略して著されたものが建仁元年撰述の『観音講式』だったということになります。

そうなると、『観世音菩薩感応抄』は『尋思別要』を撰述し終わった正治《しょうじ》三年(二月に改元されて建仁元年となる/一二〇一年)一月末より五段式・三段式の『観音講式』を著す建仁元年五月中旬までの三ケ月半の間に作成されたものと考えてよいでしょう。そう考えれば、『観世音菩薩感応抄』の各段の分量配分に目配りがなされていない点とか、あるいは文章自体に十分な推敲がなされていない点等も理解できます。

なお、建仁元年の二種の『観音講式』は、その奥書に「女人の為に」、あるいは「世間の男女等の為に」とあるので、貞慶の本意を述べた講式ではないとする意見もあります。しかし、この二つの『講式』には貞慶の志願した「観音の本誓」が明確に説かれているとともに、問題とされた奥書も「五段式」では、

女人の為に世俗の詞《ことば》を用い、其の趣《おもむき》は最も賤しと雖も、願わくは結縁《けちえん》の人と共に観音に値遇し、又た悲母等の恩愛に報いんことを。(49)

といい、「三段式」では、

世間の男女等の為に別願を以て之れを記す。其の詞《ことば》は賤しと雖も、其の志は軽からず。(中略)又た補陀洛山の事、欣求する人は甚だ之れ少なくとも、極楽の方便としては殊《こと》に以て相応せり。(50)

と記されています。貞慶の「志」は有縁の人たちと共に大悲法門を実践することにありました。したがって、この奥書は「女人の為に、世間の男女等のために書いたものなので世俗の言葉を用いた賤しい文章とはなってはいるが」とまず述べて、「賤しい文章」となったことを卑下してはいますが、その言わんとするところは「結縁の人と共に観音に値遇して大悲法門を実践するという軽からざる志をもって、かつ最終的には極楽へ往生するための方便として、まずは観音の補陀落山を欣求するものである」とする志願にこそあった見るべきでしょう。その志願の根底には、『観世音菩薩感応抄』にお

いて示された「観音本誓論」と「浅深往生論」とが明確に読み取れますので、この二篇の『観音講式』の奥書の真意は「世間の男女等のために記した」という前半部分にあるのではなく、後半の「観音の値遇」「有縁の衆生に対する報恩」「軽からざる志」「極楽の方便としての補陀落往生」にあったというべきでしょう。これなど、『観世音菩薩感応抄』と合わせて読まないかぎり、なかなか理解できないところだと思われます。

観音の神呪に帰依――「滅罪」の功力

さて、建仁元年（一二〇一）撰述の『観世音菩薩感応抄』には「決智《けっち》を生じた」とあり、承元三年（一二〇九）撰述の『観音講式』には「観音の値遇《ちぐう》は建仁の比《ころ》か」と出ていたことは、すでに指摘したとおりです。と同時に、すでに引用紹介した『観世音菩薩感応抄』には、「暮年に及んでようやく決智を生じたことは老いがさせることではあるが、長く思惟した結果でもある。これはすべて観音（大聖）の加被によるものであり、先世から重ねてきた宿習のたまものである」とも述べられていました。そうなると、建仁元年における貞慶の「観音値遇」とは、「大聖観音の加被を強く感じたこと」ではなかったかと考えられます。もちろん、実際に観音に値遇するという不思議に出遇った可能性も否定できませんが、もしそうであれば『観世音菩薩感応抄』にそのことが明記されているはずです。しかし、そのような記述はないので、「観音の加被力」に深く思うところがあって決智を生じたことを、承元三年の『観音講式』の奥書では「観音の値遇」と書いたものと考えられます。また、これを宗性は「感応」と受け止めたのでしょう。

では、貞慶に「観音の加被」（値遇・感応）を深く思わせたものは何だったのでしょうか。その一つが前項で述べた「観音の本誓」、そして今一つが本項で論ずる「不空羂索《ふくうけんじゃく》観音の神呪《じんじゅ》」に他なりませんでした。広く知られているように、観音には六観音・七観音・八観音・三十三観音等々と、さまざまな観音が説かれています。しかし、その中で貞慶は特に不空羂索観音の神呪こそが、あらゆる尊者の神呪を超えた大いなる功力を有するものであると考えていました。これについて『観世音菩薩感応抄』「第二滅罪利《めつざいり》益《やく》」の段には、

爰《ここ》に観音は仏に白《もう》して言《もう》さく、「我れ一切に於いて持する呪の中の王たるは更に上有ること无《な》し」と。『経』に又た云わく、「観世音菩薩の一切の持呪は衆聖中の王にして独り自在なるを顕せり」と云々。観音の威力は他に過ぎて余に異なること、之れを以て知る可し。爰に六観音・八大観音等の種類は雑多なれども、法の深奥《じんのう》、徳の広大なることは、恐らくは不空羂索に如《し》かず。故に『三十巻経』に種々の秘方を説く。彼をして而して信ず可し。玄奘《げんじょう》の訳す所の『一巻経』は、彼の序に当る可し。亦た此の一軸に所説の衆要も亦た是なるを顕す。（中略）『経』に云わく、「即ち此の大神呪心を誦すること乃至七返、異語を雑《まじ》えざれば現世に定んで二十の勝利を得ん。一つには身に衆病無く安穏快楽《けらく》ないし二十には生々に慈悲喜捨《きしゃ》を離れず」と云々。現世の勝利は人に随いて要《もと》めると雖も、愚僧の望む所は滅罪の功力《くりき》也。[51]

とあり、「一切の尊者（衆聖）の神呪（持呪）の中で観音の神呪が最も勝《すぐ》れており、観音にも六観音・

八観音等の別がある中、不空羂索観音の神呪こそが最勝である」と、貞慶は冒頭で論じているのです。そして、「不空羂索観音の種々の秘法（秘方）については『三十巻経』に詳しいが、その序のみを取り出して訳した玄奘《げんじょう》訳『一巻経』にこそ衆要が説き尽されている」と褒めたたえています。いわゆる、『三十巻経』とは菩提流志《ぼだいるし》訳の『不空羂索神変真言経《じんぺんしんごんきょう》』（以下、『神変真言経』）のことであり、また『一巻経』とは『神変真言経』の序にあたる玄奘訳の『不空羂索神呪心経《じんじゅしんぎょう》』（以下、『神呪心経』）のことに他なりません。この『神呪心経』に二十の勝れた利益《りやく》が説かれているのですが、その多くは現世利益でした。ところが、貞慶が着目したのは「滅罪の功力《くりき》」でした。生きていく以上は、命を殺して喰らうなど、たくさんの悪を造るのが私たち衆生です。たまたま今生において仏の教えに出会って道を求めたとしても、すでに積み重ねた悪業《あくごう》による罪の重みによって、先に進むことができません。そのようなあり方を解消するのが「懺悔滅罪《さんげめつざい》」です。そこで、行者は悔過《けか》・懺悔を行ないます。この悔過・懺悔を法要として整備したものが、東大寺や薬師寺などで今も勤修《ごんしゅ》されている修二会《しゅにえ》です[52]。世間において種々に勤修される懺悔滅罪の法の中で、貞慶は観音の神呪にこそ、最も勝れた滅罪の功力があると見たのです。この点について『観世音菩薩感応抄』「第二滅罪利益《めつざいりやく》」の段には、

> 重罪の中、无間《むけん》の業《ごう》は尤も深重也。无間の業の中、正法を誹謗するは最極麁猛《そもう》也。彼の五逆《ごぎゃく》と雖も復た及ぶこと能わず。弥陀の悲願も捨てて救わず。今、此の呪《じゅ》に依らば、忽ちに消滅することを得る。豈に奇特にあらず乎。加之《しかのみならず》、罪の滅・不滅は凡夫には知り難し。懺悔を修すると雖も、常に疑惑を懐けり。此の『経』に至りては其の現證《げんしょう》を示す。若し自ら證知せば実に歓喜するに足

れり。時は長時に非ず。僅かに一日夜を経る行にして難行に非ず。只だ八斎戒《はっさいかい》を持するのみ。誰か怯弱《きょうにゃく》を生ぜんや。(53)

といい、「教え（正法）を誹謗する罪は父母を殺すなどの五逆罪さえも及ばない無間地獄に堕ちる最たる悪業である」と貞慶はまず明言します。これは、法相宗の教えを守るために天台宗との間で論争を繰り返さざるをえなかった自己を深く見つめた貞慶の「慚愧の言葉」でもあったと考えられます。そして、「このような誹謗正法の者は阿弥陀仏の悲願からも捨てて救われない」と述べます。すでに指摘したように、これは阿弥陀仏の第十八願に、「我が名を信じて念仏する者は必ず摂め取って捨てはしない」と誓った後に「唯だ五逆と誹謗正法を除く」と説かれていたからです(54)。その結果、貞慶は「涯分」を量り、弥陀浄土信仰を断念するに至りました。ところが、不空羂索観音の神呪には、そのような愚かな者の罪さえも滅する力があると説かれていた点に貞慶は大きな感銘を受け、「こんな奇特なことはない」と心を寄せるに至ったのです。したがって、観音の神呪には、「無間地獄に堕ちる程の罪をも滅する功力《くりき》がある」と貞慶は考えていたことになります。

また、通常の懺悔では滅罪がなされたか否かが全くわからないのですが、これに対して不空羂索観音の神呪の場合には、はっきりとした「現證《げんしょう》」があるとも述べています。しかも、懺悔するには八斎《はっさい》戒《かい》を受持するだけでよいのだから、こんなにたやすいことはないとして、観音の神呪の功力を褒めたたえているのです。

さらに、観音の神呪の功力をより広くとらえ、『神呪心経』を聴聞・受持・読誦・讃説して聴受せしめることによって、「諂曲《てんごく》・誑詐《おうさ》の心」を持ったものでさえ、「罪が悔除」されて「饒益《にょうやく》」がなされることを指摘し、『神呪心経』には「信受しがたきほどの滅罪の功徳」があるとの論を展開していきます。そのことが記されているのが、『観世音菩薩感応抄』「第二滅罪利益」の段です。すなわち、

就中《なかんづく》、『経』に説いて云わく、「若し四衆《ししゅう》或いは四姓《ししょう》等ありて、設《たと》い諂曲《てんごく》・誑詐《おうさ》の心を以ての故に是《かく》の如き『神呪心経』を聴聞し、受持・読誦し、他の為に讃説し、教えて聴受せ令《し》め、ないし、此の方便に由りて諸の仏所に於いて復た修すること念に随えば、彼れは是の如き功徳力に由るが故に十方面に於いて各おの千仏の来現有り。其の教は、先に作る所の罪を悔除《けじょ》せ令め、有する所の祈願をば皆な満足せ令む」と云々。（中略）今、此の文を見るに扨《さ》ても「諂曲・誑詐の心を以て受持・読誦すると雖も猶し其の益を蒙むる」と。当に知るべし、此の法は実に劣機を許すなりと。若し諂誑を嫌わば惣じて我が分にあらず。（中略）就中、愚僧等の悲嘆は殊《こと》に深し。我れ若し在家の身と為さば、麁貶《そへん》の罪は多しと雖も、真実の過《とが》は少なかる可し。仏法に違《い》せざるが故に。我れ若し本寺の衆を受くれば、名利の縄は緊しと雖も、欺誑《ぎおう》の過《とが》は軽かる可し。世に其の習いを許すが故に。仮名《けみょう》の練若《れんにゃ》にして不実の遁世《とんせい》に至らば、種々の罪過は一に非ず二に非ず。真に顕らかな謗りを責むることは鋒《ほこ》の骨に徹《とお》るが如し。（中略）此の『経』は高祖《こうそ》の翻訳也。仰いで信ず可し。其の文をば信じるも謗るも、倶に能く饒益《にょうやく》の事を作《な》すというは、殆《ほと》んど信受し難きの徳也。大いなる哉、至りなる哉。誰か帰依せざらん乎。(55)

と貞慶は述べているのです。『経』とは、いうまでもなく『神呪心経』のことです。その中に、「諂曲・誑詐の悪しき心を持っている者でも『神呪心経』を聴聞・受持・読誦・讃説等すれば、罪を悔除して願いを満足することができる」と説かれている点に、貞慶は着目したのでした。ここでいう「諂曲」とは、自己の名誉や利益のために矯《いつわ》って事を曲げ、他者を惑わせる行為です。また、「誑詐」とは自己の名誉や利益のために矯って徳ある者のように見せかけて、誑《たぶら》かし欺《あざむ》く行為のことです。このような人は往々にして、身近な人の教戒を聞かず、不正な生活を送ってしまうようになります。それを貞慶は自己のことであると深く見つめているのです。その背景には、建久四年（一一九三）の「笠置遁世」がありました。文中に出てくる「練若《れんにゃ》」とは叢林《そうりん》のことですから、笠置山という練若に遁世した自己のあり方を深く内省していることがわかります。そんな「欺誑の罪」にある我が身を観音の神呪ひいては『神呪心経』の功力が滅罪してくれるのみならず、「哀れみ利益を与えてくれる」（饒《にょう》益《やく》）ことに大きな感銘を受け、「信じられないほどの功徳だ」と貞慶は激賞しているのです。

菩提心を発起しても、罪があれば前に進めない。ところが、宿世の罪を観音の神呪が滅除してくれる。ここに「我が身のような劣機にとっては観音以外の尊者は考えられない」という思いを貞慶が強く懐いたことが、前の文章によって知られるのです。これが貞慶の観音帰依の第二の真因でした。

『神呪心経』の功徳——臨終の八法

貞慶が『神呪心経』に着目した今一つの理由は、「臨終の八法」にありました。これも観音の神呪の功徳の一つです。およそ、人が亡くなる時には、「死んだらどうなるのか、どこにいくのか」という苦悩がついてまわります。皆さんはどうでしょう。この点について中国の浄土教の大家であった善《ぜん》導《どう》は『観念法門《かんねんぼうもん》』[56]の中で、「人は皆な死んでいくときには恐怖の中で死んでいく。なかには狂い死にする人もある」と述べています。臨終時に正念を失い狂乱すると六道を輪廻してしまいますので、まさに臨終時は浄土に生まれるか地獄に堕ちるかの「正念場」だったわけです。ちなみに、狂乱を起こさせている心は「妄念《もうねん》」であり、「正念《しょうねん》」とは仏に心を専一にするあり方であり、これによって死にゆく人は心を穏やかにして最期の時を過ごすことになります。これがインド・中国・日本の三国を通して伝承されてきた安らかに死に往く道、「臨終正念」のあり方でした。臨終時に正念に住することができれば、信仰する仏尊の来迎を受けることができ、浄土に生まれて仏に成る道を歩むことができるとして、また尊重されてきたのです。そこで『観世音菩薩感応抄』「第三臨終加護《りんじゅうかご》」の段において貞慶は、

> 臨終の用意は二世の大要也。若し平生《へいぜい》より深く練磨せざれば、定んで最後に違乱《いらん》有る可し。一念の善悪は百年の行に過ぐ。順次《じゅんじ》の昇沈は只だ此の事に在り。（中略）爰《ここ》に『不空羂索経』の中に「臨終勝利に惣じて八法有り」とは、即ち文（牟尼）の説也。仏子の憑み祈る所は此の事に在り。凡そ、諸仏菩薩の本誓悲願も顕密聖教の勝利巨益も皆な衆徳を兼ぬ。取捨し難しと雖も、別して臨終の利益《りやく》を施すは、未だ此の『経』の如きを見ず。（中略）第二法に「安穏にして命終《みょうじゅう》し諸の苦痛无《な》し」というは、衆病消除・四大安和《しだいあんな》にして、断末磨《だんまつま》の苦无く、解支節《げしせつ》の痛も无し。（中略）第四法に「正憶念に住して心に乱相无し」というは、明了《みょうりょう》の正念に住して顚倒《てんどう》の乱想无きなり。

> （中略）第一法の「命終に臨む時、先だちて観自在菩薩は苾芻《びく》の像《かたち》と作《な》り、其の前に来現するに、歓喜踊躍す」と。行者の至要は専ら此の事に在り。（中略）時に仏子、其の慈悲の質《すがた》を参見し、正しく慰諭の音を聞くを得る。渇仰の思い、歓喜の涙、今、何ぞ言うに足りぬる乎。善悪の臨終知識は、凡夫の一言も、尚お以て瞠《みは》らざるや。何に況んや大聖《だいしょう》の化身、眼前の教戒を乎。（中略）就中《なかんづく》、第七法に「願に随いて諸仏の浄国に往生す」というは、則ち是れ苾芻に化現して路《みち》を示し、持呪の行者を引導し、後《しりえ》に随えて往詣したもう。若し西方の紫雲に乗ずれば直に安養界の宝池に生じ、南海の青波を渡れば且く補陀山の石室に住せん。業縁の引く所、悉く機をば簡《えら》ばず[57]。

と述べるのです。これを見ると、『神呪心経』には総じて八つの臨終時の勝れた利益のあったことが記されています。『神呪心経』の八法とは、一つには「聖観音《しょうかんのん》が臨終時に比丘の姿で眼の前に現れる」、二つには「臨終時に安らかに命を終えることができて痛苦がない」、三つには「臨終時に正念に住して心が乱れない」、四つには「臨終時に手足が乱れない」、五つには「臨終時に大小便をもらさない」、六つには「病を得ても寝たきりとならない」、七つには「臨終時に顔を覆われることなく命を終えることができる」、八つには「弁才が尽きることなく命を終えれば願いのとおり諸仏の浄土に往生することができる」というものです。これら八法の多くは身心の苦悩を和らげることにありましたが、それは「臨終正念」のためでした。したがって、右の文章には「臨終正念」「観音来迎《らいこう》」「命終《みょうじゅう》往生」という重要な利益が合わせて説かれているのです。そして、これがまた「感応」に他なりませんでした。なぜならば、貞慶は臨終時に観音が化身（比丘の姿）をもって現れて教戒を説くことに、深い感動を示しているからです。ここにまた、宗性が本書を『観世音菩薩感応抄』と名づけた一因があったのではないかと思われます。

以上のように、八法の内容は総じて見れば、「身心の苦悩を安らげ、正念に住し、観音の来迎を受け、願いのままに浄土に生まれる」という点に集約されますので、観音のはたらきかけ（加）を受けて（被）、観音の加被のもと（感応）で補陀落浄土に生まれることを貞慶は願っていたことになります。ちなみに、貞慶の「臨終正念・臨終来迎」に関する見解は、『尋思別要』「命終心相」や別書の『命終心事』『臨終之用意』に詳しく、また講式にも盛んに言及されるものであり、貞慶にとってはまさに臨終正念・臨終来迎こそが「後生の一大事」を決する重大事であったということになります。

結

『観世音菩薩感応抄』は貞慶が構築した「行者の浄土信仰の実践理論」に基づいて著されたものでした。と同時に、本書には「観音の本誓」を憑み、観音の勧める「大悲法門」の実践を志願する貞慶の篤い思いが濃厚に綴られていました。また、そのために『神呪心経』に示される「観音の神呪」の功力を恃んで、速やかに実践を進めたいという思いもまた、吐露されていました。ここに、貞慶の観音浄土信仰の実態があったといってよいでしょう。

そもそも、仏道成就を願う行者が浄土への往生を欣求するのは、決して楽を得るためではなく、見仏聞法して二利の菩薩行を実践するために他なりませんでした。今の世に仏はましまさないが、三界内に諸仏は浄土を化託・示現し、行者を迎え入れて資助しようとされたのです。ここに如来のはたらきかけを行者が受け持《たも》つ「感応」（加被）のあり方がありました。そこで、行者は浄業を実践して信仰する仏尊の浄土に生まれ、仏に見えて教えを聞き、自利（智慧）と利他（慈悲）の二利の菩薩行を実践していくことを求めたのです。

このような智慧と慈悲の実践の中で、貞慶は特に大慈悲の実践を志しました。一般的に菩薩には、智慧の実践を主とする「智増《ちぞう》菩薩」と慈悲の実践を主とする「悲増《ひぞう》菩薩」、および智慧と慈悲の均等なる実践を願う「智悲平等菩薩」の三類の別があるといわれています。そして、この中の悲増菩薩こそが「大悲闡提菩薩」であると貞慶は考え、その最たる一尊である観音の「共に大悲法門を実践しようではないか」という「本誓」に帰依したのでした。ここに、貞慶の「大乗仏教の行者」として「心の風景」があります。

周知のように、法相宗では三阿僧祇劫《あそうぎこう》の長遠の成道を説きます。その基礎となる一劫という時間について『増一阿含経《ぞういつあごんぎょう》』には、「縦も横も高さも一由旬《ゆじゅん》ある入れ物に一ミリ程の芥子粒をいっぱいに満たし、百年に一粒ずつ取り除いていって、ついに無くなってしまうまでの時間を一劫とする」[58]と記されています。では、一由旬とはどれほどの長さをいうのでしょうか。これについて『薩婆多毘尼毘婆《さつばたびにびば》沙《しゃ》』等には「四十里」[59]といい、『舎頭諌《しゃずかん》太子二十八宿経』等には「三十里」[60]とあり、『大方広仏華厳経随疏演義鈔』等には「十六里」[61]と記されています。一里は、仏教経典の翻訳が始まった中国の後漢時代（紀元前二〇六年～西暦二二〇年）には約四〇〇メートルであったといいますから、最も少ない十六里でも六・四キロメートルとなります。一方、阿僧祇とは本来は「無数」と訳されますが、数の単位に用いられるようになった元の時代においては十の六十四乗、日本においては最終的に十の五十六乗とされました。その三倍が三阿僧祇劫なので、とてつもない時間をかけて修行しないと行者は仏には成れないと見なされていたことがわかります。その根拠は、釈迦牟尼仏（釈尊）の前生譚《ぜんしょうたん》にありました。たとえば『優婆塞戒経《うばそくかいきょう》』には、「釈迦牟尼仏は宝頂仏《ほうちょうぶつ》のみもとで第一阿僧祇劫を満足し、燃灯仏《ねんとうぶつ》のみもとで第二阿僧祇劫を満足し、迦葉仏《かしょうぶつ》のみもとで第三阿僧祇劫を満足し、阿耨多羅三藐三菩提《あのくたらさんみゃくさんぼだい》（無上正等正覚＝悟り）を獲得した」(62)と記されています。このような記述が『撰集百縁経《せんじゅうひゃくえんぎょう》』や『仏説弥勒大成仏経』等にも見られ、『大方便仏報恩経』に至っては「一切の諸仏は三阿僧祇劫を尽くして菩薩行を修して云々」(63)と記されるように、三阿僧祇劫の成道を一切諸仏にまで拡大しています。そのような三阿僧祇劫の成道論は、『菩薩瓔珞本業経《ようらくほんごう》』『優婆塞戒経』『菩薩地持経《ぼさつぢじきょう》』等の経典や『大智度論《だいちどろん》』『阿毘《あび》曇毘婆沙論《どんびばしゃろん》』『瑜伽師地論《ゆがしぢろん》』『摂大乗論《しょうだいじょうろん》』『中辺分別論《ちゅうべんふんべつろん》』等の論典においても盛んに論じられるようになりました。なかでも、弥勒《みろく》説『瑜伽師地論』・無著《むぢゃく》造『摂大乗論』・世親《せしん》造『中辺分別論』等は法相宗の祖師の論典であり、これを受けて法相宗の根本論典である玄奘《げんじょう》訳『成唯識論《じょうゆいしきろん》』には「三阿僧祇劫に修集した無辺の勝行によって仏果を円満する」(64)と論じられるに至り、また法相宗の開祖に位置づけられる慈恩大師基《じおんだいしき》撰『成唯識論述記《じゅつき》』や第二祖に位置づけられる淄洲大師慧沼《ししゅうだいしえしょう》撰『金光明最勝王経疏《こんこうみょうさいしょうおうきょうしょ》』等においても、三阿僧祇劫の成道が真実であると論じられるに至ったのです。これに対して他の大乗諸宗では、「即身成仏《そくしんじょうぶつ》」や「信満成仏《しんまんじょうぶつ》」「即心是仏《そくしんぜぶつ》」などの速疾《そくしつ》成仏が競って説かれました。また、親《しん》鸞《らん》（一一七三～一二六二）に至っては、愚かな凡夫が順次生において阿弥陀仏の勝《すぐ》れた報土世界に往生し、速やかに仏に成るという「往生即成仏《おうじょうそくじょうぶつ》」の考え方まで示されました。

しかし、貞慶の属する法相宗では、経典に説示された三阿僧祇劫の成道を墨守しました。なぜでしょう。もちろん、それが経典に説かれている真実であるとの確信があったからではありますが、それだけではありません。実は三阿僧祇劫の菩薩の修行は、過去世に縁あった恩愛の人たち、すなわち一切衆生を教え導き救い取るための尊い利他活動の期間と理解されていたからに他なりません。しかし、残念ながら私たちは、ごく身近なものしか見ることのできない狭量な凡眼しか持ちあわせておりませんので、なぜに他の命を慈しみ悲しむ必要があるのかが、本音の本音でわかっていません。そこで、貞慶は『心要鈔』において、「炎熱の中で焼かれて泣き叫ぶ地獄の亡者が我が恩愛の人であることに気づけよ」「そのことに気づいたならば大悲心を発起して実践せよ[65]」と説き勧めました。そして、自らは観音と同じく大悲法門を実践し、当来には観自在沙門と名のりたいものだとの思いを示したのです。このことは、すでに指摘したとおり、『観世音菩薩感応抄』「第六利他方便」の段において述べられていました。これと同様の記述が、より明確な文章となって示されているのが、撰述年代不詳の『春日《かすが》大明神《だいみょうじん》発願文《ほつがんもん》』です。そこには、

> 唯だ願わくは永く観音の侍者と為《な》りて、生生《しょうじょう》に大悲法門を修習して衆生を度すこと、大師に異ならず。我も亦た当来に観自在沙門《しゃもん》と名のらん[66]。

とあるように、「観音の侍者となって大悲法門を修習して当来には自らも観自在沙門と名のりたいものだ」との志願をより明確に語っていくのです。これが、しばしば『観世音菩薩感応抄』に出る「小

僧の別願」に他なりませんでした。何と偉大な志願であろうかと思います。

ところが、貞慶は法然浄土教を批判したばかりに一部の人たちから悪人のレッテルを張られてしまうことになりました。貞慶が法然浄土教を批判したのは、法然の「絶対他力」「一仏帰依」「凡入報土」「専修念仏」等の教説が世の人々を惑わし、国の秩序を乱すもととなっている。このままでは日本国が魔界に堕ち、仏法が滅びてしまう（魔界法滅）と考えたからです。このような愚かな邪行が実際にあったことは、法然が門弟を誡める意図で作成した『七箇条制誡』を見れば明らかです(67)。そこには、法然の真意を誤解・曲解して放逸の数々をなす者のいたことが記されており、そのため貞慶は専修念仏の教えを「糺改《きゆうかい》すべき邪義」と見て、『奏達状』や『奏状』を起草したのでした。

しかし、貞慶の法然浄土教批判の真意は、貞慶の思想を理解しないと、なかなかわかるものではありません。また、貞慶の思想を理解するためには、貞慶が属する法相宗の教義をもまた、理解する必要があります。かかる観点より筆者は、貞慶の「まことのすがた」を解明し、少しでも伝えたいとの思いから、貞慶の思想研究を進めてまいりました。その一端が、令和元年（二〇一九）刊行の『仏道篇』、令和三年（二〇二一）刊行の『感應抄の研究』、令和四年（二〇二二）刊行の『貞慶撰『唯識論尋思鈔』の研究――「別要」教理篇・上』となって結実いたしました。

このたび、あらためて『観世音菩薩感応抄』を「間宗教《かんしゆうきよう》テクスト」と見て、多角的視点から貞慶を広く研究する試みが阿部泰郎教授によってなされたことを縁として、新たな研究成果を一部付加しながら、『観世音菩薩感応抄』の解説を再度、試みてみました。これを機縁として、貞慶への理解がさらに深まり、『観世音菩薩感応抄』を通して貞慶の真摯な願いに気づいていただき、かつまた「仏に成る道を歩む意義」について深く考えていただければ幸いです。

註

(1) 貞慶の遁世および蟄居の年については、『本朝高僧伝』の寿永二年(一一八三)二十九歳遁世説、『解脱上人懐胎以来形状』の建久三年(一一九二)三十九歳蟄居説、『興福寺略年代』の建久三年遁世説が、『大日本史料』第四編一二・二六六~二九七頁収録の文章を根拠に論じられてまいりました。しかし、筆者は貞慶自らが遁世と蟄居について語った『讃仏乗抄』と『般若理趣分奥日記』の記述に基づいて、「建久四年遁世、建久五年永蟄居」の説を取りました。詳細は、拙著『心要鈔講読』(永田文昌堂、二〇一〇年)九~一一頁を参照してください。

(2) 『観世音菩薩感応抄』発見の経緯については、拙著『貞慶撰『観世音菩薩感應抄』の研究』(以下、『感應抄の研究』)の「あとがき」に記しましたのでご一読ください。なお、右の拙著では原本の表記である「感應抄」の旧字体をあえて用いましたが、この度の書籍(本書)では編集方針にしたがい「感応抄」の表記を用いました。

(3) 鎌倉・室町時代の諸短釈(古典籍)には、貞慶のことを唯一「上人」と呼び、その教学を尊重する傾向が見られます。

(4) 拙著『感應抄の研究』の第一章第五節「むすび」(五四~七五頁)を参照してください。

(5) 表題と本文の文字については、拙著『感應抄の研究』に影印を提示していますので、参照してください。ちなみに、表題は一八六頁に、本文は一九六頁以降に収録されています。

(6) 奥書は、拙著『感應抄の研究』の三三〇頁に出るので、参照してください。

(7) 宗性編述の『弥勒如来感應抄』は、平岡定海『東大寺宗性上人之研究並史料』下巻(臨川書店、一九六〇年初版)の二〇一~四一六頁に翻刻・収録されています。各巻の奥書に編述年が記載されているので、確認してください。

(8) 前掲の平岡『東大寺宗性上人之研究並史料』下巻・二五八~二五九頁。

(9) 宗性の『遁世述懐抄』収録の『故解脱房遣坂僧正之許消息之状』の原文については、拙著『貞慶撰『唯識論尋思鈔』の研究——仏道篇』（法藏館、二〇一九年。以下、『仏道篇』）四〇～四一頁を参照してください。なお、訓読については脱落箇所があったため、あらためて『感應抄の研究』五四～五五頁に掲載したので、そちらを参照してください。

（10）東大寺図書館蔵。

（11）龍谷大学蔵。『仏道篇』の八三頁に翻刻・訓読を掲載しているので、参照してください。なお、■は判読不能文字です。

（12）日蔵六三・三八五・下。

（13）詳細は拙著『仏道篇』『感應抄の研究』等を参照のこと。

（14）貞慶は多仏信仰者でした。しかし、それは三阿僧祇劫にわたって三十六恒河沙の諸仏に歴事するという観点から述べたものであり、菩薩の一仏繋属（一仏信仰）については論義テーマ「一仏繋属」において徹底的に否定しました。これは、法然浄土教を念頭においた結果であったと筆者は見ています。詳しくは、拙著『仏道篇』三〇六～三五四頁を参照してください。なお、『仏道篇』五五七～六〇三頁に、論義テーマ「一仏繋属」の影印と翻刻読解を掲示しましたので、合わせて参照してください。

（15）この点については、特に拙著『仏道篇』一四〇～一四七頁を参照してください。

（16）詳細は、拙著『仏道篇』四四七～四五〇頁を参照してください。

（17）前掲拙著『心要鈔講読』三八三頁、三八五～三八六頁。あるいは、大正七一・六二下・六三上。

（18）身延山本『論第十巻尋思鈔』墨付二十三丁表。拙著『仏道篇』六二一頁。訓読は六二三頁。

（19）慈恩撰『大乗法苑義林章』等に出ています。拙著『仏道篇』三六八頁を参照してください。

（20）興福寺蔵。別に『値遇観音講式』ともいいます。ニールス・グュルベルク「講式データベース」にも翻刻文が収録されています。

（21）前掲平岡『東大寺宗性上人之研究並史料』下巻・二一〇～二一一頁。ただし、平岡本には「建長七年」と翻刻されていますが、これは建久七年の誤りです。

（22）『大日本史料』第四編之一二の二六七頁と三一一頁。ただし、『山城名勝誌』の「建暦元三」の記載は誤りです。

(23) 日蔵六四・二四・上。
(24) 日蔵六四・一八・下。なお、本書にはもともと、題名がありませんでした。この点では『観世音菩薩感應抄』と同じです。そこで、伝持者がそれぞれに、『修行要抄』と『出離最要』の命名をしました。その伝持の事情等につきましては、拙著『仏道篇』の結論(七二一頁以下)を参照してください。
(25) 『興福寺奏達状』を翻刻して『興福寺奏達状』と比較考証した論稿として、筆者には「龍谷大学図書館禿氏文庫蔵『興福寺奏達状』について——『興福寺奏状』の草稿本もしくは今一つの「奏状」」(大取一馬編『典籍と史料』〈思文閣出版、二〇一一年〉三〇一~三六〇頁)があります。また、「貞慶の「法然浄土教批判」の特色——魔界法滅をめぐって」(道元徹心編『日本仏教の展開とその造形』〈法藏館、二〇二〇年〉一四五~一六七頁)等の論稿もありますので、参照してください。
(26) 『感應抄の研究』三〇二頁。
(27) 貞慶撰述の『安養報化』の翻刻読解研究を拙著『感應抄の研究』に「附録」として収録いたしました。当該箇所は、三三八頁より四三八頁です。参照してください。
(28) 『感應抄の研究』二七二頁。
(29) 前掲拙稿「龍谷大学図書館禿氏文庫蔵『興福寺奏達状』について」三一五~三一六頁。
(30) 『感應抄の研究』二四七頁。
(31) 『大日本史料』第四編之一一・三〇五頁。
(32) 『感應抄の研究』二七三頁、二七四頁。
(33) 『感應抄の研究』三〇三頁。
(34) 大正八四・八八七・上。
(35) 『感應抄の研究』二四八頁。
(36) 『感應抄の研究』四二一頁、四二四~四二五頁。
(37) 興福寺蔵。ニールス・グュルベルク「講式データベース」にも翻刻文が収録されています。
(38) これについては拙著『仏道編』(二〇〇~二三八頁)、および拙編著『貞慶撰『唯識論尋思鈔』の研究——「別要」教理篇・上』（法藏館、二〇二一年）収録の翻刻読解研究「大悲闡提」（三〇三～四五六頁／楠担当）を参照してください。

(39)『感應抄の研究』一九二頁。

(40)大正一〇・七三四・中。

(41)ニールス・グュルベルク「講式データベース」に収録されています。

(42)前掲註(38)を参照してください。

(43)大正八四・八八七・上。

(44)前掲註(38)を参照してください。

(45)ニールス・グュルベルク「講式データベース」に収録されています。なお、■は判読不能文字です。

(46)『感應抄の研究』二七二頁、二七五頁。

(47)『感應抄の研究』二一三頁、三一八頁。

(48)興福寺蔵。ニールス・グュルベルク「講式データベース」にも収録されています。

(49)ニールス・グュルベルク「講式データベース」に収録されています。

(50)大正八四・八八七・中。

(51)『感應抄の研究』二一〇～二一一頁。

(52)拙編著『修二会――お水取りと花会式』（法藏館、二〇二〇年）を参照してください。

(53)『感應抄の研究』二一一頁。

(54)『仏説無量寿経』の第十八願に「設我得仏。十方衆生至心信楽。欲生我国。乃至十念。若不生者不取正覚。唯除五逆誹謗正法」（大正一二・二六八・上）と記されています。

(55)『感應抄の研究』から四箇所の文章を引用しました。順次、二一一頁、二一二頁、二一二頁、二一三頁です。

(56)当該箇所は「若有必不得向病人辺。即失正念。鬼神交亂。病人狂死堕三悪道」（大正四七・一二四・下）です。

(57)『感應抄の研究』から七箇所の文章を引用しました。順次、二四六頁、二四六頁、二四六頁、二四七頁、二四七頁、二四八頁です。

(58) 大正二一・八二五・中。
(59) 大正二三・五三五・上。
(60) 大正二一・四一六・下。
(61) 大正三六・一五〇・下。
(62) 大正二四・一〇三九・上。
(63) 大正三・一六〇・下。
(64) 大正三一・五四・下。
(65) 拙著『心要鈔講読』一二一〜一二三頁。大正七一・五二・上〜中。
(66) 日蔵六四・三一・上。
(67) 『昭和新修　法然上人全集』七八七〜七八九頁。

参考文献

・後藤大用『観世音菩薩の研究』(山喜房佛書林、一九八九年)
・楠淳證『貞慶撰『唯識論尋思鈔』の研究――仏道篇』(法藏館、二〇一九年)
・楠淳證・新倉和文『貞慶撰『観世音菩薩感應抄』の研究』(法藏館、二〇二一年)

(楠　淳證)

コラム　講式に込めた貞慶の願いと無常の詞

はじめに

解脱上人貞慶（一一五五〜一二一三）は、南都炎上から二年後の養和《ようわ》二年（一一八二）、『大般若経』の書写を発願《ほつがん》し、十一年の歳月を費やして、笠置《かさぎ》山に般若台《はんにやだい》を創建します。その行《ぎよう》には、兜率《とそつ》の浄土に往生し、見仏聞法して自ら菩薩となり、衆生《じゆじよう》救済のために立ちはたらきたいとの深い願いが伴っていました。この願《がん》は般若台創建ののちにも一貫して貞慶の行を支え続け、貞慶が制作した諸講式の根底をなしています。

貞慶の仏道成就への希求を浄土信仰から論じる本書の楠コラム（「貞慶の講式に見られる諸信仰の意義」）と問いを共有し、本稿では貞慶の「行」と一具を成す「願」に焦点を当て、その源を『発心講式』(1)に尋ねてみたいと思います。

貞慶の『発心講式』と四弘誓願

『発心《ほつしん》講式』は、春日明神の冥告を受けて笠置山へ遁世《とんせい》することを決意した貞慶が、建久《けんきゆう》三年（一一九二）に作った講式です。講式作者としての貞慶の出発点にあって、貞慶のライフヒストリーの上で大きな画期となる遁世を前に、「発心」を主題として自らの行に用いるべく作られたことから、菩提心を発《おこ》して修行する貞慶の「行」を支える「願」の原点を探るために、まず読まれるべき重要な講式です。

貞慶が本講式を作った意図は、奥書に明らかです。そこに貞慶は、釈迦の恩により弥勒の化導《けどう》を受け、安養浄土《あんようじょうど》において阿弥陀に奉仕し極楽に往生したいとの願いゆえに、これら三尊と縁を結ぶため、また日々礼誦《らいじゅ》するために、私の語を交えず、すべて「聖言」をもって式文を作ったと記しています。その詞《ことば》どおり、本講式は出典を注記して、すべて経論からの引用によって構成されることが大きな特色です。ただし、単なる引用本文の羅列ではなく、意図的に組み合わせて配列し、独自の文脈を作り出していることは見逃せません。そこには、「発心」とは何か、いかに求めるべきかという問いに対する貞慶の答えが示されていると考えます。

本講式は、はじめに三宝に発願の祈りを申し上げる表白《ひょうびゃく》段を掲げて、第一段に釈迦の恩徳を舎利をもって供養すること、第二段に釈迦の附属を受けた弥勒の化導を仰ぐべきこと、第三段に弥陀の願に帰依すべきことを述べます。ここまでが、貞慶が奥書に記していた、「三尊と縁を結ぶ」ことを目的に作られる式文です。その上で第四段に罪障を懺悔《さんげ》し、第五段には菩薩戒を受けよと示し、第六段の廻向《えこう》発願の詞をもって結ばれます。

このうち、第四段の罪障を懺悔する段は、心こそ「怨《アダ》」をなす存在であるとして、一心を制伏するための観心（唯識《ゆいしき》観）について説く段です。その詞章が、『心要鈔』[2]に説かれる、自利と利他の二利の行を成就するための実践方法と明確に響き合っていることから、本講式にとって要《かなめ》となる一段であることがわかります。『心要鈔』が、心を制伏し三学（戒定恵）を成就してこそ二利を具足し菩提を証することができると説くのと同様に、『発心講式』も、続く第五段に菩薩戒を示します。その上で、生々世々《しょうじょうせぜ》に諸仏を見、妙典を聞き、菩薩の行を不退に修して大菩提を証し、一切衆生ともろ共《とも》に成仏したいとの発願のもと、その功徳を廻向する詞が掲げられます。こうしてみると、『発心講式』が実践する願と行を、体系化し理論づけていわば唯識の入門書としたのが『心要鈔』といえるでしょう。

　船田淳一氏は、第四段のはじめの詞章が、興福寺別当であった玄縁《げんえん》（一一一三〜一一八〇）の『礼仏懺悔作法』を参照して作られていた可能性を論じています。[3] これを踏まえ、唯識行者の系譜という視点から本講式を眺めてみますと、「発心」の発願にあたって貞慶は、玄縁のみならず、弥勒に始まる法相宗の濫觴《らんしょう》に遡り、高祖である玄奘《げんじょう》（六〇二〜六六四）と、大祖と位置付けられる慈恩大師基《き》（六三二〜六八二）の先蹤に連なり、己の発願の詞を構築していく様相が、確かに見えてきます。本講式を枠取る、はじめの表白段と終りの第六段を取り上げて、検討してみます。

　まず、表白段です。その詞章が、『法華経』や『仁王経』『摩訶止観《まかしかん》』等の要文に拠り構成されるなか、菩提心を起こすための最も重要な「十勝徳」や「三妙観」は、慈恩大師基の『般若波羅蜜多心経幽賛《はんにゃはらみったしんぎょうゆうざん》』（以下、『幽賛』と略す）に拠って示されます。[4] ここに貞慶が『幽賛』を引くことは重要です。なぜなら『幽賛』は、玄奘が訳出した『般若心経』の最古の注釈書であると同時に、『春日権現験記』のなかで、春日明神の託宣を通じて貞慶の発心の拠《よりどころ》となった書であることが、他ならぬ貞慶の口を借りて語られているからです[5]。しかも、『法華経』や『摩訶止観』の要文と組み合わせて発願の詞とすることで、法華信仰を唯識の立場から実践する貞慶の思想と教学上の理解が明確に現れた表白となっています。それは、笠置山が釈迦の霊山浄土《りょうぜんじょうど》であり、弥勒の兜率天でもあるという貞慶の認識とも響き合っています。

次に、第六段の発願廻向の詞は、「弟子某甲」からはじまる冒頭本文に、「三蔵戒本」と注記されます。『貞慶講式集』[6]はこれを未詳としていますが、大正新修大蔵経データベース（SAT）で検索した結果、法相宗第二祖と称《たた》えられた淄洲《ししゅう》大師慧沼《えしょう》（六四八～七一四）の『勧発菩提心集《かんほつぼだいしんしゅう》』に引かれる「大唐三蔵法師伝西域正法蔵受菩薩戒法」であったことが判りました。慧沼は慈恩大師基の弟子であり、『勧発菩提心集』は菩提心に関する経論を集めて編まれた書です[7]。本文を比較すると、第六段の詞は、「大唐三蔵法師伝西域正法蔵受菩薩戒法」の記す発願詞の全文をそっくり用いて作られていました。このことは、貞慶の戒律相承の系譜と関わって注目されます。「大唐三蔵法師伝西域正法蔵菩薩戒法」は、西大寺叡尊《えいそん》（一二〇一～一二九〇）に影響を与えた本のひとつであったことが、師茂樹氏によって明らかにされています[8]。師氏は叡尊の『勧発菩提心集流甕記《るおうき》』の記述から、本書が当時、基によって記録された玄奘の受菩薩戒法として伝承されていたことも指摘しています。貞慶はそれを叡尊に先駆けて用い、己の発願の詞として取り入れていたのです。また戒律との関わりで言えば、『発心講式』が第五段「受菩薩戒」に引く十重禁戒は、「太賢」と付された注記から『梵網経古迹記《ぼんもうきょうこしゃくき》』に拠っていたことが知られます。『梵網経古迹記』は、『心要鈔』の「三学門」でも、菩薩戒の受持の問答に用いられる重要な文献です。(9) 貞慶が晩年に講じた『梵網経古迹記』を、叡尊も重んじて再三講じています。ここに、発菩提心の実践の行を通して、貞慶から叡尊へと連なる戒律の願と行との系譜が浮かび上がることは興味深い事実です。そのことを確かめた上で、第六段の末尾に掲げられた次の四弘誓願《しぐせいがん》に注目したいと思います。

衆生無辺誓願度
煩悩無辺誓願断
法門無尽誓願知
無上菩提誓願証

四弘誓願は、菩薩の行を求めるすべての大乗の行者が、等しく立てる願です。それゆえに「惣願《そうがん》」と呼ばれ、諸経によって文句は異なるものの、日本では天台大師智顗《ちぎ》（五三八～五九七）の『摩訶止観』巻第五上と巻第十下に掲げられた四成句（衆生無辺誓願度／煩悩無数〈量〉誓願断／法門無量〈尽〉誓願知／無上仏道誓願成）が広く受容されます。その系譜に、『発心講式』の四弘誓願も連なっていますが、「無上仏道誓願成」を「無上菩提誓願証」とするなど、表現が若干異なっています。そこに貞慶は典拠を記していません。しかし注記せずとも、当時の学侶にはすぐに理解されたことでしょう。なぜなら、それは恵心僧都《えしんそうづ》源信（九四二～一〇一七）が、『往生要集』（大文第四）に示した独自の四弘誓願だったからです。

真摯に菩薩行を目指す貞慶の四弘誓願が、実は法相のライバルである天台側の、それも法華一乗を説いた源信の『往生要集』に拠っていたというのは驚きです。これまでその意味するところが問われたことはありませんでしたが、貞慶の行を支える願となる四弘誓願が『往生要集』に拠っていたことは、注目すべき課題であると考えます。

あらためて『発心講式』の全体を振り返ってみれば、第二段の弥勒の化導を仰ぐ詞章では、もし行者が八戒斎を受け浄行を修し「弘誓願」を発《おこ》せば、即ち兜率天に往生を得ることができると讃えられていることに気がつきます。その文脈からみれば、『往生要集』の四弘誓願は、他ならぬ弥勒の讃える願となります。また『心要鈔』では、菩薩の二利の教えを説く「二利門」の章に、同文の四弘誓願が『成唯識論《じょうゆいしきろん》』と『幽賛』（ただし『幽賛』とするのは誤りで基の『妙法蓮華経玄賛』に拠る）の要文に挟まれるようにして、出典を示さないまま引かれていました。(10) 加えて、「念仏門」の「本願」を念ずる段では、一切智光明仙人が大慈悲心を発した時、四弘の誓願を満たしたと説かれます。(11) 一切智光明仙人とは弥勒の前生であり、その因縁を説くのが『一切智光明仙人慈心因縁不食肉経《ふじきにくぎょう》』です。ところが、経文そのものに四弘誓願に関する言及は見られません。明らかに貞慶は、『往生要集』の四弘誓願を唯識の体系に意図的に組み込み、換骨奪胎して、法相宗の伝統に連なる自らの立てるべき願としていたのです。

貞慶の時代には、慈円（一一五五～一二二五）や安居院《あぐい》澄憲《ちょうけん》（一一二六～一二〇三）と九条兼実《かねざね》（一一四九～一二〇七）の連携のもとで、治承《じしょう》四年（一一八〇）年に比叡山横川《よかわ》の霊山院《りょうぜんいん》が修造され、『往生要集』の儀礼実践というべき二十五《にじゅうご》三昧会《ざんまいえ》の再興が目指されました。[12] 文《ぶん》治《じ》三年（一一八七）に後白河院が催した『往生要集』談義では、澄憲や法然（一一三三～一二一二）が請ぜられて講じたように、『往生要集』が再び大きな関心を集めます。それらを通して、霊山浄土たる横川霊山院が儀礼とともに復興される動向を、貞慶は十分に承知していたはずです。

『往生要集』は、経論を連ね引用を中心として編まれた書です。その要となる四弘誓願を、貞慶は、私の詞を交えず「聖言」をもって編んだ『発心講式』に取り入れて体系化し、実践してみせた、と言ってよいでしょう。その確信犯的な企ては、諸宗の動向に通じた学僧貞慶だからこそ成し得た離れ業なのです。

この四弘誓願が、貞慶一個人を超え、中世の社会に共有される普遍的な願として位置付けられたことは、正治《しょうじ》元年（一一九九）に貞慶が後鳥羽上皇（一一八〇～一二三九）のために制作した『中宗《ちゅうしゅう》 報恩《ほうおん》講式』[13]の発願廻向の詞に、「これはこれ一念発心のはじめ、これはこれ四弘誓願の源なり」と説かれたことにも明らかです。

こうした貞慶の四弘誓願を継承したのが叡尊であり、また叡尊門下の尼たちでした。このことは、ハーバード美術館現蔵の南無仏太子像（一二九二年）[14]をはじめ、叡尊に関わるいくつかの重要な造像の像内納入品に、同文の四弘誓願が数多く書き付けられていることからも確認できます。叡尊は菩提心を重んじ、『聖徳太子講式』をはじめ数々の講式を作って、菩薩行を実践します。その根底に四弘誓願があるならば、『往生要集』に始まる四弘誓願の展開は、貞慶の発菩提心を介することによって成り立った「願」の系譜といえるでしょう。

貞慶の「願」の系譜と宗教空間

『往生要集』が四弘誓願を全面に立てて、厭離穢土《おんりえど》の心を発《おこ》し浄土往生へ至るプロセスとしてわが身の不浄・苦・無常の三相を観ずることを重んじたのと同様に、貞慶も発心に至る過程としてこれを重んじ、師の覚憲《かくけん》（一一三一〜一二一二）に送った「貞慶消息」[15]（建久三年〈一一九二〉頃）をはじめ、多くの無常の詞を作っています。貞慶は無常の詞を書きあらわすことについても優れた手腕を発揮した作者でした。その根底に四弘誓願があることは、重ねて注目すべきでしょう。

『心要鈔』「二利門」には、貞慶が生死輪廻の苦相を観ずる過程で、我が心の上に試してみようと、もし冥途に赴き閻魔王の加被《かび》を得て、もし地獄に赴くことができたならばと仮定した上で、地獄の責め苦にさいなまれる亡き父母の声を聞く一節があります。自らが仮に思い巡らした想像であっても、「我むかし罪を作ること多くは汝らがためなり。我いま苦を受く。汝、何ぞ救わざるや」との父母の問いかけは、現実以上の生々しい衝撃となって観念され、菩薩の二利を実践するための心を奮い立たせたにちがいありません。[16]貞慶にとって、無常を観念することは、ただ一般論として無常を憂えたのではなく、それ自体が自身の発心を促し続ける懺悔滅罪のための宗教実践だったのです。

このような貞慶が『発心講式』第四の罪障を懺悔する段で、「心はこれ第一の怨《アダ》なり」と説いて、唯識の立場から観心の実践を示すにあたり、その詞に「獄卒罪人を訶する詞」と注記して、獄卒の罪人を責める詞であると演出することも、注視したいと思います。この典拠も『往生要集』（大文第一）です。

無常を観念し、閻魔王や獄卒の呵責《かしやく》の声を聞く貞慶の行の営みは、閻魔王を本尊とする講式までも生み出します。それが『閻《えん》（琰）魔《ま》講式』[17]です。尊勝陀羅尼《そんしようだらに》と『般若心経』の功能を説いて、本尊閻魔王に対し、臨終正念を誤ち、たとえ冥府に堕ちたとしても、閻魔王の呵責の声を聞き、最後の十念を成就して弥陀の浄土へ往生したいとの強い願いが、七度還俗《げんぞく》の沙門雄俊《しやもんおうしゆん》の堕地獄往生譚を引いて述べられています。ここにおいても、閻魔の呵責の声が響くくだりは劇的です。式文の末尾には、『発心講式』と同じ四弘誓願が掲げられます。貞慶が、釈迦や弥勒、春日の神々をはじめとする神仏の加被を得て発心し、浄土往生を目指す願いと、閻魔王の加被を得て最後の念仏を称《とな》え、浄土往生を成し遂げようとする願いは、彼にとって表裏一体のものといえるのです。

『閻魔講式』の成立年は判っていませんが、貞慶が笠置に隠遁し、般若台を創建して『弥勒講式』や『地蔵講式』『文殊講式』『欣求霊山講式《ごんぐりようぜん》』を次々と草したことと、軌を一にしていたと考えます。その舞台となる宗教空間は、釈迦や弥勒の浄土であり春日を勧請《かんじよう》した笠置山が想定されます。呵責する閻魔王のイメージは、笠置の般若台厨子扉絵に描かれた「焰魔《えんま》王《おう》」に繋がることでしょう。[18] 閻魔王の呵責を受けて、最後の十念を成し遂げ、往生を祈る本講式は、臨終の時を見据えた実践儀礼です。それが営まれる場は、貞慶が般若台や般若報恩塔（十三重塔）を建立して創り上げた宗教空間こそ、最もふさわしいと思います。

興味深いことに、『閻魔講式』の儀礼空間は、承久の乱ののちに密教の焔魔天を本尊として、よりパワーアップしたすがたに生まれ変わり、あらたな場を得て造立されます。それが醍醐寺焔魔王堂です。貞応《じょうおう》二年（一二二三）七月十五日、貞慶の従兄弟にあたる成賢《せいげん》（一一六二～一二三一）は、焔魔王堂の造立に先立ちその所作とするために、貞慶の発願の詞（内容は『閻魔講式』）を書写します。[19] 建立供養の導師には、澄憲の子息でやはり貞慶の従兄弟にあたる安居院《あぐい》聖覚《せいかく》（一一六七～一二三五）が招かれました。快慶や湛慶の造像した焔魔王と眷属諸尊を取り巻く堂内の壁画には、七度還俗の沙門である雄俊をはじめ、三国にわたる堕

護法善神像「焔魔王」像（板絵）
（興福寺蔵。奈良国立博物館提供）

地獄や蘇生譚、往生譚があらわされ、説話画に満たされた前代未聞の宗教空間が創り出されました。堂の外壁には、朽ちていく女性の死体を九つの相に分けて描きあらわす九相図《くそうず》も描かれていたといいます。

この特異な冥府の願主となり、成賢に沙汰して、女人も結縁できる空間を創り上げたのが、後白河院の皇女として長講堂領という院の莫大な財産を受け継いだ宣陽門院《せんようもんいん》（一一八一～一二五二）でした。[20] 醍醐は、叡尊が若くして密教を学んだ地であり、醍醐の冥府とその儀礼空間は、叡尊にも大きな影響を与えて受け継がれます。[21]

一方、承久の乱の張本として、隠岐に配流された後鳥羽上皇は、晩年、自らの行とするために『無常講式』を草します。『無常講式』は、その一節が存覚《ぞんかく》（一二九〇～一三七三）の法語を経て、蓮如《れんにょ》（一四一五～一四九九）の『白骨御文《はっこつのおふみ》』に用いられました。そのため、専修《せんじゅ》念仏《ねんぶつ》を迫害した後鳥羽上皇が最後には念仏に帰依したことを象徴する講式として紹介されることが、しばしばあります。しかしながら、冒頭に掲げられる述懐の詞が、無常の詞の名句と讃えられた貞慶の『弥勒講式』初段の一節をもって始まることや、前述のように貞慶が後鳥羽上皇に向けて『中宗報恩講式』を編み、これを読んだ後鳥羽上皇が『瑜伽師地論《ゆがしじろん》』の書写を発願したことをあわせて考えれば、『無常講式』もまた、貞慶の『発心講式』にはじまる無常の観念、ひいてはその根底を支える発菩提心の願いとともに読み直される必要があるでしょう。[22]

つとに松岡心平氏によって、「貞慶消息」にしたためられた無常の詞が唱導の場を介して広く流布し、「地獄の曲舞《くせまい》」や『曽我物語』に導入されたことが明らかにされています。(23)加えて近年、貞慶の『弥勒講式』初段に記された無常の詞章が、蘇東坡《そとうば》（一〇三六～一一〇一）に仮託された九相詩にそっくり用いられ、九相詩絵巻の序文となって飾られていたことがわかりました。(24)九相図は、鎌倉時代後期に聖衆来迎寺本六道絵十五幅において、人道の苦をあらわす不浄・苦・無常の三相のうち不浄相図一幅として描かれます。その成立に大きな影響を与えたと考えられているのが、前述した醍醐寺焔魔王堂です。(25)貞慶の無常の詞も、宗派を超え、天台の側でも受けとめられていました。美しい女人の死体が打ち棄てられた野辺の光景には、『往生要集』や二十五三昧会（『六道講式』）の唱導・儀礼の詞とともに、貞慶の無常の詞も必ずや寄り添っていたことでしょう。

おわりに

貞慶が『発心講式』に示した願と行は、ひとつ笠置山に構築された宗教空間のみにとどまらず、日本の無常観の形成や閻魔信仰、そして六道思想の展開に決定的な影響を与え、中世の宗教文化創造の根底を築いていたことが見えてきました。その原点となる『発心講式』が編まれた動機には、新倉和文氏(26)と楠淳證氏(27)により、法然の専修念仏批判が込められているとの見解が示されています。同時に貞慶は、天台宗との論争から逃れることのできない立場にもありました。

その同じ時代に、慈円は比叡山横川の復興に尽力し、元暦《げんりやく》二年（一一八五）には先師追善のための如法経を、笠置山に埋納しています[28]。慈円や澄憲による横川の復興が如法経供養や二十五三昧会という儀礼の復興とともになされ[29]、また『往生要集』への関心が高まっていたことと、貞慶が笠置山に般若台や般若報恩塔を建立し、独自の宗教空間を儀礼とともに創出する営みとは、おそらく呼応しています。

貞慶は二十六歳の時に東大寺や興福寺の炎上を目のあたりにし、翌年に大般若書写を発願します。そうした貞慶の軌跡に重ねて、あらためて『発心講式』が作られた意義について考えるならば、そこには玄奘三蔵の遺徳に連なる唯識行者の一人として、法滅の危機を却《しりぞ》けて日本の国土に八宗三学を復興しようとする、より大きなビジョンがあったのではないかと思えてなりません。『発心講式』は、貞慶が自らの進むべき菩薩行とはなにかを、己の求道とともに披露して見せた、メッセージとしての講式でもあったのではないでしょうか。

貞慶は、『観世音菩薩感応抄』第四「当来値遇」の段で、次のように述べています。「我は久しく菩提心を欣《ねが》うに、未だ能く発趣せず。願わくは大聖よ、我をして无上道心を発さ令めたまえ[30]」。この詞からも、真実の菩提心を求め続けた貞慶にとって、『発心講式』がいかに重要な原点であったかを考えさせられます。中世日本の宗教文化に多大な影響を与えた貞慶の願と行の実践の総体を照らし出すという課題は、大きな可能性を秘めているのです。

註

（1）山田昭全、清水宥聖編『貞慶講式集』（山喜房佛書林、二〇〇〇年）所収。『発心講式』は花園大学

の今津文庫蔵『上人御草等』にも含まれ、杉﨑貴英「高山寺方便智院伝来『上人御草等』(抄)――解脱房貞慶関係史料の紹介と翻刻」(『博物館学年報』三三、二〇〇一年)に翻刻紹介されています。

(2) 楠淳證『心要鈔講読』(永田文昌堂、二〇一〇年)参照。

(3) 船田淳一「貞慶『発心講式』と玄縁『礼仏懺悔作法』をめぐって」(『神仏と儀礼の中世』法藏館、二〇一一年)。知恩院蔵本『礼仏懺悔作法』(『舎利讃嘆』を付す)に伝わる建久三年(一一九二)奥書に、玄縁の先蹤をもとに新行を企てたと記した人物とは、船田氏が推察するように、貞慶と考えてよいでしょう。

(4) 『文殊講式』では、最初発心の時に必ず「三妙観」を成すよう説かれ、『発心講式』と呼応します。註(1)前掲書、一四三~一四四頁。貞慶による文殊を機縁とした最初発心と菩提心の獲得や、その先蹤として珍海(一〇九二~一一五二)の『菩提心集』があること、また興福寺維摩会《ゆいまえ》との関連については、近本謙介「『維摩経』をめぐる法会・文芸・芸能」(近本謙介編『ことば・ほとけ・図像の交響』勉誠出版、二〇二二年)参照。

(5) 神戸説話研究会編『春日権現験記絵註解』(和泉書院、二〇〇五年)、一二三~一二八頁。近本謙介氏は、『幽賛』に引かれる『瑜伽論』の文を見て貞慶が発心したと記す『験記』の記事に、玄奘・慈恩大師基の系譜が意識されていると指摘しています。近本謙介「『玄奘三蔵絵』の構造と構想」(佐久間秀範・近本謙介・本井牧子編『玄奘三蔵――新たなる玄奘像をもとめて』勉誠出版、二〇二一年)。

(6) 註(1)前掲書。

(7) 『春日権現験記』巻十第二話には、興福寺僧永超(一〇一四~一〇九三)が春日大明神から真実の出離の道を求めるよう告げられ、『勧発発心集』を心に留めたとの記事があります。註(5)前掲『春日権現験記絵註解』、一二四~一二五頁。

(8) 師茂樹「五姓各別説と観音の夢――『日本霊異記』下巻第三十八縁の読解の試み」(『佛教史學研究』五〇巻二号、二〇〇八年)。叡尊が所持していた本の名は、「大唐三蔵法師伝西域正法蔵受菩薩戒法」ではなく、『三聚浄戒標門』と題されていたと言います。

(9) 註(2)前掲書、一八二～一九三頁。
(10) 同前、一三〇～一三三頁。
(11) 同前、三〇〇～三〇一頁。
(12) 拙稿「六道釈が導く六道語り——その主体と『往生要集』」(『佛教文学』四八号、二〇二三年)。
(13) ニールス・グュルベルク「解脱房貞慶と後鳥羽院——正治二年の水無瀬殿に於ける法相宗教義御前講と『中宗報恩講式』」(山田昭全編『中世文学の展開と仏教』おうふう、二〇〇〇年)。
(14) 阿部泰郎、阿部美香、近本謙介、レイチェル・サンダーズ、瀬谷愛、瀬谷貴之編『ハーバード美術館南無仏太子像の研究』(中央公論美術出版、二〇二三年)、二七七～二七八頁。
(15) 註(1)前掲書所収。楠淳證『貞慶撰『唯識論尋思鈔』の研究——仏道篇』(法藏館、二〇一九年)、四〇～四八頁。楠淳證・新倉和文『貞慶撰『観世音菩薩感應抄』の研究』(法藏館、二〇二一年)、五四～五五頁参照。
(16) 註(2)前掲書、一二〇～一三〇頁。註(14)前掲書、七二七～七二九頁参照。
(17) 本文は関口静雄「翻刻　龍谷大学図書館蔵『諸講式集』」(『学苑』六七二、一九九六年)所収。この『諸講式集』に収められた講式は、いずれも貞慶の作と考えられます。
(18) 新倉和文「解脱上人貞慶と同法達との「契約」——龍谷大学図書館禿氏文庫蔵『愚迷発心集』が語りかけるもの」(大取一馬編『典籍と史料』思文閣出版、二〇一一年)参照。般若台厨子に描かれた閻魔王のすがたは、これを写し制作された興福寺所蔵護法善神像(板絵、鎌倉時代)や、貞慶の終焉の地となる海住山寺五重塔初層内陣扉絵のなかに描かれた焰魔王像に見ることができます(奈良国立博物館・神奈川県立金沢文庫特別展図録『解脱上人貞慶——鎌倉仏教の本流』〈二〇一二年〉所収)。『笠置寺縁起』(室町時代、『大日本佛教全書』所収)には、貞慶が般若台六角堂で倶生神に請ぜられ閻魔宮に赴いた時に、亡き母と対面しいろいろな物語を交わしたとの伝承が見え、笠置寺に所蔵される室町時代の絵巻にも描かれています。
(19) 拙稿「醍醐寺蔵『尊勝陀羅尼并般若心経発願』——翻刻と解題」(『昭和女子大学女性文化研究所紀

要』五一、二〇二四年)。成賢は奥書に貞慶の発願の詞をもって書写したと記して、『尊勝陀羅尼幷般若心経発願』と題を付します。これに基づけば、『閻魔講式』の名称は後世の写本によるものであり、はじめは『尊勝陀羅尼幷般若心経発願』と呼ばれていたと考えられます。拙稿「堕地獄と蘇生譚――醍醐寺焔魔王堂絵銘を読む」(『説話文学研究』四〇、二〇〇五年)。

(20) 宣陽門院は東寺西院御影堂の創成に尽力し、貞慶の舎利講式を用いるよう指示しました。拙稿「宣陽門院の宗教空間におけるほとけとことば――東寺西院御影堂の中世的発展と貞慶の『舎利講式』をめぐって」(註(4)前掲書所収)。

(21) 高野山で開版された『三時勤行次第』は、叡尊が醍醐寺所用の法則に十重禁戒を加えて南都に伝えたものに、大楽院信日阿闍梨が九方便を添えて高野山に弘めた旨を奥書に記しています(拙稿「三時法則――解題と影印」〈富士市立博物館編『六所家総合調査報告書　聖教』、二〇一五年〉)。また、内山永久寺旧蔵愛染王像厨子に描かれた閻魔王像は、醍醐寺焔魔王堂本尊像の系譜を引く可能性があり、菅野龍麿氏により叡尊の関与が論じられています。菅野龍麿「東京国立博物館蔵・厨子入愛染明王座像の図像解釈と制作背景」(『美術史』一九四、二〇二三年)。

(22) 拙稿「九相図遡源試論――醍醐寺焔魔王堂九相図と無常講式」(『昭和女子大学女性文化研究所紀要』四八、二〇二一年)。

(23) 松岡心平「「地獄の曲舞」典拠考」(村上學編『義経記・曾我物語』国書刊行会、一九九三年)。

(24) 註(22)前掲論文。

(25) 山本聡美「聖衆来迎寺本「六道絵」と如法経供養の儀礼空間――閻魔堂建築から「閻魔王庁幅」への中世的展開」(『美術研究』四三八、二〇二三年)、同『増補カラー版　九相図をよむ――朽ちてゆく死体の美術史』(角川ソフィア文庫、二〇二三年)。

(26) 新倉和文「貞慶の阿弥陀信仰と『発心講式』について」(『岐阜聖徳学園大学仏教文化研究所紀要』八、二〇〇八年)。

(27) 楠淳證「貞慶の菩薩種姓自覚の理論と仏道観――新資料『法相宗大意名目』ならびに『心要鈔』等

を中心として」（『龍谷大學論集』四七九、二〇一二年）。

(28) 船田淳一「貞慶の笠置寺再興とその宗教構想」（註(3)前掲書）参照。

(29) 註(25)前掲論文。拙稿「儀礼本尊としての六道絵――六道釈から読み解く聖衆来迎寺本六道絵」（『美術研究』四三七、二〇二二年）。

(30) 註(15)前掲『貞慶撰『観世音菩薩感應抄』の研究』総論、二七七〜三〇〇頁参照。

付記 本稿はJSPS科研費基盤研究（C）「中世日本における祈願と救済の境界的宗教空間に関する総合的研究」（一九K〇〇三一九）による研究成果の一部です。

（阿部美香）

第三章

『観世音菩薩感応抄』への多角的アプローチ

第一節　貞慶の実践志向を探る

――浄土思想と補陀落往生を中心に――

一、法相宗における教学／実践

南都仏教には学問仏教というイメージがあります。だからといって法相宗《ほっそうしゅう》も実践性が希薄である、などと考える必要はないと思います。古代の法相宗僧の実践修行について瞥見《べっけん》するならば、本朝の法相初伝とされる道昭《どうしょう》は元興寺《がんごうじ》に禅院を建立し、禅定《ぜんじょう》（唯識観《ゆいしきかん》）を習修《しゅじゅう》していますし、行基《ぎょうき》は山林修行を行ったようです[1]。また神叡《しんえい》も山林寺院の比蘇寺《ひそじ》で行・学に精励し、「自然智《じねんち》」を獲得したものと思われます[2]。そして宮都を離れ地方で活動した玄賓《げんぴん》や徳一《とくいつ》における山林修行の可能性も充分に検討するに値するものですし[3]、真興《しんごう》は唯識観として密教の観想法を受容していることが知られています[4]。中世の貞慶もまた『勧誘同法記《かんゆうどうほうき》』『閑寂隙《かんじゃくげき》』『修行要抄《しゅぎょうようしょう》』『唯心念仏《ゆいしんねんぶつ》』など、自身で考案・工夫した唯識観法の実践書を残しています。そして弥勒信仰を論理化した教義テクストである『心要鈔《しんようしょう》』でも、唯識観としての弥勒念仏（唯心念仏）を具体的に教示しています。ここから〈唯識行者《ゆいしきぎょうじゃ》〉としての貞慶という魅惑的な議論が立ち上がってきます[5]。

さらに筆者は、楠淳證・後藤康夫編『貞慶撰《じょうけいせん》『唯識論尋思鈔《ゆいしきろんじんししょう》』の研究――「別要」教理篇・上』

（法藏館、二〇二二年）において、「定障伏断《じょうしょうぶくだん》」という論義テーマの読解を担当したのですが、本論義テーマは禅定の深化を阻害する惑障である「定障」を、二乗（小乗の声聞《しょうもん》・縁覚《えんがく》）がいかなる観法によって制伏するのか、また断ずることは可能か、これを大乗菩薩と比較しつつ究明するものなのです。つまり極めて実践的な志向性を内包しているのであり、それは唯識思想が本来、瑜伽《ヨーガ》（禅定）の実践によって体得された宗教経験の論理体系化であったことを顧みれば、疑問の余地のないことであるとも言えましょう。

　法相宗は最も精緻な断惑証理《だんなくしょうり》論を構築した学派とも言われますが、同時にそれは最も体系化された修道階梯論を有しているということに他なりません。よって仏道実践への衝迫的な情動の所在を、法相宗僧のうちに積極的に探ってゆくアプローチは当然あるべきです。そもそも中世奈良の学侶にとっては、たとえ国家的法会《ほうえ》である南京三会《なんきょうさんね》等への出仕が目的であったとしても、そのための学問こそが実践・修行そのものであった、と捉え返すべきだと思うのです。論義法会の伝統を現在に伝える慈恩《じおん》会《ね》には竪義《りゅうぎ》加行《けぎょう》が伴いますし、こうした学問的な講経・論義の諸法会もまた、一座の導師の勧請《かんじょう》作法によって影向《ようごう》した神仏の照覧のもとに勤修《ごんしゅ》される宗教実践に他なりません。冥なる尊格たちの臨在性が、鋭敏に感受される身体的時空が、法会という仏教儀礼です。如上、〈宗教実践〉という視座を拡張するならば、本来「講経法会の式次第」の意とされる、講式《こうしき》という神仏讃嘆礼拝《さんだんらいはい》のための儀礼テクストを作成することは、貞慶の宗教実践にとって、欠くべからざる枢要な位置を占めると言っても大過ないと思うのです。(6)

二、『春日権現講式』私釈――浄土の知見と中世法相教学

講式を儀礼テクストという位相から捉えようとするならば、何といっても貞慶作『春日権現講式《かすがごんげんこうしき》』の三段本が最適でしょう。講式とは先述のように「講経法会の式次第」であり、『春日権現講式』という次第書《プログラム》に沿って、春日神讃嘆の詞章（式文《しきもん》）を読誦する礼拝儀礼が春日講《かすがこう》なのです。本講式は一段「垂迹《すいじゃく》の方便《ほうべん》を讃ず」・二段「五所の本地《ほんぢ》を明かす」・三段「廻向《えこう》の志願を述ぶ」から構成されますが、垂迹としての春日神を讃嘆する一段の末尾近くに、

もし機根漸く熟じて、見仏聞法の時に堪えば、早く本地の相海を顕し、立ちどころに微妙《みみよう》の浄土《じようど》を現じたまえ。

（『貞慶講式集』山喜房佛書林、二〇〇〇年、二〇七頁）

とあります。垂迹神を讃嘆する一段から、本地仏を讃嘆する二段への劇的な展開は鮮やかであり、春日本地仏を祈り出すこと、すなわち〈聖体顕現《ヒエロファニー》〉が一座の講式の内部に巧みに構造化されているわけです。この呪的とも見える一節の背景には、かつて拙著で周到に論じたように、院政期の『本朝神仙伝《ほんちようしんせんでん》』の「泰澄伝《たいちよう》」や「日蔵伝」のうちに明瞭に看取される、本地仏の神秘的感得伝承が確実に介在していると見て過《あやま》たないでしょう。神験に優れた僧が、神社の祭神の「本覚《ほんがく》」（本地）を問うて、夢に現《うつつ》にこれを感得する話柄であり、神祇の本地仏を探求する行者たちの活動が窺知されます。貞慶がそ

うした本地仏感得説話を収集していたことは、『観世音菩薩感応抄《かんぜおんぼさつかんのうしょう》』にも明らかで、春日四宮の本地仏が観音であることは周知のところです。(7) そして『春日権現講式』の内部からは、春日神の本質領域（本地仏とその浄土）を探求する貞慶の像《イメージ》が立ち上がり、それは中世南都の寺社圏域にて広く共有されていくのです。『春日権現験記絵《かすがごんげんげんきえ》』（以下、『春日験記』）の十六巻一～三段において、貞慶は三度にわたり春日神の憑依と託宣を経験し、その中で春日一宮の本地仏として釈迦如来を感得しています。『春日権現講式』は、こうした〈霊媒としての貞慶〉というシャーマニスティックな説話の形成に繋がったものと想定されますが、三度もの憑霊体験を有する僧の伝承は寡聞にして知らず、等閑に付せないものです。(8)

さらに拙著の議論をいささかなりとも深めるべく、貞慶による講式作成を法相教学に基づく信仰の論理化と捉える楠淳證氏の提言を承け、(9) ここでは教理の視座からもアプローチを試みたく思います。『春日権現講式』の読解は、どのように更新できるでしょうか。上記の「もし機根漸く熟して……微妙の浄土を現じたまえ」の表現の背景には、貞慶が中心となって編纂された『唯識論尋思鈔』などの中世法相論義テクストに所見する、菩薩の「浄土知見論」もまた想定可能と思われます。(10)

法相宗の伝統的教理では唯識観の修習による断惑証理の成熟《じょうじゅく》に応じて（「機根熟して」）、菩薩としての唯識行者は、仏が大慈悲によって示現した浄土と仏身（「本地の相海／微妙の浄土」）を漸進的に知見してゆくとされます。そして知見される浄土と仏身には、報土《ほうど》と化土《けど》／報仏《ほうぶつ》と化仏《けぶつ》という勝劣難易の区別があり、化身・化土を知見する期間が実に一阿僧祇劫《いちあそうぎこう》にも及び、無漏智《むろち》を得て後の報仏・報土の知見には二阿僧祇劫、計三阿僧祇劫（略して「三祇《さんぎ》」）もの無限とも思える程の時間を要するとされます。[11] 法相宗における本来的な意味での浄土信仰とは、死後に衆生の心識（自己同一性の保持体）が実体的な理想世界に転生するといった一般的通念とは明らかな懸隔を有しています。よってそれは「浄土知見論」と称すべき内実を備えたもので、惑障を伏断すること（意識作用の浄化）によって穢土《えど》が浄土に変成《シフト》するというイメージが適合的でしょうか。『春日権現講式』という本地／垂迹の論理構造を基調とする儀礼の中に、そうした実践的教理が摂取されることで、聖なるもの（本地仏と浄土）の示現を荘厳する効果が発揮されるのです。

このように分析する時、本地仏とその浄土の感得（知見）が、春日講の空間において儀礼的に現成していると見做すこともできるでしょう。[12] 儀礼の構造がそのことを物語っているように思うのですが、今は中世法相教学の側から、さらにこの問題を考えてみましょう。貞慶は成仏が無限の彼方へと後退してしまうかに見える伝統教理の難問《アポリア》を克服するため、種々の新たな理論の構築に挑みました。生涯にわたる彼の真摯な教学研鑽は、そのための営為であったと言っても過言ではなく、結果として法相教学に中世的革新をもたらしました。そうした理論の中に「如幻《にょげん》の法」、「三祇《さんぎ》即《そく》一念《いちねん》」、「一心清浄《いっしんしょうじょう》」、「一心の法」などがあります。詳述は避けますが、これらはいずれも長遠なる未来に措定される成仏や、穢土である娑婆《しゃば》世界（現世）とは無窮の径庭を有する理想の仏国土といった、凡夫にとっては絶望的に隔絶された超越的観念を形而下的現実へと一挙に引き寄せ、融即せしめることを可能とする理論に他ならないのです。事実、貞慶の手になる短編の論義書（短尺《たんじゃく》）である『安養報化《あんにょうほうけ》』では、

如幻の法の習い、此《ここ》に在り彼《か》に在りの差別《しゃべつ》なし。何処《いずこ》を安養と定むべきや。何処ぞか娑婆と名づ

くるべきや。只《た》だ座を動ぜずして浄穢一処に之《こ》れ有り……実には弥陀《みだ》と薬師《やくし》の土は一処に在る也。[13]

と端的に説示されています。聖俗の空間が相互に交徹する「如幻の法」は、高次元の認識論・存在論と言えます。

三段本『春日権現講式』は伝本が各所に流布しており、広く享受された儀礼であったことが窺えます。ともあれ本来は稀代の学匠たる貞慶の撰述になるものですから、その達意の表現の内に法相教理の反映を見届けることも必要です。貞慶自身も導師として一座の春日講を勤修することは、当然あり得たはずです。そこに教理の学究を通じて法相の仏道を行じる興福寺の学侶《がくりょ》たちが集会《しゅうえ》していたと想定してみましょう。研学により得られた信心と智慧で結ばれる学侶の講衆《こうしゅ》（講の成員）にとって、まさに春日講の空間は「如幻の法」への信解《しんげ》・覚知を深めつつ、儀礼の論理の内部において、仏が示現し給うた「微妙の浄土」を感得（知見）してゆく場となるはずです。あるいは仏身と浄土を感得（知見）するためのシミュレーション（習礼《しゅらい》）の場とも考えられます。

さらに『春日権現講式』の祖型をなす貞慶の唱導《しょうどう》テクストに、『春日御本地釈《かすがごほんぢしゃく》』があります。[14] 中世春日信仰のモニュメントたる『春日験記』は、その信仰世界を総括する跋文に『春日御本地釈』の文を取り込み、こう記しています。

「随心浄《ずいしんじょう》 処即浄土《しょそくじょうど》」なれば我神すでに諸仏也。社壇《しゃだん》あに浄土にあらずや。しかれば浄瑠璃《じょうるり》・霊鷲山《りょうじゅせん》やがて瑞垣《みずがき》の中にあり。補陀落《ふだらく》・清涼山《しょうりょうさん》なんぞ雲海の外にもとめん……[15]

本地垂迹説に基づき社殿と神域を仏の浄土と観念する、いわゆる「社壇浄土」の言説で、中世に流布した思想ですが、ここでは冒頭の「随心浄処即浄土」という一句（慈恩基《じおんき》の『大乗法苑義林章《だいじょうほうおんぎりんじょう》』に所見）が何よりの鍵語です。心の穢れ（惑障）を伏断し浄化することで、穢土に存する眼前の社壇が諸仏の浄土として覚知されてくるのですから、法相教学の「浄土知見論」が踏まえられていることは明白です。そして浄土を今この時、目の当たりに知見するという境地を『春日験記』が説くのは、三祇が一念に摂在し、穢土—浄土が一体同処となる「如幻の法」のあり方を、唯識行者に信解せしめんとするゆえです。[16] 法相宗の春日信仰は、このように本地垂迹説を法相教学における実践論によって敷衍して見せた点に思想的達成があり、その主唱者こそが貞慶であったと判じて大過ないでしょう。「もし機根漸く熟して……微妙の浄土を現じたまえ」と、本地仏探求の式文が刻印された三段本『春日権現講式』には、やはり穢土における浄土知見を成就する理論である、「如幻の法」の信解を期する仕組みが内在していたと言えます。

幾分過剰な読みに流れたかも知れませんが、『春日験記』も参照しつつ、三段本『春日権現講式』を考察する時、教理の具体的形式化が儀礼である、という側面が闡明《せんめい》されたのではないでしょうか。三段本『春日権現講式』の僅かな一節からも、貞慶の講式作成には十全なる教理的基盤が存しており、その措辞法と作劇法が実に動態的かつ巧妙なものであったことが理解せられるでしょう。儀礼と法相教義が鋭く交差する地点を見届けて、次へと進みましょう。

三、貞慶の観音浄土憧憬――神呪と密教

①『観世音菩薩感応抄』と『不空羂索蓮光房願書』

ご存知の通り一口に浄土教と言っても、複数の類型を立てることが可能です。たとえば法然などは「指方立相《しほうりつそう》の浄土」といって、西方に具体的な仏国土を想定する他力救済論的浄土教を説きます。しかし上述した『安養報化』の「浄土知見論」からも知られるように、貞慶の場合、娑婆が浄土として再把捉されるというダイナミックな認識の転換に眼目があり、まことに自力成仏論としての聖道門《しょうどうもん》的性格が濃厚な浄土信仰なのです。ただし貞慶の信仰実態において、指方立相的浄土往生論と法相的浄土知見論は背反することなく融通しています。一段・二段に比して短文ですが、『春日権現講式』の三段で臨終正念《りんじゅうしょうねん》と往生浄土の欣求されていることが、それを如実に示しています。観念論に回収されない確固たる浄土のリアリティへの希求は、貞慶における臨終正念への渇仰を導かずにはおかないのです。そうした臨終正念と来迎《らいごう》への自己投企は、建仁《けんにん》元年（一二〇一）成立かと推定される『観世音菩薩感応抄』（以下、『感応抄』）へと結晶化するのです。

『感応抄』は高度な法相教学に基づき、貞慶個人の観音信仰の論理が開示された非常に重要な新資料で、一種の〈観音講式〉の形態を採る教義書とも言えます。さて不空羂索観音信仰という要素は、広く貞慶作の信仰テクストを俯瞰してみても『感応抄』と『不空羂索蓮光房願書《ふくうけんじゃくれんこうぼうがんしょ》』（以下、『願書』）にのみ鮮明に表出するようです。そこに不空羂索の神呪（陀羅尼《だらに》）への密教的信仰が濃密に現れる意味

に、少し拘ってみましょう。以下に詳述するように、『感応抄』と『願書』は非常に思想的共通性の強いテクストです。『感応抄』については、既に委曲を尽くした思想読解の所産たる『貞慶撰『観世音菩薩感応抄』の研究』がありますので、ここでは『願書』を中心に少々考察を及ぼしてみたいと思います。願文《がんもん》・表白《ひょうびゃく》・勧進状《かんじんじょう》・講式など多彩な貞慶述作テクストを類聚《るいじゅう》した『上人御草等《しょうにんごそうとう》』(17)所収の『願書』は、その他の願文や勧進状類とは異なり、経典からの豊富な引証を通じて観音信仰の教理的裏付けを明示する点に特性が認められます。願文・表白などは受注生産ゆえ、貞慶自身の思想・信仰と同一視できないとする見解には正当性がありますが、こと『願書』について言えば『感応抄』と、内容的に高い相関性が認められますので、むしろ貞慶の観音信仰が、他の南都僧に波及した明確な事例と位置づけ直す必要がありそうです。

同作は、多数の貞慶作勧進状類を収録する『〔貞慶鈔物《しょうもつ》〕』(仮題)にも確認でき、そこでは『阿弥陀念仏勧進』と題されていますが(18)、いわゆる勧進状と言うよりも一遍の法語と見るべきものです。そして『願書』の依頼者である蓮光房ですが、最初期の法然伝である『源空上人私日記《げんくうしょうにんしにっき》』(以下、『私日記』)によると文治《ぶんじ》二年(一一八六)の、世に言う「大原談義《おおはらだんぎ》」に参会したメンバーの一人としてその名が記されていることが注目され、「菩提山長尾《ぼだいさんながお》蓮光坊東大寺人」とあります。菩提山正暦寺《しょうりゃくじ》は興福寺《こうふくじ》配下の法相・真言兼学寺院ですが、寺域に付属する長尾谷は遁世《とんせ》の浄土願生《がんしょう》者(念仏行者)の集住する地であったことが明らかにされています(19)。こうした別所には、宗派を超えて南都諸寺からの遁世上人が集住していたのです。『私日記』による限り蓮光房は東大寺出身僧であったようですが、看過し得ないのは『願書』の冒頭近くに、時は五濁《ごじょく》の末世《まっせ》であっても「大乗中道《ちゅうどう》の法に遇《あ》う」ことは、凡《ぼん》夫《ぶ》の身にとっては喜悦すべきこととする一文のあることです。大乗中道の法とは、中世における法相宗の自尊的呼称としての中道の宗、すなわち「中宗《ちゅうしゅう》」を示唆するものと思われます[20]。貞慶も「法相中宗」などの表現を用いており、大乗諸宗における法相宗の正統性を顕揚し、またその伝灯相承を讃嘆する『中宗報恩講式』を作成していますので、ここでは「法相宗の教えに値遇する」の意味となるでしょう。この他にも「慈恩大師の章疏《しょうそ》に非ざれば、我ら争《いか》でか五天の真宗《しんしゅう》を学ばん」とあって、天竺仏法の真伝として法相教学が重視されています。

そして『願書』には、

なかんずく、行《ぎょう》に難易有り。尤《もっと》も易《やす》きは口唱《くしょう》念仏なり。道に遅速有り。太《はなは》だ速きは弥陀の来迎なり。三国の先蹤、世を挙げて知る所か。況《いわん》や臨終の一念、百年の行に過ぐ。若《も》し善智識《ぜんちしき》に遇わば、造悪の凡夫、十念成就して横ざまに愛流《あいる》を截《たち》りて永《なが》く苦域を離れん。悦ぶべし。勇むべし。恃《たの》まざるべからず。

とあり、いかにも中世に盛行した他力易行《いぎょう》の念仏法門を思わせますが、問題はその後に続く説示です。

但し上代今世の人、念仏運心《うんじん》の輩、最後に至りて多くは素意に乖《そむ》けり。「易往無人《いおうむにん》」とは蓋《けだ》し此の謂《い》いか……設《たと》い極悪の苦器を脱するとも、邪魔の伴党《ばんとう》離れ難し。

さらに命終《みょうじゅう》時の苦痛と魔界に悩まされて本心を迷失するため、凡夫の善智識では臨終者に正念《しょうねん》を保たしめるに無力であると、過酷な言辞が続きます。「往き易くして人無し」は、『無量寿経《むりょうじゅきょう》』に見える衝撃的な表現で、浄土往生の困難性を端的に明示する一句として引証されています。「恃まざるべからず」とまで評価された易行の口称念仏は、実は凡夫往生における極度の困難性を弁証する反転的修辞《レトリック》なのです(21)。

ただし極楽往生は単純な意味で断念されたわけではありません。確かに凡夫はダイレクトに極楽へ往生することは困難、というかほとんど不可能だと貞慶は考えています。極楽浄土とは法相教学の原理論からすると、諸浄土中最勝の浄土の一つであり、あまりに超絶的な境界《きょうがい》と解されています。そのことは『感応抄』の「小僧、涯分を量《はか》らず、久しく願望を係《か》く(22)」という、自己の信仰履歴への批判的言及の内に鮮やかに象徴されるごとくです。では、極楽往生の可能性はいかに担保され得るのでしょうか。『感応抄』によれば、そこで大きく浮上してくるのが阿弥陀仏の補処《ふしょ》たる観音菩薩への信仰なのです。貞慶は玄奘《げんじょう》訳『不空羂索神呪心経《ふくうけんじゃくじんじゅしんぎょう》』に「臨終勝利《りんじゅうしょうり》の八法」と称される利益と、不空羂索観音神呪による滅罪が説かれることを焦点化してゆきます。貞慶の観音信仰においては唯識観以上に、陀羅尼読誦《どくじゅ》の行業《ぎょうごう》こそが実践論上の中心的価値であったと言え、彼は神呪滅罪の功徳《くどく》がもたらす臨終正念によって、娑婆世界内の南方海上に存する観音菩薩の補陀落《ふだらく》浄土にまず往生し、彼処《かしこ》にて行業に精励することで菩薩としての階梯の上昇を期したのです。そして、しかる後に観音の本師たる阿弥陀仏の極楽浄土へ往生するという、〈補陀落―極楽二段階往生論〉を貞慶は構築したのです。観音浄土を媒介とした多分にシステマティックな西方願生思想と言えるでしょう。『願書』でも、「設《たと》い又た浄業《じょうごう》未だ熟せずして暫く此の界を廻るべくんば、願わくば先《ま》ず補陀落に生まれん」とあり、そこから『華厳経《けごんきょう》』に依拠して補陀落山の勝境と功徳《くどく》が委説され、観音神呪と「臨終勝利の八法」が宣揚される点も『感応抄』と一致します。さらに八法の内、第一法・二法・四法・七法について具体的に言及する点も、両テクストは見事に照応しています。『願書』は『感応抄』の祖型テクスト、あるいは派生テクストと見做されます[23]。おそらく後者でしょうが、ともかく『願書』の成立期は建仁元年頃に設定するのが穏当でしょう。

さて『願書』末尾近くには、

弥陀浄国《みだじょうこく》に生ぜんと欲す。若《も》し臨終の要期《ようご》に遭いて、尚《な》お冥途の奇瑞《きずい》を待ち、若し閻浮《えんぶ》の旧域を廻らば、更に南海の値遇《ちぐう》を望まん。

とあります。ここでは、あくまでも極楽往生が欣求《ごんぐ》されており、それが不可能であった際の代替可能性《オルタナティブ》としての補陀落往生なのですが、先述のようにそもそも西方浄土は「往き易くして人無し」です。『願書』の叙法には、理屈の捻じれが認められるでしょうが、『感応抄』は極楽への直接的往生を断念しています。「世間男女等のため」に作成されたという建仁元年（一二〇一）の三段本『観音講式』に、「設い行業未だ熟せずして（極楽）往生に滞ること有らば、先ず補陀落山に住すべし」[24]とある一節は、まさに上記した『願書』の一節に重なります。こうした[25]『感応抄』と『願書』の差異は、『感応抄』が貞慶の内なる信仰の論理を叙述した「秘文《ひもん》」である一方、在俗信者たちの内意を汲んでいると考えられる『観音講式』と同様に、『願書』は蓮光房の志向性にも配慮した作品であったことに起因するのでしょう。直線的な西方極楽往生の困難（≒不可能性）を不可避の与件とするがゆえに補陀落に射程を定めた貞慶と、西方願生に比重を懸ける蓮光房との間には幾分か信仰意識の牴牾《ていご》が介在しており、それは貞慶による『願書』の言説構成の上にも表出しているのです(26)。ともあれ『願書』における、法相学匠としての貞慶の教理的・信仰的立場の反映は最早明らかです。そしてそこにはあまり適格とは言えませんが、なお『阿弥陀念仏勧進』と別称するだけの余地が備わっていたのです。東大寺からの遁世僧であった蓮光房は、貞慶の同朋としてその信仰形態と背景論理とを共有していたようですが、その後、法然教団に接近した形跡があり、その門に帰したとする見解も古くに提起されています(27)。貞慶的な浄土信仰から徐々に旋回していった可能性が窺えそうです(28)。

②範型としての持明仙

『感応抄』を含む諸観音講式（三段本・五段本・七段本）で、貞慶は観音陀羅尼を最も重視しています。そして先述した三段本『観音講式』の三段「来世の引接を祈る」では、実叉難陀《じっしゃなんだ》訳『観世音菩薩《かんぜおんぼさつ》秘密蔵如意輪陀羅尼神呪経《ひみつぞうにょいりんだらにじんじゅきょう》』を引きつつ、次のような式文を綴るのです。

> 日々に呪を誦すること一百八遍すれば、即ち観自在菩薩を見たてまつる。告げて云《いわ》く「何なる願をか求めんと欲《おも》う。一切汝に施さん。阿弥陀仏、自らその身を現ず。亦《ま》た極楽世界の種々の荘厳《しょうごん》を見、亦た十方一切の諸仏を見ん。又た観自在補陀落山を見ん」と云《い》へり(29)。

陀羅尼読誦の実践によって希求されるところは見仏体験なのです。ここからは「世間男女」よりも、むしろ貞慶自身の実践的性向が窺知されます。かかる神呪信仰の背景には、いかなる教説が存したのでしょうか。

その問題を考察するために、まず『春日権現講式』に先行すると想定されている『別願講式《べつがんこうしき》』の二段「総別の因縁」を瞥見したいと思います。

願わくば唯《た》だ持明の仙人と為り、若しはまた護法《ごほう》の神と為らん。衆身《しゅしん》に苦患《くげん》無く、汚穢《おえ》無く、心に慈悲・質直《しちじき》を備えん。忝《かたじけな》くも尊神に近づくこと愛子《あいし》の父に随うが如《ごと》し。(30)

ここでは弥勒菩薩の兜率《とそつ》浄土への往生を祈るも行業未熟であれば、命終後の次生《じしょう》において、貞慶は「持明の仙人」「護法の神」といった神的境位へと上昇し、尊神（春日神）の眷属として扈従することを強く志求しています。これは『別願講式』に特徴的な言説でまことに注目されるものですが、その根拠（経証）は密教経典・儀軌《ぎき》に求められます。「持明の仙人」とは「持明仙《じみょうせん》」（vidyādhar）のことで、胎蔵界曼荼羅外金剛部院《たいぞうかいまんだらげこんごうぶいん》に描かれる尊格です。山野智恵氏によれば、「持明仙の信仰が大乗経典に受容された様子は見受けられない……一方、漢訳の密教経典では、持明仙は、「持明」「持明者」「持明仙」「持明天」「持呪者」「持呪仙」などと称され、その用例はすこぶる多い。これらの用語は、神仙の一種としての持明仙を指すほか、呪師、あるいは密教行者を意味する場合もある」とのことです。(31)一般の大乗経典に所見しない、極めて密教的な存在であることが分かります。菩提流支《ぼだいるし》の訳出した古密教経典である『不空羂索神変真言経《ふくうけんじゃくじんぺんしんごんきょう》』によれば、行者は神仙境のごとき世界に通ずる阿《あ》修羅《しゅら》窟《くつ》の前で不断に真言を唱えて阿修羅窟を開き、さらに洞窟内で種々の作法を修することで天空の飛翔能力を得て持明仙となり、悪趣を厭離《おんり》し、仏・菩薩に見《まみ》え、無量の衆生を菩提道に向かわせることができる、などと説かれています。貞慶も『願書』『感応抄』『値遇観音講式《ちぐうかんのんこうしき》』（七段本観音講式）において同経を依用しています。貞慶の実践における観音神呪の重視は、明らかに密教的な持明仙のあり方が投影しているでしょう。

以下、観音関係以外の経典も含めて、さらに持明仙についての記述を摘記してみたいと思います。不空三蔵《ふくうさんぞう》訳の『十一面観自在菩薩心密言念誦儀軌経《じゅういちめんかんじざいぼさつしんみつごんねんじゅぎききょう》』には、

一時《あるとき》、薄伽梵《ばがぼん》、補陀落山大聖観自在宮殿中《ふだらくせんだいしょうかんじざいくうでんちゅう》に住す。……大苾蒭衆《だいびっしゅしゅう》八千人と倶《とも》なりき。復《ま》た九十九倶胝那庾多《くていなゆた》百千の菩薩有りて倶なりき。無量百千の浄居天衆《じょうごてんしゅう》、自在、大自在、梵王《ぼんのう》は天子の上《じょう》首《しゅ》たり。……時に観自在菩薩、無量の持明仙に囲遶《いにょう》せられて、世尊《せそん》の所に往詣す。仏所に至りて、頭面礼足《ずめんらいそく》して世尊を右遶《うにょう》すること三匝《さんそう》……[32]

とあります。補陀落浄土には、浄居天や自在天や梵天などの護法の神々が集会して釈尊の金口《こんく》の説法を聴聞しており、また観音の侍者・眷属として無数の持明仙が住しているのです。また菩提流支訳の『如意輪陀羅尼経』には、

世尊、此《こ》の如意輪陀羅尼明《にょいりんだらにみょう》は、無量功徳にて海を踰《こ》えて極り無し。若し比丘《びく》・比丘尼《びくに》・優婆塞《うばそく》・優婆夷《うばい》・童男《どうなん》・童女《どうにょ》、能く斯《こ》の法に依りて疑惑を生ぜず、書写・読誦して常に受持せば、心に一切の事業を憶持すること有りて、皆な尽《ことごと》く意の如くに大威徳を得ん。時に諸の四部の信男《しんなん》・信女《しんにょ》、皆な悉く愛敬《あいぎょう》し、持明仙王と諸仙衆と冥密《めいみつ》に守護す。[33]

とあって、如意輪陀羅尼を常に誦持する一切の信仰者を観音の侍者たる持明仙は守護するとされます。

輪波迦羅《ゆばから》（善無畏《ぜんむい》）訳『蘇悉地羯囉経《そしつぢからきょう》』も見逃せません。

我、今復《ま》た三部の悉地成就《しつぢじょうじゅ》を説く。空に乗じて自在に進む。此れ最上と為す。形を蔵《かく》し跡を隠す。中成就と為す。世間の諸事、下悉地と為す。……三部の上成就法は持明仙を得。空に乗じて遊往し、五通を成就す。又た多種有りて、或いは諸漏断尽《しょろだんじん》を得。或いは辟支仏地《びゃくしぶつぢ》を得。或いは菩薩位《ぼさつい》地《ぢ》を証す。或いは一切事を知解す。或いは弁才多聞なり。[34]

経の所説に従って悉地を成就した持明仙は、飛行《ひぎょう》自在や隠形《おんぎょう》等の神通《じんづう》を有し、さらに煩悩を断滅（諸漏断尽）し、ついには阿羅漢・菩薩の位をも獲得可能であると説かれています。特に持明仙の飛行能力は、『別願講式』と一具の関係にあると目される『春日大明神発願文《かすがだいみょうじんほつがんもん》』の「常に（春日神の）前後に随わん。或時は我を将《い》て兜率の雲路に昇らしめ、或時は我を将て霊山《りょうぜん》の聖跡に遊ばしむ」[35]（カッコ内は筆者補）という、娑婆世界内浄土（兜率天・天竺霊鷲山）への一種の〈飛翔感覚〉の叙述を想起せしめ、『別願講式』同様に春日神への常時扈従を願求して切なるものがあります。同願文には冒頭に「唯だ願わくば永く観音の侍者と為りて……我亦た当来、観自在沙門《かんじざいしゃもん》と名のらん」ともありますが、『蘇悉地羯囉経』の説は補陀落浄土で観音を囲繞する持明仙が、貞慶の実践的範型として登場してくる理由を示唆するものでしょう。もし兜率往生が不可能ならば、まず春日本地仏の一尊たる観音の侍者として飛行自在の持明仙となり、その通力によって観音の垂迹である春日神に随逐《ずいちく》することで兜率・霊山の両浄土へも往詣し、見仏聞法を果たして浄業を熏習《くんじゅう》すること。貞慶は自己の仏道実践の理想を、そこに見定めたと言えます。同じく輸波迦羅訳の『蘇婆呼童子請問経《そばこどうじしょうもんぎょう》』には、

> 煖《なん》の悉地は、是《こ》れ一人有り。下中の生処《しょうしょ》を欲せず、直に三界《さんがい》を出づるに擬す。永く諸苦を離るることを得んと欲して、持明仙王と作《な》る。四大の軀《からだ》を変じて、清浄微細《しょうじょうみさい》の身を求む。龍天八部《りゅうてんはちぶ》、能《よ》く見ざる所なり。何《いか》に況んや人をや[36]。

ともあります。諸苦を離れ、物質性を超越した清浄で微細な持明仙の身体は、天龍八部などの護法神さえ知覚し得ないとされます。そして詳述は避けますが、ここでは持明仙は、菩薩の修道階梯の第二段階である「加行位《けぎょうい》」の初位に当たる「煖の悉地」を成就し、かつ下品《げぼん》・中品《ちゅうぼん》の果を望まずに、一挙に加行位の満位たる上品《じょうぼん》の「世第一法《せだいいっぽう》」に直入《じきにゅう》して、三界（欲界《よっかい》・色界《しきかい》・無色界《むしきかい》）を出離《しゅつり》し、第三段階の通達位《つうだつい》（見道《けんどう》・聖道《しょうどう》）に至らんとする境地にあるものと定義されます。このように諸苦を離れ、清浄であるという持明仙は、『別願講式』の「衆身に苦患無く、汚穢無く」という一節にも通じるも

のと思えます。

さらに金剛智《こんごうち》訳の『仏説七倶胝仏母准提大明陀羅尼経《ぶっせつしちくていぶつもじゅんていだいみょうだらにきょう》』には、

> 復た一法《いっぽう》有り。菩提樹《ぼだいじゅ》の像を右繞《うにょう》す。行道《ぎょうどう》・念誦して一百万遍を満たす。即ち仏・菩薩・羅漢、其《そ》の説法するを見ん。意《こころ》に菩薩に随わんと欲さば、即ち従うを得ん。求むる所、願の如し。乃至《ないし》、現身に大呪仙《だいじゅせん》と成り、即ち十方浄土に往詣するを得て、諸仏に歴事して妙法を聞くを得ん。[37]

とあります。七倶胝仏母（准胝観音）の神呪の百万遍読誦を実践することで、現身に「大呪仙」（持明仙）へとステージアップし、十方浄土《じっぽうじょうど》に往詣して、諸仏に歴事（歴仕）して直に説法を聴聞できると言うのです。なお「諸仏歴事」の語は、『唯識論尋思鈔』に収載される「多仏繋属《たぶつけぞく》」という貞慶が重んじた論義にも所見します。「多仏繋属」とは「一尊帰依《いっそんきえ》」の対蹠概念であり、三祇にわたって諸仏の下で菩薩行を長時不断に継続するものです。[38]こうした持明仙をめぐる観念は、彼の仏道実践の根本姿勢に一致しているのです。また不空三蔵訳の『観自在菩薩心真言一印念誦法《かんじざいぼさつしんしんごんいちいんねんじゅほう》』にも同様に、

> 修行者、是の如く此の秘密法要《ひみつほうよう》に依り、精誠に念誦して作意・修持せば、一切の所為、速やかに成就するを得て、世出世間《せしゅっせけん》の諸願円満す。業障《ごっしょう》消除して三昧《さんまい》現前す。此の身を転ぜずして空に騰《あ》がること自在随意なり、即ち十方浄土に往きて諸仏に歴事し、速やかに無上菩提を成ぜん。[39]

とあります。持明仙とは明記されていませんが、観音の真言を念誦することで、現身のままで自在に天空を飛翔し、十方浄土に往詣し、諸仏に歴事して菩提を得るとします。

以上を総括しましょう。観音の侍者＝持明仙として陀羅尼の受持者を守護し、衆生を菩提道へと導くことは菩薩道実践の一形態です。また持明仙は、娑婆世界内浄土のみならず（西方を含む）十方浄土へも飛行自在であるため、仏・菩薩に謁しての面受聞法が可能であり、諸仏に歴事して（多仏に繋属して）菩提を得ることができます。これらの特質を具備した持明仙は、唯識行者として仏道を歩む貞慶の実践論・修道観において、極めて理想的な存在と言えます。一般に貞慶は密教僧とは見做されていませんし、[40]『感応抄』も過度に密教に傾斜することなく、その教学的位相は法相宗の綱格を逸脱していません。ですが『別願講式』・『春日大明神発願文』から仄《ほの》見える〈持明仙―観音〉という密教的要素は、後の『感応抄』や諸観音講式に顕著な、観音神呪による滅罪と往生信仰の基底部に伏流していることは確実でしょう。

註

（1）唯識観の実践については、楠淳證「日本における唯識観の展開」（『仏教学研究』四五・四六合併号、一九九〇年）、同「法相と唯識観」（『日本仏教学会年報』五七号、一九九二年）、北畠典生『『観念発心肝要集』の研究』（永田文昌堂、一九九四年）に詳しいです。

（2）拙稿「古代・中世唯識教学相承史（一）」（楠淳證・後藤康夫編『貞慶撰『唯識論尋思鈔』の研究――「別要」教理篇・上』法藏館、二〇二二年）。

（3）小林崇仁『日本古代の仏教者と山林修行』（勉誠出版、二〇二一年）。

（4）間中定潤「小嶋真興の唯識観」（『北畠典生教授還暦記念　日本の仏教と文化』永田文昌堂、一九九〇年）。
（5）楠淳證『貞慶撰『唯識論尋思鈔』の研究――仏道篇』（法藏館、二〇一九年）を参照。
（6）拙著『神仏と儀礼の中世』（法藏館、二〇一一年）は、そうした問題意識で貫徹した貞慶論を提起しています。
（7）楠淳證・新倉和文『貞慶撰『観世音菩薩感應抄』の研究』（法藏館、二〇二一年）一九五頁。
（8）以上の議論の詳細は前掲註（6）拙著を参照。
（9）前掲註（5）楠書八五頁以下参照。
（10）以下の議論は研究セミナー当日の高橋悠介氏のご報告から教示を受けたものです。
（11）前掲註（5）楠書二五九頁以下参照。
（12）儀礼空間における発語行為には、語られたことが現実化しているとする観念を生起させる点に、日常的発語行為との顕著な異質性が認められます。例えば儀礼の場において司祭者が祭式的に神話を読誦する時、当該儀礼の時空が太初の神話的時空と同期《シンクロ》している、という共同幻想が醸成されるのです。
（13）前掲註（7）書四二二～四二三頁。
（14）高橋秀栄「笠置上人貞慶に関する新出資料四種」（『金沢文庫研究』二八六号、一九九一年）。唱導テクストである『春日御本地釈』を、儀礼テクストに錬成したものこそ『春日権現講式』なのです。
（15）神戸説話研究会編『春日権現験記絵注解』（和泉書院、二〇〇五年）二三四頁。
（16）『春日御本地釈』に「娑婆たちまちに瑠璃の地となり、報身・化身一体にして、無□《（漏カ）》の浄土・穢土同処にして……」とありますが、これも「如幻の法」の信解によってもたらされる高次の認識に他なりません。
（17）杉﨑貴英「高山寺方便智院伝来『上人御草等』（抄）」（『博物館学年報』三三号、二〇〇一年）。
（18）「東寺観智院蔵『〔貞慶鈔物〕』一帖・影印」（『実践女子大学文学部紀要』四八集、二〇〇五年）。
（19）杉﨑貴英「菩提山蓮光房とその周辺」（『日本宗教文化史研究』二八号、二〇一〇年）。
（20）ここで言う「中道」とは、理・性（本質）と事・相（現象）の融会の側面に偏した天台宗などに比して、法相宗では事理／性相の隔歴の側面と共に融即面も二つながら説くことを指します。よって法相宗は、事理／性相の不一不異（一ならず、異ならず）の義を立てる円満なる教えであるとして、中道の宗と自称するのです。

(21) この一句は貞慶最初期の作例である『発心講式』(建久三年〈一一九二〉成立) にも所見しますが、「往き易くして人無し」としつつも、「よく改悔すれば、なおまた往生す」と続き、いまだポジティブに説かれています。山田昭全他編『貞慶講式集』(山喜房佛書林、二〇〇〇年) 五三頁。なお『願書』に早くに注目した冨村孝文氏の論文「解脱上人貞慶の阿弥陀仏信仰について」(『琉大史学』一五号、一九八七年) は、「易往無人」説や後述する「臨終の八法」にも言及しており、見逃せない成果です。

(22) 前掲註(7)書三〇四頁。

(23) 『願書』には、「如幻の法」は説かれていませんが、『感応抄』では、観音の浄土世界を「大聖の神通如幻の境界」(前掲註(7)書二八〇頁) と捉えています。ここでは超絶的なる極楽浄土と濁世たる娑婆の相即理論としてではなく、観音が娑婆世界内に極楽の初門としての補陀落浄土を変現し得る原理として応用されているのですが、ともあれ貞慶の浄土思想において「如幻の法」は鍵概念として貫徹しているのです。

(24) 前掲註(21)書一六八頁。

(25) 前掲註(7)書六頁。

(26) 『願書』の信仰的位相は、『感応抄』と三段本『観音講式』の中間地点に定められそうです。

(27) 光地英学「菩提山と蓮光法師」(『大原先生古稀記念　浄土教思想研究』永田文昌堂、一九六七年)。

(28) 貞慶の弟子に、基の『心経幽賛』の注釈書を著すほど法相教学に精通した「是阿弥陀仏」という極楽願生の聖がいたことなども注意しておいて良い問題です(大谷由香「南都律宗における宋代新潮仏教流入と復古」〈『説話文学研究』五五号、二〇二〇年〉)。なお彼は蓮光房と同じく菩提山に住していました。このように弥勒浄土や観音浄土といった穢土中の浄土を介して、西方極楽を志求する信仰に矛盾はありません。事実、貞慶は最晩年の著作『観心為清浄円明事』でも、「予深く西方を信ず」と吐露しているのです。ある意味で貞慶も、終生、極楽願生者としての性格を維持し続けたのでしょう。なお『観音講式』を通じて、貞慶における極楽往生への実存的不安の問題や、釈迦・弥勒・観音といった諸仏信仰の構造化を闡明した先駆的研究として、西山厚「講式から見た貞慶の信仰――『観音講式』を中心に」(『中世寺院史の研究』下、法藏館、一九八八年) があります。

(29) 大正二〇・一九八・上。

(30) 平岡定海『日本弥勒浄土信仰展開史の研究』(大蔵出版、一九七七年)三七二頁。
(31) 山野智恵「持明仙と阿修羅窟」(『智山学報』五一号、二〇〇二年)。
(32) 大正二〇・一三九・下~一四〇・上。
(33) 大正二〇・一九六・上。
(34) 大正一八・六一八・中。
(35) 『日本大蔵経』九巻三二頁。
(36) 大正一八・七二七・下。
(37) 大正二〇・一七四・下。
(38) 前掲註(7)書三〇六頁以下参照。ちなみに『法華験記』下巻一二八話では、『法華経』によって救われんとした道祖神が「補陀落世界に往生し、観音の眷属となりて、菩薩の位に昇らん。」と述べています。さらに台密谷流の開祖たる皇慶が、持明仙は十方浄土に往詣し、最終的には大日如来の密厳浄土へ往生すると語ったことを、弟子の長宴が『四十帖決』(大正七五・五九〇・中)に記録しています。これら平安中期における叡山天台の事例も、貞慶の先蹤をなすものと言えるでしょう。
(39) 大正二〇・三三・上。
(40) 苫米地誠一氏は、興福寺・貞慶と真言密教の関係性を強調しています。「平安期興福寺における真言宗について」(川崎大師教学研究所研究紀要『仏教文化論集』九号、二〇〇三年)、「解脱房貞慶の『観音講式』について」(『智山学報』四七号、一九九八年)。

(舩田淳一)

コラム　貞慶の講式に見られる諸信仰の意義

はじめに

解脱房貞慶《げだつぼうじょうけい》（一一五五〜一二一三）は、法然浄土教《ほうねんじょうどきょう》を批判した『興福寺奏状《こうぶくじそうじょう》』を起草したことで「悪僧」であるかのような誤解を受けていますが、実は真摯な求道者（行者）であり、仏徳讃嘆と仏道成就のために多くの書物を著した人物です。その根底には「世の無常」を厭《いと》い、「上は菩提《ぼだい》を求め下は有情《うじょう》を化益《けやく》せん」との思いが強くあり、そのために浄土に生まれて「見仏聞法《けんぶつもんぼう》」し、「仏に成る道」を成就しようと願った求道者（行者）でした。

本コラムでは、『発心講式《ほっしんこうしき》』『弥勒《みろく》講式』『欣求霊山《ごんぐりょうぜん》講式』『文殊《もんじゅ》講式』『春日権現《かすがごんげん》講式』『舎《しゃ》利《り》講式』『地蔵《ぢぞう》講式』『法華《ほっけ》講式』等の種々の「講式」が撰述されるに至った貞慶の思想的背景を検討し、貞慶の諸信仰の本質について簡潔に述べてみたいと思います。

貞慶の無常観と仏道成就への希求

人の世は儚く、たくさんの悲しみに満ち満ちていますが、しかし私たちは身近な人の死に出会っても、なかなかそれを我がことと受け止めることはできません。それほどに愚かです。

ところが、過去の人たちの事跡を見ると、仏の教え聞いた人の多くに「諸行無常」のあり方を真摯に受け止め、「もののあわれ」を感じて出家したり、あるいは遁世《とんせい》した人たちがたくさんいたことがわかります。実は、貞慶もまたその一人であり、「世の無常」を感じて建久《けんきゅう》四年（一一九三）に笠置寺《かさぎでら》に遁世いたしました。そのことが「故解脱房の坂僧正《さかそうじょう》の許《もと》に遣《つか》わす消息《しょうそく》の状」に明確に記されております。(1) また、『愚迷発心集《ぐめいほっしんしゅう》』には「世の無常」を厭い、菩提心《ぼだいしん》を発起して「仏に成る道を歩みたいものだ」という熱い思いが赤裸々に語られています。以下、私の意訳ですがご紹介すると、およそ次のようになります。

ふと真夜中に目が覚めて、静かでひっそりとした床の上に身を起こすと、いつとはなしに涙があふれ出てしまった。我が身の何と愚かしいことか。思えばこの私は、はかりしれない昔から輪廻を繰り返し、時には三途八難《さんずはちなん》の悪趣《あくしゅ》にも堕《お》ちた身であるにもかかわらず、煩悩《ぼんのう》に「まなこ」を障《さ》えられ、輪廻《りんね》から解脱《げだつ》する道、発心《ほっしん》して仏に成る道を往くことなく、今日に至ってしまった。幸い、今生において仏法に出遇ったが、この時代に仏《ぶつ》陀《だ》はましまさず、悲しいかな直接、教えを聞くことができない。また、一人の僧侶として今の自分に輪廻の苦界から出離《しゅつり》解脱するための修行ができているとも思えない。「悲しみてもまた悲しきは在世に漏れたるの悲しみ、恨みてもさらに恨めしきは苦海に沈めるの恨み」である。過去に発心することがなかったからこそ、今このような輪廻の海に浸りきった「常没《じょうもつ》の凡夫《ぼんぷ》」になりはててしまった。もし今生も空しく過ごしたならば、後生もまた苦界を輪廻してしまうことになる。何とか今生において発心し、仏に成る道をめざし、如幻《にょげん》の境である浄土（彼岸）に生まれたいものである。(2)

と。これを見るかぎり、貞慶の願いは「菩提心を発起して仏に成る道」を歩むことにあり、そのために「まずは浄土に生まれたい」との願いを持っていたことがわかります。

では、なぜに浄土への往生を求めたのでしょうか。実は、貞慶の属する法相宗《ほっそうしゅう》の教義では、諸仏が行者（菩薩）のレベルにあわせて浄土を示現し、行者は諸仏の加被《かび》（加護）を受けて浄土を知見もしくは往生することで、見仏聞法《けんぶつもんぼう》（仏に見《まみ》えて法を聞く）して自利《じり》（智慧）と利《り》他《た》（慈悲）の二利を実践していく道が示されていたからです。(3)

四尊の浄土信仰

このような観点より、貞慶は浄土への往生を欣求しましたが、当初、貞慶が求めたのは阿弥陀仏の浄土への往生でした。なぜならば、当時の人々が間違いないものとしていたのが、「仏といえば弥陀《みだ》・弥勒《みろく》、往生といえば安養《あんにょう》・知足《ちそく》」だったからです。そこで貞慶は、諸経論をもとに「極速三生《ごくそくさんしょう》論による三生往生」や「報化二土一体同処《ほうけにどいったいどうしょ》論による二生往生」を理論化し、阿弥陀仏の浄土への往生を願いました。すなわち、「三生往生」とは最初に兜率天《とそってん》にある安養浄土院《あんにょうじょうどいん》（化身《けしん》仏の世界）に生まれて弥陀に奉仕し（第一生）、次に弥勒の下生《げしょう》時に娑婆《しゃば》世界に生まれて龍華三会《りゅうげさんね》の弥勒の説法に会い（第二生）、弥勒入滅の後には阿弥陀仏の極楽浄土《ごくらくじょうど》（報身仏《ほうじんぶつ》の世界）に往生する（第三生）というもの。また、「二生往生」とは化土である安養浄土院（第一生）から極楽浄土（第二生）への往生をめざすというものでした。これは、「阿弥陀仏の浄土は一阿僧祇劫《あそうぎこう》もの修行を積んだ菩薩にして初めて見ることのできる世界である」という仏教界の常識を大きく覆す画期的な理論でした。しかし、貞慶は天台宗との諍論を通して、自らを「正法を誹謗した愚夫」であるとの自覚を持つに至り、阿弥陀仏の浄土への往生を断念するに至りました。なぜならば、阿弥陀仏の第十八願に「唯除五逆《ゆいじょごぎゃく》誹謗正法《ひほうしょうぼう》」（唯だ五逆と誹謗正法を除く）とあったからです。ここに貞慶の大きな挫折がありました(4)。

貞慶の『二巻私記指事《にかんしきしじ》』（『子島記注《こじまきちゅう》』）には、この時の心境として「是非の間、進退測り難し」という記述が見られます。要するに、「これからどうすればよいのか」と嘆いているのです。このような強い不安感の中で貞慶は、次に弥勒の兜率浄土そのものへの往生を願うようになります。ここに、貞慶の弥勒浄土信仰が展開することになりました。その際、諸経論をもとに「兜率天にある弥勒の本体は仏である」という理論を構築し、兜率天（知足天）を同じ欲界内にある往きやすい浄土と位置づけ、兜率内院《ないいん》（浄土）への上生《じょうしょう》を強く願ったのです。と同時に、常に「我が本師」「大恩教主」等と深く帰依していた釈迦の霊山浄土をも兼ねて欣求《ごんぐ》するようになりました。このとき貞慶は、「昔は閻浮《えんぶ》の月の前に釈迦と称して涅槃《ねはん》の相を示し、今は知足雲上にて弥勒となりて等覚《とうがく》の位に居す」（『別願講式《べつがんこうしき》』）という釈迦弥勒一体論を構築し、二尊の浄土はいずれも往きやすい有縁の世界であるとし、そのいずれかの浄土に往生できればよいと考えるようになりました[5]。

ところが、貞慶は建仁《けんにん》元年（一二〇一）になると『観世音菩薩感応抄《かんぜおんぼさつかんのうしょう》』ならびに二篇の『観音講式』（三段式と五段式）を著し、観音の補陀落《ふだらく》浄土への往生を強く欣求するようになります。これは、いったん断念した阿弥陀仏への憧憬が強くなって、観音の浄土に往ってから阿弥陀仏の浄土へと転入することを願った結果でした。また、観音の勧める「私と共に菩薩行を修そうではないか」という誓願や「不空羂索《ふくうけんじゃく》観音の神呪《じんじゅ》の功徳」への思い等も相まって展開したものでした。そのため、貞慶は観音の本体をまた仏と位置づけ、観音の補陀落山を私たちの住まう娑婆世界にある往きやすい浄土と理論づけていったのです。この段階で貞慶の求める最初発心の浄土は、「弥勒・釈迦」から「観音・弥陀」へと移ったことになります。しかし、完全に移ったのではなく、この四尊の浄土のいずれかに生まれることができればそれでよいという思いを持っていたことが[6]、承元《じょうげん》三年（一二〇九）に著された『観音講式』（七段式）を見ると、よくわかります。

とはいえ、次の世において初発心の行者の往くべき世界は「一尊の浄土」に限られるという法相宗の伝統教学が厳然としてありましたので、最期には観音の補陀落浄土への往生を願って貞慶は亡くなったのです。したがって、貞慶の信仰は弥陀・弥勒・釈迦・観音の四尊の浄土信仰を根幹に据えたものであったということができます。では、今生において示された余他の信仰、すなわち諸講式において展開する文殊・地蔵・春日権現・法華等への信仰は、はたして何だったのでしょうか。次に、これらの尊者や経典への信仰の意義について、諸講式をもとに確認してみたいと思います。

余他の信仰の意義

まずは「文殊信仰」ですが、この信仰は貞慶が「発心」「仏道成就」「兜率往生」の加被《かび》を願って展開した信仰であり、決して順次生に文殊の世界への往生求めた信仰ではありませんでした。これについて『文殊講式』には、

仏種《ぶっしゅ》は縁より起こる。感応も亦た斯《か》くの如し。須らく大聖の加被に依りて、宜しく我等の勝心を催さん。其の指帰《しいき》を論ずるに、誰か覚母《かくも》に如《し》かず。(7)

と述べていますので、貞慶は文殊に対し「覚母の加被」による菩提心（勝心）の発起を願っていたことがわかります。菩提心を発起すれば、行者は菩薩となって仏道を歩むことができます。しかし、発心ほど困難なものはありませんので、貞慶は覚母の加被を憑《たの》んだのです。覚母とは貞慶撰述の『心要鈔《しんようしょう》』に、「般若波羅蜜《はんにゃはらみつ》・文殊菩薩は是れ三世の諸仏の発心の覚母なり」(8)とありますように、般若の智慧であり、化現しては文殊となり、成仏の起因となる発心を促す点より、貞慶はこれを「覚母」と呼んでいたことがわかります。また『文殊講式』に、

仏子《ぶっし》、弥勒の本願に帰して都率《とそつ》の往生を楽《ねが》う。（中略）願はくは、永く身口の悪業を消

して、（中略）臨終の夕《ゆうべ》には正憶念《しょうおくねん》に住し、瞑目の刻《とき》に弥勒尊を礼し、衆生と共に都率天に住し、六度を円満して二利を具足し、速やかに菩提を証し、普く群生《ぐんじょう》を度せんことを(9)。

とも述べていますので、弥勒浄土（都率天）への往生を基底にすえた「仏道成就」の加被を求めていたことがわかります。また、一生の大事である「臨終正念《しょうねん》」の加被をも文殊に求めていたことも確認できます。これが貞慶の文殊信仰の本質でした。

次に「春日信仰」ですが、これもまた「仏道成就」の加被を願って展開した信仰でした。これについて『春日権現講式』には、

夫《そ》れ大明神は、或いは久遠正覚《くおんしょうがく》の如来、或いは法雲等覚《ほううんとうがく》の薩埵《さった》也。（中略）現世・当生の望みにも、世間・出世の願いにも皆な答えて冥助したもう。（中略）出離《しゅつり》解脱の勝利を祈る者也(10)。

といい、「出離解脱」の加被を求めていたことがわかります。要するに、「仏道成就」への加被を願って春日大明神に帰依したといってよいでしょう。

このような「仏道成就」への加被がもっと多様に確認できるのが、「舎利信仰」です。貞慶の舎利信仰は釈迦信仰を母体とするものであることはいうまでもありませんが、その求め

るところは実に多様です。これについて『誓願舎利講式』には、

舎利の加被に依りて早《すみや》かに菩提心を発《おこ》さん。（中略）我が信心を催し、深く加被を垂れて、真実堅固の道心を発《おこ》せ令《し》めたまえ。（中略）仰ぎ願はくは、舎利よ、十方に往来して六趣《ろくしゅ》に経歴《きょうりゃく》して機に随いて益《やく》を施し皆なを菩提に導き、三途《さんず》八難《はちなん》においても苦を離れて楽を得、発心修行して当に解脱を得べきことを。（中略）近きは則ち命終《みょうじゅう》の時、化して生仏《しょうぶつ》と為《な》りて聖衆と相い共に我が身を引接《いんじょう》したまえ。世尊に随従すること影の如くにして離れず。見仏聞法《けんぶつもんぽう》して不退転に至らん。(11)

とあり、「信心」「発心」「有情利益」「離苦得楽」「解脱」「臨終来迎」「見仏聞法」「不退転」といった事々が求められていたことがわかります。総じていえば、これもまた「仏道成就」への加被を願ってのものであったということができます。

次いで「地蔵信仰」は、「濁世の救い」「浄土への誘引」「仏道への加被」を願って展開した信仰であり、「濁世の救い」と共に、臨終時に正念に住して極楽浄土に誘引するはたらきをも地蔵に求めていています。これについて『地蔵講式』には、

安養《あんにょう》・知足《ちそく》の仏土、順次への望み、甚だ難し。三途八難の苦域の倒懸《とうけん》の責、何に為《いかせ》ん。（中略）我等を加護して影の如く随遂し、臨終正念して浄国に往生し、見仏聞法して不

退の位に住せしめ、諸の衆生と共に同じく菩提を証せん。(12)

とあり、地獄・餓鬼・畜生という三途の身からの救済、臨終正念による浄土往生、見仏聞法して仏に成る道を歩むことへの加被等が願われていることがわかります。したがって、貞慶にとっての地蔵信仰もまた、「浄土往生」「仏道成就」への加被を願って展開したものであったということができるでしょう。

次いで「法華信仰」ですが、これについては「慧信開発」「浄土往生」「仏道成就」への加被が願われています。すなわち『法華講式』には、

爰《ここ》に法に依りて心を発《おこ》すに二の道あり。所謂ゆる深義を講釈して以て恵解《えげ》を開き、功能《くうのう》を讃嘆して以て信心を発す也。信をば入法の初基と為し、恵をば究竟の玄術と為す。（中略）此の一経に至らば、並《な》べて両所（兜率・安楽）を得たり。（中略）苟《いやしく》も釈尊の遺弟と為り、深く慈氏の引摂《いんじょう》を仰ぐ。欣《ねが》う所は知足内院の上生《じょうしょう》、憑《たの》む所は即ち安楽（極楽）に往くの真文なり。仏語に誤り無し。我が願い、何ぞ疑わん。(13)

と出ています。したがって、貞慶の法華信仰は仏道成就のための修行において必須となる「信心と慧解《えげ》」を得るための加被を求めると共に、『法華経』の持誦《ぢじゅ》による弥勒と弥陀の浄土への往生を求めていたことがわかります。したがって、貞慶の法華信仰もまた、「浄土往生」

と「仏道成就」の加被を願って展開したものであったことが確認できるのです。

このようなあり方は、他の諸講式も同様であり、貞慶にとって弥陀・弥勒・釈迦・観音の四尊の浄土信仰以外は皆、これら「四尊の浄土への往生」と「仏道成就への加被」を求めた信仰であったといってよいでしょう。

むすび

貞慶の信仰の本質は浄土信仰でした。それ以外の信仰は「四尊の浄土への往生」ひいては「仏道成就」を加被するために展開したものでした。したがって、貞慶には自らが菩薩（行者）であるという自覚、菩薩でありたいという願いが強くあったということになります。

広く知られておりますように、貞慶の属する法相宗では「五姓各別説《ごしょうかくべつ》」（声聞定姓《しょうもんじょうしょう》・独覚《どっかく》定姓・菩薩定姓・不定姓《ふじょうしょう》・無姓有情《むしょううじょう》）が立てられていました。いわゆる五姓とは、本有《ほんぬ》無漏《むろ》種子《しゅうじ》（種姓《しゅしょう》）の有無と種類の違いによって、仏に成る者と成れない者とがいることを明らかにしたものですが、その本質は「菩薩となって仏に成る道を歩め」と勧める点にあったといってよいでしょう。そこで貞慶は、『心要鈔』や『法相宗大意名目《ほっそうしゅうたいいみょうもく》』において、「仏語を信じて疑いがない」ことをもって自己に仏種姓（無漏種子）のあることを証明しました。なぜならば、仏に成ることのない無性闡提《むしょうせんだい》（無姓有情の一類）は諸経論において「信不具足」と説かれていたからです。そして、有漏《うろ》の菩提心を相似の菩提心と呼び、「何度も発起すべきだ」と論じ、一阿僧祇劫の修行によって環境が整うと、真実の菩提心である無漏種子より無

漏智が現れ、空理（我《が》空《くう》と法空《ほっくう》）を証することができると論じたのです。(14)

こうした行道論において、行者は菩提心を発起して諸仏が衆生のために示現《じげん》された浄土に往生し、見仏聞法して二利（自利と利他）を行じ、空理を証して仏と成る道が説かれたのです。弥勒の浄土に往生したいと強く考えていた頃に著した貞慶撰述の『弥勒講式』には、

宿世《しゅくせ》の機縁によってすでに上生を遂ぐ。見仏聞法して須らく勝位に進むべし。堅劫星宿《けんごうせいしゅく》、諸仏に歴仕し、住《じゅう》・行《ぎょう》・向《ごう》・地《ち》、漸次増進し、遂に花王の宝座に昇り、宜しく大覚の尊号を受くべし。(15)

とありますから、貞慶はやはり命終の後に有縁の浄土に往生し、「見仏聞法」して現在（堅劫）と未来（星宿）の諸仏に歴仕（歴事）し、「十住・十行・十回向・十地」と続く菩薩の階位を順次に昇り、ついには仏（大覚）と成ることを願っていたことがわかります。これが貞慶の「信仰実践の本質」であり、諸講式が著された思想的背景だったといってよいでしょう。

註

（1）拙著『貞慶撰『唯識論尋思鈔』の研究――仏道篇』（以下、『仏道篇』）四〇～四一頁。脱文等があったため、修正した訓読は、拙著『貞慶撰『観世音菩薩感應抄』の研究』（以下、『感應抄の研究』）五四～五五頁に収録。

（2）日本思想大系『鎌倉旧仏教』（岩波書店）三〇六～三一一頁の取意。

(3) 詳細は拙著『仏道篇』「浄土成道論の展開」三五五～四五九頁を参照してください。
(4) 拙著『仏道篇』「弥陀浄土信仰展開の諸理論」三七五～四一四頁を参照してください。
(5) 拙著『仏道篇』「釈迦浄土信仰の展開」「弥勒浄土信仰の展開」四一五～四三〇頁を参照してください。なお、『別願講式』の当該文は、平岡定海『東大寺宗性上人之研究並史料・下』二一七頁。
(6) 拙著『仏道篇』「観音浄土信仰の展開」四三〇～四四〇頁、および拙著『感應抄の研究』五～八三頁参照してください。
(7) 『貞慶講式集』一四六頁。訓読は筆者。
(8) 拙著『心要鈔講読』三五三頁。
(9) 『貞慶講式集』一五一頁。訓読は筆者。
(10) 『貞慶講式集』二〇五頁、二〇六頁。訓読は筆者。
(11) 『貞慶講式集』八頁、九頁、一〇頁。訓読は筆者。
(12) 『貞慶講式集』一〇二頁、一一一頁。訓読は筆者。
(13) 『貞慶講式集』一七七～一七八頁、一八八頁、一九四頁。訓読は筆者。
(14) 拙著『仏道篇』「五姓成道論の展開」一五一～一九三頁を参照してください。
(15) 大正八四・八八九・中～下。

参考文献

平岡定海『東大寺宗性上人之研究並史料・下』(臨川書店、一九八八年)。
楠淳證『心要鈔講読』(永田文昌堂、二〇一〇年)。
楠淳證『貞慶撰『唯識論尋思鈔』の研究――仏道篇』(法藏館、二〇一九年)。
楠淳證・新倉和文『貞慶撰『観世音菩薩感應抄』の研究』(法藏館、二〇二一年)。

(楠　淳證)

第二節　貞慶における往生言説と春日浄土観
——文学的テクストの視座から——

一、はじめに——貞慶の思想的特色

楠淳證・新倉和文の両氏が紹介された貞慶（一一五五〜一二一三）の『観世音菩薩感応抄《かんぜおんぼさつかんのうしょう》』（以下、『感応抄』）は、非常に情報量が多く、読み取るべきことが多いのですが、まず最初にそこから見えてくる問題、このたびの考証で関わってくる点をおよそ挙げてみたいと思います。

まず一つには、承平《じょうへい》年間の託宣《たくせん》のように春日大明神《かすがだいみょうじん》を「慈悲万行菩薩《じひまんぎょうぼさつ》」という総称で認識していることです。二つには、春日大明神の本地仏《ほんじぶつ》として観音等を認識していることです。これには文殊《もんじゅ》菩薩つまり若宮《わかみや》まで含んでいるのですが、同時に浄名《じょうみょう》（維摩《ゆいま》）や観音までもが春日大明神の本地仏として示されているのです。三つには、「多重浄土論」が示されているという点です。要するに菩薩の階梯が上がっていかなければ、高位の浄土が見られないということで、この点については楠氏の論考にも詳しく記されており、そのことは文学的テクストでもたしかに意識されていることであろうと思われます。

最後に、これは新倉氏の指摘するところでもありますが、『貞慶敬白文』のところに出る「般若塔」

のところの「覚母《かくも》」が、般若の智を授ける文殊という菩薩の尊格（神格）に置き換えられている点です。これらの事々が『感応抄』における貞慶の思想的特色として浮かび上がってまいります。

二、春日の本地仏と仏国土言説

春日の本地仏

まず、春日の本地仏についてお話をいたします。左記の文章は、本地仏に関する『感応抄』の主要な本文です。傍線を付した箇所に特に注目したいと思います。

A-1　行叡居士の点勝の地なり。清水の流れは永く澄みたり。（中略）教懐上人は春日の冥助を請ふに、眼前に形を現し、「我が家は西方に在り」と示せり。何に況んや上宮太子の如きは生身の観音にして我が朝の世尊也。（『感応抄』第一「帰依因縁」）

A-2　春日の第一と第四の宮は観音の現れと称す。彼の景雲の聖代に及び、此の春日の勝地に移してより以来、伽藍の興隆し家門の繁昌せる事、真も俗も无く冥助にあらざること莫し。其の後、長岡の右大臣は三目の霊像を造りて内に隠して相国に贈り、八柱の円堂を建てたり。（『感応抄』第一「帰依因縁」）

A-3　若し西方の紫雲に乗ずれば直《ただち》に安養界の宝池に生じ、南海の青波を渡れば且《しばら》く補陀山の石室に住せん。業縁の引く所、悉く機を簡《えら》ばず。（『感応抄』第四「臨終加護」）

A―4　観音大士は我がために形を示し、父の如くに我を訓《おし》へ、母に代わりて我を憐れまん。若し一たび値遇を得ば、永く我を捨離せず。

（『感応抄』第五「当来値遇」）

まず、A―1の文の中に教懐《きょうかい》（生没年不詳／平安中期～後期）という僧の名が出てまいります。阿部泰郎氏は教懐の重要性について言及されていますが、やはり教懐は非常に重要な立ち位置にあったことがこの文によって確認できます。また、上宮《じょうぐう》太子、すなわち聖徳太子のことについて言及している点も重要です。この点については、楠氏・阿部氏ともに指摘されているところですが、これらはまさに「貞慶の言説」として考えるべきものであろうと考えられます。

次にA―2の部分ですが、これは貞慶の春日本地仏に関するもので、貞慶は春日大明神の第一と第四の本地仏を観音と認識していたことが確認できます。しかし同時に、南円堂《なんえんどう》の不空羂索《ふくうけんじゃく》観音のことも述べられているので、貞慶が不空羂索説を捨てたなどという乱暴な議論には決してならないだろうと思います。

また、A―3は安養《あんにょう》と補陀落《ふだらく》の浄土の関係について述べたもので、楠氏が論ぜられるように、これは非常に重要な部分かと思います。

一番最後のA―4ですが、これは舩田淳一氏の指摘するところであり、観音菩薩を父母になぞらえて「値遇《ちぐう》することができれば捨離《しゃり》されることはない」と述べている箇所です。いわゆる「春日の離寺僧」に対する託宣でも、「お前は私を捨てたが私はお前を捨てない」と述べたといいますから、「いったん値遇を得たら神は見捨てないという意志表明」がなされている点で、重要なことだったのではないかと考えられます。

貞慶の仏国土言説

楠氏の『貞慶撰『観世音菩薩感応抄』の研究』には、「附録」として短釈の『安養報化《あんにょうほうけ》』が収録されています。その中に、「一心清浄《しょうじょう》なれば此処《ここ》は則ち浄土なり」という文章がありますが、これは今回取りあげようと考えている「春日浄土観」と非常に深く関わってくる箇所です。それは貞慶の浄土解釈における「浄穢対」にも関わるものでもあり、『唯識論尋思鈔《ゆいしきろんじんししょう》』（以下、『尋思鈔』）において「弥陀の土は浄土なり。知足《ちそく》は穢土《えど》なり」とした貞慶の「報土《ほうど》と化土《けど》」の多重浄土観へとまた進展していくものです。まさに貞慶の「仏国土言説」として位置づけていくことが必要なのではないかと考えております。

そこで、貞慶撰述の『発心講式《ほっしんこうしき》』と比較してみると、その奥書に共通する言説のあることが注目されます。

修行門広略、随帰依誠ニ宿縁自ラ感。如予者未得専修之行。又無広学ノ之望、蒙々緩々生涯暮。但、依世尊之恩ニ、受慈氏之化、於知足天上安養浄土院ニ、且奉仕弥陀。慈尊一代之末、円寂双林之暮、永ク生極楽、至不退転。愚意所望、蓋以如此。仍、為結三尊之縁ヲ、聊運フ一称之功、為日々礼誦ノ抄シ此文ヲ畢。（中略）

于時建久三年七月二十日記之。雖須自筆書之、依深意趣申請テ真蓮房上人所令写也。

沙門貞慶抄之

（今津文庫蔵『上人御草等』所収）

ここで貞慶は、兜率天《とそつてん》の安養浄土院（化土）から弥勒下生《みろくげしょう》時の龍華三会《りゅうげさんね》を経て西方極楽浄土（報土）へと往生する多重浄土論による往生浄土の道を示しているのです。

また、全てが貞慶の信仰心だけで書かれたわけではないだろうと思えるものに、東大寺図書館の『如意鈔《にょいしょう》』の中の、極楽浄土の弥陀三尊の聖容を図絵したものを供養するための表白《ひょうびゃく》類があります。(1)こうしたテクストはその性格を分別しながら考えていく必要があるだろうと考えています。

挿図ａ　「摂取不捨曼荼羅」
（クリーブランド美術館蔵『融通念仏縁起絵巻』）

貞慶と弥陀浄土信仰との関係を述べる際には、当然のことながら『興福寺奏状《こうふくじそうじょう》』が関わってまいります。この中で取り上げられる「摂取不捨曼荼羅《せっしゅふしゃまんだら》」は、貞慶の立場からの言説であって、法然（一一三三～一二一二）の浄土宗に対してどういう立ち位置を持っていたかということは意識せざるを得ないものです。残っている事例は少ないのですが、一応このような形のものであっただろうという例を、参考のために挙げておきました（挿図ａ）。このような悪人正機説《あくにんしょうき》に向きあうための貞慶の信仰実践に関する著述については以前に紹介したことがありますが[2]、高山寺伝来の『上人御草等』（花園大学今津文庫）の中の南京の北山宿の非人たちに対する勧進文もその一つです。これなどは貞慶が現世の人々に対して示した救済論であったといってよく、いわゆる法然の専修念仏《せんじゆねんぶつ》による往生救済論の対極にあったものとして、重視しておく必要があるのではないかと考えています。これは後に叡尊《えいぞん》（一二〇一〜一二九〇）の文殊信仰と結びついた非人救済ともつながっていく、そういう行業《ぎようごう》であったと考えられるのです。

このように、貞慶は浄土と現世での両方の救済を示しました。ことに後者については後に述べるように、現世に仏国土（浄土）を現ずる春日浄土の理論としても展開していくことになります。そこで、ここからは、文学的テクストの一つとして知られる『春日権現験記《かすがごんげんげんき》』（以下、『験記』）をもとに考えてみたいと思います。

『験記』が貞慶と密接な関わりにあったということは諸研究によって明らかになってきていますが、『教訓抄《きようくんしよう》』にある記事のように「御社験記《ごしやげんき》」という春日の霊験を記したものを貞慶は著していて、それが貞慶の説法の元になっていたということも明確になってまいりました。実際、『験記』の序文には、本地説との関わりで言うと、伊勢大神宮が本地を観音菩薩とする春日大社の四宮《しのみや》（姫神）と重なっているという記述があります。春日大社の一宮《いちのみや》の本地には、不空羂索観音と釈迦とが併存していま す。したがって、本地仏の観音を通して春日大社が伊勢神宮と結びついていく。このことがもう一つのパースペクティブ（視界）になっていく点に注目すべきでしょう。

この点について『春日御本地釈《かすがごほんぢしやく》』では、「一宮が釈迦、四宮が天照大神」、つまり伊勢の神だと言われるようになる現象があります。この時期、貞慶はまだ興福寺にいましたので、明らかに貞慶もその動きと同じ方向を向いていたはずだと思いますし、『玉葉《ぎょくよう》』にも時を同じくして同様の説が現われますから、これはかねがね藤原氏側も公認していた考え方で、むしろ伊勢を春日信仰に取り込むというある種のストラテジー（戦略）がこの時期にはたらいたということが考えられます。それは同時に、観音を本地仏とする女神を天照（＝伊勢）に引き寄せてきたという話になるわけです。この部分は同時に、先ほど『感応抄』の中にもあった第一の「帰依因縁」の段の一宮と四宮の本地仏を不空羂索と十一面観音にあてるという「観音本地説」に深く結びついていく所説であると思われます。

こうして春日を諸尊の国土と見る「春日浄土観」が立てられていくのですが、これをふまえて美術の分野では、「社寺曼荼羅」や「宮曼荼羅」が作られ、それが言説として表明されたのが貞慶の講式をはじめとした各種のテクストであったということになるでしょう。

本地仏と唱導説話

では、そうした本地仏を介した信仰のありようというのは、どういうかたちで見えてくるのでしょうか。そこで、『験記』の中の巻七に収録されている第四話を取りあげてみましょう。

大宮師隆季卿の家の女房に、五条の局《つぼね》といふ人の夢に、大河のほとりに卒都婆《そとば》あり、其に、
若有重業障　御笠大菩薩
慈尊大導師　往生安楽国
となむかきたりと見《みえ》けり。
（『春日権現験記』巻七第四話）

挿図b　海辺の卒塔婆
（宮内庁三の丸尚蔵館蔵『春日権現験記』）

右のように第四話は非常に短い話ですが、この話を取りあげた理由は「御《み》笠《かさ》大菩薩」という慈悲万行菩薩の呼び名が出てくるからです。これは春日大明神をまとめて言っているように見えるのですが、それが慈尊（弥勒）としてここに出てきて、それを信仰する女性がどこに往生するかについては「往生安楽国」とあるので、弥陀の浄土に往生するという論理立てがなされているのです。卒都婆にこの銘（偈頌《げしょう》）が書かれていたという話なのですが、「慈悲万行の御笠大菩薩（春日大明神）である弥勒に導かれて阿弥陀仏の浄土に往生する」という決して無視できないメッセージがここに示されているといってよいでしょう。

以前の論文でも指摘したように、(3) 本話に登場する五条の局という人物は藤原隆季の家の女房ですが、この人物は貞慶から言えば叔母に当たる人でした。そういう家系上の関係も近くにある問題として考えることができるであろうと思います。『験記』の中の絵では、海辺に立つ卒都婆という形で象徴的に表されています（挿図b）。

もう一話は、これが先ほど『感応抄』にも言及されていた教懐の話になります。この話では、小田原別所から興福寺そして高野へと移った、いわゆる興福寺僧が寺を離れる「離寺説話」が展開します。そこでは観音の現世利益的なはたらきとして「腰の病を癒す」ことが示されますが、「我家は西方にあり」と告げて安養浄土の方角を指し示し、往生の時には教懐を来迎《らいこう》してくれる、それが観音である、という話になっています。そして最後には、四の御殿である春日の四宮において、「十一面観音にて貴女の形を表わし給うとぞ申し伝えたり」と、本地の垂迹《すいじゃく》をあらわします。このあたりは貞慶や貞慶の周辺で繰り返し言及され、そして『感応抄』にもとりわけ明確に言及されるということで、その連続性に驚かされる説話の一つでありました。

『験記』では、聖徳太子入胎の昔の詞《ことば》をあげて救世《ぐぜ》観音のことも言及される形になっており、最終的に貞慶の師でもある蔵俊《ぞうしゅん》（一一〇四～一一八〇）が随喜《ずいき》したという話に持っていく形になっています。これと類似した記事が貞慶自身の『春日大明神発願文《かすがだいみょうじんほつがんもん》』にも見られますし、『験記』をやや遡ると考えられる漢文体で書かれた称名寺の唱導資料（金沢文庫所蔵）である『春日因縁少々』にも、この話がほぼ同文で出てまいります。いかに貞慶との関わりが深い唱導の中の一話であったかということがよくわかります。

神奈川県の称名寺の聖教《しょうぎょう》は、貞慶関係の唱導の一大アーカイブと言ってもいい性格を持っていますが、文庫長であった高橋秀榮氏がこの聖教の中から「一、二、三、四」という通し番号を打った聖教著述をまとめて発見紹介されました。(4) 私もその周辺にある文献を調べさせていただき、講式の一種である『春日御本地釈』や『春日御社事』などのいくつかの文献を確認しました。そして、これら「釈」や「講式」などが、文体を変えながら貞慶の著述として変容していくという宗教テクストの現象に非常に驚かされ、興味を抱いたことがあります。

この中の『春日因縁少々』(5) や『俊盛卿因縁』は、『感応抄』に関わる議論に非常に深く関わってくるもので、特に別稿において内容を紹介したことのある『俊盛卿因縁』は、西方の弥陀の浄土に往生するという話となっており、やはり貞慶との関わりが非常に深いという思いを新たにするものばかりでした。

そのうち「春日因縁少々」の三番目に教懐上人の話があって、すべて『験記』に対応しています。この「春日因縁少々」の教懐話の最後は、「我が家は西方に在りとは観音の本土を指すなり」という言い方をしていて、こちらには聖徳太子の言及がないので、『験記』になった段階で加えられたのかと私は思っていました。ところが、『感応抄』でははっきり聖徳太子のことが書いてありますので、状況に応じて書いたり書かなかったりということがあったように思われます。『感応抄』の本文については、先の引用A-1を参照してください。

ここでは前半に行叡居士《ぎょうえいこじ》や清水寺のことが記されていますが、この清水寺の縁起について貞慶が書いた唱導史料も、『如意鈔』（東大寺図書館本）として伝えられており、そこには『聖徳太子日本国未来記』を明らかに用いた清水寺縁起の新しい展開が見えますので、こういうところでも非常に関わりが深いということが言えます。まさに『感応抄』が貞慶著述だからこそ、根源的に他の著述と結びついているということが言えるのではないかと思います。

弥陀と観音の問題につきましては、先ほども言及しましたように、「弥陀は観音の本師であって観音は極楽の補処《ふしょ》である」という認識を持っていたことは明らかです。その観点より兜率の安養浄土院《あんにょうじょうどいん》（化土）や観音の補陀落山《ふだらくせん》（化土）に仮に生まれるという考え方が貞慶にあったことは、講式類を見ていても明らかだと思います。この点については、拙論でも言及したことがあります。[6]

三、貞慶の春日浄土観

そこで次に、「春日浄土観」についてお話をしたいと思います。これは弥陀と観音の関係に併せて、もう一つの往生浄土の道として貞慶が考えていたであろうものであり、それが本地仏と垂迹神を介した春日浄土観であったと考えています。これについて、貞慶の『春日御本地釈』と『験記』の文章を示すと、およそ次のようになります。

春日浄土観

娑婆《しゃば》タチマチニ瑠璃ノ地トナリ、報身化身《ほうじんけしん》一体ニシテ無漏《むろ》ノ浄土穢土同処ニシテ□□ス、所ノコトナルニハアラズ、心トヘダツルナリ、初テ生ズルニアラズ、只サトリノヒラクルナリ、然《しからば》則《すなわち》、尺迦《しゃか》尊、薬師仏、現《うつつ》ニ瑞籬《みずがき》ノホトリニイマス、補陀洛《ほだらく》、清涼 山《しょうりょうせん》何雲海ノ外ヲタヅネム、出離ノ道身ニタヌルカナヤ、仏子□□ノ身宿業ヲハヅヘシ、

（『春日御本地釈』）

（跋文）随心浄処即浄土所なれば、我神すでに諸仏也。社壇あに浄土にあらずや。しかれば、浄瑠璃《じょうるり》・霊鷲山《りょうじゅせん》、やがて瑞籬の中にあり。補陀落・清涼山、なんぞ雲海の外にもとめむ。明恵《みょうえ》上人の霊山とをがみ、俊盛卿に菩提の道としめしたまひし、このことはりなりけん。また、罪業もしをもくして、因果しからしむるものは、内証法性《ないしょうほっしょう》の土、浄穢をわかねば、大明

神の本地法身の化用として変現したまふ。地獄のなかにをちて、ついに出離の縁たるべし。
璋円僧都《しょうえんそうず》、人につきて申ける、まことなるにや。
すべて随類応現《ずいるいおうげん》の引接難思《いんじょうなんじ》なれば、六趣四生《ろくしゅししょう》にめぐるとも、一たび縁をむすびたてまつりなば、尊神の引導にもるべからず。かの密教の心、地獄鬼畜も曼陀羅の聖衆とならへるも、よくよく思あはすべきことなり。

（『春日権現験記』序文）

右の資料を見ると、「心を浄めれば仏を本地とする春日大社は浄土である」（随心浄処即浄土所なれば、我神すでに諸仏也。社壇あに浄土にあらずや）といっているので、貞慶に春日を浄土と見る認識のあったことが知られます。傍線を引いた部分の内容はいわゆる心仏一体論であり、このような見解が『験記』にもあるということを以前に指摘したことがあります。[7]すなわち、「報土と化土の同処一体」「浄土と穢土の同処一体」が説かれ、これをもって「地獄の中に堕ちても出離《しゅつり》の縁となる」ということが示されているのです。これは楠氏が本書の解説で示していることと極めてよく一致した言説になっていると思います。そして、最終的には密教的解釈も示し、「地獄鬼畜も曼荼羅の聖衆」というのですから、理の立場での一体論もここに極まった感があります。

ここで示される「随心浄処即浄土所」という文は、『験記』の注解においても既に指摘いたしましたように、[8]貞慶の『心要鈔』にも引かれる『仏地論』の要文です。この指摘が貞慶撰『安養報化』にもあることは楠氏の解説においても指摘される通りで、これをもって貞慶は一体同処を論じているのです。それゆえ逆に言えば、極めて近しいところにある貞慶の中の論理の筋道なのだろうと思われます。実はこの文句は、貞慶が初めて用いたものではなく、慈恩大師基《じおんだいしき》（六三二～六八二）の『大乗法《だいじょうほう》苑義林章《おんぎりんじょう》』にも引用されており、貞慶の弟子である良算《りょうざん》（？～一一九四～一二一七～？）の抄になる『唯識論同学鈔』にも同文が引用されています。

ここで注意すべきは、この引用解釈にやはり『維摩経《ゆいまきょう》』が関わってくるということです。『維摩経』には菩提心や菩薩の浄土という国土観が示されているのですが、慈恩大師基が『説無垢称経疏《せつむくしょうきょうしょ》』において『維摩経』の注釈をする中で、まさに「随心浄処即浄土処」という文句を引いています。したがって、この浄土観はやはり『維摩経』の講説の側からも考えるべきではないかと思います。

そうなりますと『験記』の中で必ず注目しなければならないのは、やはり維摩会《ゆいまえ》関係の話だということになります。実は従来考えられているよりも、『験記』は全体として非常に維摩会との関わりが深いということに最近気づき、維摩会関連の説話の検討をいくつか論文において示しました[9]。その一つとして、巻十の第一話には林懐《りんかい》（生没年不詳）の話が収録されています。これは春日若宮の芸能を停止した話であり、維摩会の講師《こうじ》を遂げた後に、うるさいからと言って芸能を停止して大明神の不興を被ったというお話です。従前より芸能関係や女人の信仰の観点から議論されてまいりましたが、この話は興福寺において教学上の頂点にある最も重要な維摩会という大法会が芸能と表裏一体、あるいは聖俗不二という主題で結びついていたという、まさに『維摩経』の論理そのままが表われているという方向で考えなければならないということを提起してみたことがあります[10]。それを『験記』の絵は若宮の社頭の光景をもって示しています。つまり芸能の本所である若宮というところが、『維摩経』すなわち維摩会と結びつき、法会と芸能の両方をかたどる場所であったかということが見えてくるのです。

そもそも維摩会の根源そのものも、縁起によれば百済の国から来た尼僧である法明（生没年不詳）が藤原鎌足の病気平癒のために『維摩経』を読んだところから始まるので、非常に女性信仰者との結びつきが深いことは明らかです。しかし、上記の観点より維摩会の方向からも検討すべきであると考えています。

同時にこの維摩会の話には、無上菩提を願う、つまり菩提心を発起するということと極めて深く結びついた、それを支える聖俗不二という『維摩経』の中の不二門が根本にあるといってよいでしょう。それはあらためてお話しするまでもないことですが、要するに維摩と文殊が対座して問答することを巡って、聖俗が逆転し、反転した、そうした宗教的論理の中で説かれる説話であることが非常に重要な解釈の課題になってくるだろうというように考えられます。

実は、いま取りあげた巻十の第一話から第二話というのは、維摩会と菩提心の勧発ということで主題の流れがつながれていくのですが、その後の二話が先ほど言及した教懐の話であり、同じ巻の林懐（生没年不詳）の話のすぐ後に出てまいります。これらが先ほどお話しした離寺説話です。教懐は林懐の弟子筋に当たるので、これも一体化した流れとして促えることができます。この二話は、維摩会関係ということと四宮による西方への往生ということでつながっていくので、まさに春日浄土観の中で表裏の関係にあったといってよく、両側から考えていく必要性があると考えています。

それを受けて巻十を挟んだ巻十一の始めは、また維摩会の話になっていきます。南京三会という格式の高い国家的論義法会の筆頭である維摩会は興福寺の講堂を会場《えじょう》としますが『七大寺日記』とか『七大寺巡礼私記』からも明らかなように、この講堂の本尊である阿弥陀三尊の手前に維摩と文殊が並び安置される場で行なわれていたのです。この空間構成からみれば、初発心時に菩提心を得て、最終的には弥陀の浄土に往生するまでを目指すものなので、興福寺僧たちにとっては観音から弥陀の浄土を願う一具のものとして、矛盾することなく受け入れられていたものと考えられます。まさに貞慶もその一人であったわけです。したがって、維摩会に関する論理を考えないと実態を把握することができず、それがまた春日浄土観と深く結びついているということを強調しておきたいと思います。

今一つ注目すべき点は、『維摩経』や維摩会に見られる菩提心の発起のことです。ここにまた『維摩経』に登場する文殊が大きく関わってまいります。貞慶の『文殊講式』においては初発心を司《つかさど》る「覚母《かくも》」としての文殊の功徳が示されていますが、特に五段講式の伽陀には「十方如来初発心、皆是文殊教化力」という言葉が見られ、初発心は全て文殊による般若の力によって得られるのだということが説かれているので、それは非常に根源的な認識であったということがわかります。これについて新倉氏は、「重源《ちょうげん》とか貞慶の南都復興は多分に文殊の初発心が中心ではなかったか」という議論を展開しています。

ただこの議論は、貞慶を初見とするのではなく、実は珍海《ちんかい》（一〇九一〜一一五二）の頃から始まると考えるべきです。すなわち、珍海の『菩提心集』に、

文殊師利大聖尊　三世諸仏以為母　一切如来初発心　皆是文殊教化力
聞けばわれらが身の内に　真如仏性そなはれり
大聖文殊のをしへにて　心のはちすを開くべし

善財童子の遊びしも　覚城沙羅の林にて
文殊のをしへを聞てこそ　初めて心はおこりしか
安養下品のはちすにて　観音大悲の声を聞き
無上菩提おこせるも　なほこれ文殊の力なり
（珍海『菩提心集』菩提心讃）

とありますように、「一切如来初発心、皆是文殊教化力」という言葉の後に「安養下品のはちすにて、観音大慈の声を聞き、無上菩提おこせるも、なおこれ文殊の力なり」と説かれます。これは、弥陀と観音の関係を文殊の初発心と結びつけて説く言説であり、このことがすでに珍海の著作に見えているということをここでは指摘しておきたいと思います。

また、文殊が表に出てくれば、『法華経』との関係もやはり見ておかねばなりません。阿部龍一氏に「龍女と仏陀」という論考がありますが[11]、『法華経』の提婆《だいば》達多《だった》品《ほん》にある龍女譚は「文殊が教化する」もので、しかも娑竭羅《しゃかつら》龍王の龍宮にしばらく滞在して、そこで多くの龍族たちも教化《きょうけ》して菩薩の位を得させるという話です。そういう文脈の中で説かれているので、この龍女の話も実は文殊が深く関わっているのです。したがって、『維摩経』のほうから見てきたものが『法華経』とも関わり、その背後には阿部龍一氏が指摘しているように智顗《ちぎ》（五三八～五九七）の『法華玄義《ほっけげんぎ》』の「初発心即坐道場」との関わりがあり、かつまた『華厳経』の「初発心時便成正覚」との関わりからも発心のあり方を見ていかねばならないということが考えられます。要するに、文殊を介して『華厳』『維摩』『法華』という三つの経典の連動した姿がここに見えてくるのです。それを問題にするのが「発心即菩提の現成《げんじょう》」ということです。

これを芸能の方面から眺めてみると、『法華経』と『維摩経』の宗教的な文脈を両方ふまえた「補陀落浄土観」というものが、やはり能の世界にかなり反映されているのではないかと思われます。能「春日龍神」の詞章には、次のような文が見られます。

昔は霊鷲山、今は衆生を度《ど》せんとて、大明神と示現し、この山に宮居《みやゐ》し給へば、鷲《わし》の御山《み》とも、春日のお山を拝むべし。（中略）尋ねても、この上あらしの雲に乗りて、龍女は南方に、飛び去り行けば

「昔は霊鷲山、今は衆生を度」すとあるので、一宮は釈迦説に従っていることになります。ちなみに、「鷲の御山を拝むべし」とは一宮のことです。そして下段になると、「龍女は南方に飛び去り行けば」とあるので、まさに龍女は南方の補陀落浄土に往生を遂げていくということになります。

これについてはもうひとつの春日・興福寺を舞台とした、世阿弥《ぜあみ》作ではないかと言われている能「采女《うねめ》」でも全く同じことが言われているので、その根源に龍女の正覚を得させるための説法を文殊が行なったのであれば、その根源には『維摩経』があったということになります。したがって、南都的な浄土観と『法華経』による龍女の往生とが非常に融和的に結合された姿として、この「春日龍神」や「采女」は見直してみる余地があるのではないかと思います。そこに風刺的な、やや聖俗反転のような趣向も見られるのではないかと思うので[12]、あくまで示唆ではありますが、指摘しておきたいと思います。

『験記』と現実の一致

最後に一つ問題提起をしたいと思います。楠氏は『貞慶撰『観世音菩薩感應抄』の研究』の中で、『尋思鈔』と『感応抄』が両方とも建仁元年（一二〇一）に成立したと考えるのが妥当だということを指摘されています。私も賛成する立場で申し上げますが、『尋思鈔』は建久八年（一一九七）の撰述企画の開始から、いささか滞った時期があって、良算等の弟子二、三人との談義を経て、ようやく建仁元年に完成させたということが貞慶編述の『尋思鈔』の奥書によってわかってきています。これは楠氏の『貞慶撰『唯識論尋思鈔』の研究――仏道篇』においても指摘されていることです。

このことは、以前から興味深く感じていたこととよく一致してまいります。その内容を示す『験記』巻十六の第一話における正治元年、笠置での病悩の際の貞慶への託宣の内容は、およそ次のようです。

又御音《こえ》たかく、朗詠などのやうに詠《えいじ》て、中宗の事を御讃嘆あり。その御詞に云、

　妙也、微妙也、妙にして更に妙なるかな。

　深也、甚深也、深にしていよいよ深し。

又、おほせられて云、「我宗法相中宗は、伝来ついでありて、如来滅度九百余年ののち、慈氏踰《ゆ》闍《じゃ》にして、はじめて演出《のべいだ》し給。（中略）しかるに、法相宗は他所になし。ただ我寺にとどまる。我寺の学徒の中に、あになむぢを法灯といはざらんや。汝、てらをはなれし時、我、いかばかりおしかりし。おしみしかども、ちからなし。其も宿縁のひく所なれば。されどもふたたび本寺に

かへれども、またきたる。ゆききたる事は改《あらたま》らざれども、本宗をば猶すてず。しかるを、いまむなしく正法の金《こがね》をくたして、いたづらに苦海《くがい》のそこにしづめんとす。中古以来の学者、或は法慳《ほうけん》により、或は嫉妬によりて、身づからしる所あれども、他にものいはず。其身、おのおのかくれにしかば、其法もともにうせぬ。蔵俊大徳、宿世《すくせ》の願力によりて、法義を記しとどむ。もし、しからざりせば、我宗はながくうせなまし。なんぢ、抄出、いそぎ功をへよ。（中略）今度の病は、我つくる所也。この次第、はやく大師権僧正に申せ」との給けり。

（『春日権現験記絵』巻十六所収貞慶話）

これによれば、「法義の書を著述しろ」という託宣が春日大明神から貞慶に下されていることがわかります。「蔵俊は法義の書を書いたが、その後は書かれていない。このままでは法相宗がなくなってしまうぞ」という勧発を貞慶は受けるのです。それが正治元年（一一九九）の笠置での病悩の際の託宣です。その後に完成されたのが建仁元年の『尋思鈔』であるという流れが、読む人が読めば、あるいはその流れがわかっている人間ならすぐに気づくように仕組まれているのが、『験記』という文学的テクストなのではないかと考えられるのです。

結論から言えば、文学的テクストとしての『験記』は、かなり当時の状況を踏まえて書かれている部分があるのではないかと考えられるのです。それを春日大明神の託宣によるという形に落としこむ、そういうストラテジー（戦略）があったことをこの霊験記において考えるべきではないかと思います。

ちなみにこの託宣ではその後に、伊勢と念仏のことも言及され、魔界の畏《おそ》れについても表明されていますので、この『感応抄』で議論されている貞慶における魔界認識のことにもぴったり接続してまいります。また、法然の専修念仏は学問を退ける魔界の所為だという言い方も、非常によく合致してくるものがあると思います。貞慶の話の後ろには、まさに魔界に堕ちた弟子の璋円（一一七四～一二三九～）についての託宣と救済の話が位置するわけですから、この辺りはとても符合してくる話だと思いつつ、『感応抄』を読ませていただきました。

四、むすび

最後に、こうした思想的な劇《ドラマ》がくりひろげられた後に、貞慶は海住山寺に移住し、ここに「兜率（知足）の曼荼羅」と「安養の浄土図」の二つの図画をかけて、しかも観音を意識しながら阿弥陀浄土図を見ていたのだということを感じています。貞慶の終焉の地である海住山寺は、まさにその全体が南都の全景を遠望できる立地にありますので、春日浄土観としての春日山・三笠山を望み見る最終的な往生の地として貞慶は選んだのではないかと思う次第です。

註

（1）「貞慶の唱導と関東――東大寺図書館蔵『如意鈔』をめぐって」（『戒律文化』第六号、二〇〇八年三月）。

（2）「解脱房貞慶の唱導の多面性と意義――今津文庫所蔵『解脱上人御草』所収「南京北山宿非人等敬白」をめぐって」（『説話文学研究』第四五号、二〇一〇年七月）。

（3）「南都における浄土信仰の位相――貞慶と『春日権現験記絵』をめぐって」（『國語と國文学』第九二巻五号、

二〇一五年五月）。

（4）高橋秀栄「笠置上人貞慶に関する新出資料四種」（『金沢文庫研究』二八五号、一九九一年三月）。

（5）「春日をめぐる因縁と言説――貞慶と『春日権現験記絵』に関する新資料」（『金沢文庫研究』第三〇二巻、一九九九年三月）。

（6）註（3）前掲論文。

（7）『春日権現験記絵』と貞慶――『春日権現験記絵』所収貞慶話の註釈的考察」（『春日権現験記絵　注解』和泉書院、二〇〇五年二月）。

（8）註（7）前掲論文。なお、楠淳證撰『心要鈔講読』（永田文昌堂、二〇一〇年七月）においては、二九四頁に出る。

（9）「論義について語る南都の伝承――維摩会と『春日権現験記絵』との相関」（楠淳證・野呂靖・亀山隆彦編『日本仏教と論義』〈龍谷大学アジア仏教文化研究叢書13〉法藏館、二〇二〇年二月）。

（10）「『維摩経』をめぐる法会・文芸・芸能――『春日権現験記絵』を視座として」（近本謙介編『ことば・ほとけ・図像の交響――法会・儀礼とアーカイヴ』勉誠出版、二〇二二年三月）。

（11）阿部龍一「龍女と仏陀――「平家納経」提婆品見返絵の解明をめざして」（小峯和明編『東アジアの仏伝文学』勉誠出版、二〇一七年六月）。

（12）「南都をめぐる能と日本紀――補陀落の南の岸に展開する文芸世界」（『国文学　解釈と鑑賞』第六四巻三号、一九九九年三月）。

（近本謙介）

付記　著者近本謙介氏は、二〇二三年二月、コレージュ・ド・フランスで行われる研究集会で報告を行うため赴いたパリにおいて急逝された。そのため、本稿は二〇二二年三月にオンライン形式で開催された貞慶セミナーに臨んでなされた近本氏の口頭報告を元に、編者の阿部が文章を整え、必要な本文や注を補って再構成したものである。構成にあたっては、報告の論旨を損なわないよう努めたが、なお違背する箇所があったとすれば、その責めは編者が負うものである。

コラム　『観世音菩薩感応抄』と春日大明神

――『春日御本地尺』を媒介に考える――

貞慶の『御社験記』と『観世音菩薩感応抄』

貞慶（一一五五〜一二一三）の多面的な活動の中でも、重要な結節点の一つが春日信仰です。貞慶には『御《ご》社験記《しやげんき》』という春日霊験譚を集めた著作があったことが『教訓抄《きようくんしよう》』から知られ、『春日《かすが》権現験記《ごんげんげんき》絵《え》』の源流にあたる重要な書籍であったと推測されていますが、『御社験記』自体は散佚《さんいつ》して残っていません。そこに『教訓抄』において言及される興福寺の楽人《がくにん》であった狛行光《こまのゆきみつ》（一〇九二〜一一五二）の春日霊験譚（『春日権現験記絵』巻六の当該話に対応）が入っていたことは確実で、(1) 東寺《とうじ》観智《かんち》院《いん》蔵『〔貞慶鈔物《じようけいしようもつ》〕』に見える竹林殿造営の話などもこれに準じて扱うことができますが、内容の多くは不明です。ただし、『春日権現験記絵』巻十に見える教懐《きようかい》（一〇〇一〜九三）の話は、同書と縁深い称名寺聖教《しようみようじしようぎよう》『春日因縁少々』に見えるだけでなく、貞慶の『春日大明神発願文《かすがだいみようじんほつがんもん》』にも簡略な形で言及されており、さらに『観《かん》世《ぜ》音菩薩《おんぼさつ》感応抄《かんのうしよう》』（以下、『感応抄』）第一「帰依因縁」にも、

> 教懐上人は春日の冥助を請ふ（う）に、眼前に形を現し、「我が家は西方に在り」と示せり。(2)

とあることから、『御社験記』に入っていた可能性はかなり高いといってよいでしょう。南都（奈良）を離れた教懐が腰の病に際して春日大明神に祈ったところ、「汝は我をすつれども、われは汝をすてず。我家は西方にあり」と夢の告げがあったという離寺僧への託宣が、[3]『感応抄』第五「当来値遇」において「若《も》し一たび値遇を得ば、永く我を捨離《しゃり》せず」とある観音についての一節とも響き合っているのは、近本謙介氏が注目する通りです。また、同書第一「帰依因縁」において、

之《こ》れに依り、家は常州に在るの昔は、自ずから鹿島の冥助を受け、春に進んで中宗（法相宗）を学してより以来《このかた》は深く三笠の神恩を仰げり。今、本寺を離れて当山に住すと雖も、真に付け、俗に付け、憑《たの》む所は他無《な》し。是の故に垂迹《すいじゃく》自り本地を得る。[4]

というのも、やはり離寺僧であっても春日信仰を持つ者を擁護するという春日霊験譚の説話の定型をふまえた表現として読むことができそうです。

春日一宮の観音本地説

『感応抄』第一「帰依因縁」では、観音に帰依する因縁を種々述べる中で、長谷寺をはじめとした観音所縁の霊地を挙げ、次に興福寺と観音の関わりにふれています。その中に「春日の第一と第四の宮は、観音の現れと称す」[5]という一節があります。春日の第一宮について

は、不空羂索観音《ふくうけんじゃくかんのん》本地説があった一方で、貞慶が釈迦本地説を称揚したことはよく知られていますが、観音を主題とした本書では、観音本地説について言及しているのです。

この点に関して想起されるのは、称名寺所蔵の聖教である貞慶の『春日《かすが》御《ご》本地尺《ほんじしゃく》』(6)です。称名寺には、同じく春日社の本地説を述べた漢文体の『春日御社事《かすがおんしゃのこと》』も伝わっており、『春日御本地尺』の大部分は『春日御社事』を読み下し、和文化したような体裁となっています(一部には独自の本文があります)。また、『春日御本地尺』の一部には『春日権現講式《かすがごんげんこうしき》』と同文的な一致を見せる箇所もあり、『春日権現講式』とも関係が深いことが知られています。『春日権現講式』は、春日の五所権現に対する表白《ひょうびゃく》の後、垂迹の方便を讃《ほ》め、春日大社の五所の本地を明かし、廻向《えこう》の志願を述べるという構成になっています。その五所の本地を明かす部分では、一宮について、

> 暫く一説に依らば、一の宮は一代教主の釈迦如来、五百塵劫《ごひゃくじんごう》このかた八千往来の間、この界の濁悪《じょくあく》を捨てたまはず。(7)

として釈迦本地説を挙げており、これは『春日御本地尺』でも「今一説によりて其功徳《くどく》をあかしたてまつるなり」とした後、「一宮は一代教主尺迦牟尼□也……」と述べ、以下もほぼ対応する記事が続いています。(8)

ただし、『春日御本地尺』には、不空羂索観音本地説も見えているのです。それは、内題

の「春日御本地〈笠置上人御草〉」と次行の「當社権現五所ノ御本地……」の間に、朱で「或真言記云、四所共皆不空羂索云々」とある記事です。行間の朱書も含めて、もとは貞慶によるものとみなせるかどうかは微妙な問題ですが、行間の朱書ではない本文中にも「暫く一説に依らば」とあることが異説の存在を示しており、朱による異説も貞慶が関わっている可能性は十分にあります。『感応抄』の第三「滅罪利益《りやく》」を読むと、特に玄奘《げんじょう》訳『不空羂索神呪心経《ふくうけんじやくじんじゅしんきょう》』を引用しながら、不空羂索観音の神呪に滅罪の利益のあることを論じており、貞慶の観音信仰において不空羂索観音が少なからぬ位置を占めていたことに気づかされます。『感応抄』で「春日の第一と第四の宮」にふれるうち、もう一方の第四宮の本地仏については、『春日御本地尺』では「十一面観自在菩薩」(十一面観音)を挙げていますので、朱書に「四所共皆」というのは、一宮の不空羂索観音本地説を四所権現全体に広げた説だと考えられます。貞慶の祖父師であった蔵俊《ぞうしゅん》(一一〇四~八〇)の『類集抄《るいじゅうしょう》』の中に、

春日明神は是《こ》れ不空羂索の垂迹にして、大明神殊《こと》に藤氏の北家(藤原北家)を守り、法相大乗宗を弘《ひろ》む。(9)

とあったことを受けて、貞慶が「四所共皆」と解釈した可能性もあるでしょう。

興福寺南円堂への言及

一宮の不空羂索観音本地説は、興福寺の南円堂に安置される不空羂索観音と関係が深い説です。『感応抄』では、春日の本地説の観音にふれた記事の少し後で、

> 長岡の右大臣（藤原内麻呂《うちまろ》）は三目の霊像を造りて内に隠して相国《しょうこく》（藤原冬嗣《ふゆつぐ》）に贈り、八柱の円堂を建てたり。弘法大師は機を監《み》て指誨《しかい》せるに、率川《いさがわ》明神、時を知りて歌を詠む。爾自《それよ》り以降《このかた》、累代に柄を執り、一門は塵を継げり。(10)

として興福寺南円堂に言及しています。弘仁《こうにん》四年（八一三）の南円堂創建については、弘法大師空海の教えによって建立したという伝承があり、その際に神の詠歌があったとされています。このような伝承について記す諸書のうち、特に率川明神の歌とするものとして、大江《おおえの》親通《ちかみち》の保延《ほうえん》六年（一一四〇）の南都巡礼がもととなった『七大寺巡礼私記《しちだいじじゅんらいしき》』の記事には、次のように記されています。

> 古老の伝に云はく、房前《ふささき》の宰相（藤原房前）、弘法大師の教訓に依りて、不空羂索の像を安置せんがため、南円堂を建立せらるる剋《とき》、壇を築く人夫の中に、老翁、相ひ交《（い）》じはり歌を詠みて云はく、
>
> フダラキミミナミノヲカニスミキセバキタノ藤ナミイカニサカエム

又た或る人詠みて云はく、

フダラヌシミナミノカタニイヘヰシツイマゾサカエムキタノフヂナミ

口伝に云はく、件の老翁は、率川明神にして春日大明神の御使、彼の人夫に交じはりて此の句を詠むと云々。此の歌、両様也、実説尋ぬべし。(11)

観音の補陀落山《ふだらくせん》を前提とし、その主たる観音が南円堂に坐すことによる藤原北家の繁栄への祈りを詠み込んだ歌について、異同のある二首を挙げた上で、詠んだ老翁を春日大明神の御使としての率川明神とする口伝が記されているのです。この歌については、橋本正俊氏・大橋直義氏の研究(12)が詳細ですが、歌を詠んだ主体については、春日大明神、率川明神、榎本明神、鬼神などの諸説があり、歌の本文にも異同があります。『新古今集』巻第十九（神祇歌）には、

補陀洛の南の岸に堂立てて今ぞ栄えむ北の藤波

という形で、春日の榎本明神が詠んだとされていますが、やはり歌の本文に異同があります。一方、率川明神とする説は、他に高山寺蔵『〔興福寺南円堂不空羂索等事〕《こうぶくじなんえんどうふくうけんじゃくとうのこと》』所引の「十五大寺日記」や『興福寺流記《こうぶくじるき》』にも見えます。「十五大寺日記」は大江親通の保延六年（一一四〇）の南都巡礼に基づく記録であり、『七大寺巡礼私記』はその抄出本と考えられており、

『興福寺流記』の当該記事も『七大寺巡礼私記』に基づく引用と見られています。[13] 率川明神が詠んだと貞慶が記していることは、逆に大江親通が十二世紀の興福寺における正統な説を記したことをも示唆しています。『春日御社御本地幷御託宣記《かすがおんしやごほんじならびにごたくせんき》』等によると、率川明神も榎本明神も、春日社の摂末社を内院・中院・外院に分ける際には外院に属する神と見なされており、興福寺周辺では古くは率川明神の歌とされていたものが、後に主神の春日明神の歌とされたり、榎本明神の歌とする異説を生じるに至ったとも考えられます。

観音への随従の願い

『感応抄』第六「利他方便」には、次のような一節があります。

昔、無諍念王《むじようねんおう》は菩提心を発し、第一太子も亦《ま》た紹継《しようけい》して願じ、初心の意楽《いぎよう》を改めずして遂に果地《かじ》の補処《ふしよ》を得る。小僧の別願は、粗《ほ》ぼ其の跡を学ぶにあり。（中略）願わくは只だ阿難の侍者と為るが如く、羅雲の長子と為るに同じく、生々世々に影の如くに随従し、在々処々に共に尊びて往来せんことを。[14]

ここでは、釈迦にとっての阿難《あなん》・羅睺羅《らごら》（羅雲）のように、貞慶もまた観音に随従することを希求しています。このような「阿難・羅睺羅のように随従したい」という願いは『春日御本地尺』にも、但願は□（生カ）を霊山のうちにうけ、すみかを宝殿のみまへ（御前）にしめて、昼夜寤寐《ごび》、親近奉仕せん。（中略）若《も》し機根やうやく熟□□見聞仏法にたへたらむ時は□く本地の相海をあらはして□（た）ち所に微妙の浄土を現じ給へ。阿難・羅睺につげしがごとく我名をめし、法成《ほうじょう》遊化《ゆけ》に如随《したがふがごとく》、我も又、仏後には□（べ）らむ。[15]

と見えています。『春日御本地尺』の場合は、春日の本地の中でも霊山浄土の釈迦に阿難・羅睺（羅睺羅）のように奉仕したいという思いが示されていますが、『感応抄』でも観音に随従する場合に、同様の表現が使われていたことが知られます。

なお、右の一節は、貞慶の『春日権現講式』の垂迹の方便を讃歎する段において、

もし機根漸《ようや》く熟して、見仏聞法の時に堪へ（え）ば、早く本地の相海を顕はして、立ちどころに微妙の浄土を現じたまへ（え）。[16]

とある句とも対応しています。この「機根漸く熟して」という言葉は、おそらくは『成唯識《じょうゆいしき》論《ろん》』における因縁の成熟による浄土の変為に由来があると考えられます。貞慶の『唯識論尋《ゆいしきろんじん》思鈔《しじょう》』にも、「浄業の成熟による浄土知見論」[17]が展開されていることは、楠淳證氏の研究に詳しいところです。『仏舎利観音大士発願文《ぶっしゃりかんのんだいしほつがんもん》』末尾の釈迦・舎利・観音に祈る句の中において、

南無、大恩教主釈迦如来、十方流布遺身舎利、影の如く身に随ひて、我が身器を調熟せしめよ。(18)

という時の、釈尊の教化による「調熟」という語とも通底する意味がありそうですが、『春日御本地尺』『春日権現講式』においては、浄土知見の前提として「機根漸く熟して」と述べている点に注意したいと思います。

さて先程、「釈迦にとっての阿難・羅睺羅のように」と書きましたが、観音に随従するあり方としては貞慶の『別願講式《べつがんこうしき》』に、

願はくは唯だ持明《じみよう》の仙人と為り、若しくは又、護法の神と為らん。(19)

とあり、舩田淳一氏が本書の論文で注目されているように、貞慶は「観音侍者」としての持明仙《じみようせん》(持呪仙《じじゆせん》)を強く意識していました。『春日御本地尺』と共に称名寺に伝わった貞慶の『舎利《しやり》発願《ほつがん》』にも、南海布恒洛迦山《なんかいふだらかせん》において、「持呪仙人と共に観音の侍者としてつねに大悲法門を修し、よく衆生の苦患を救わん」といい、かつまた「当来には観自在と名乗らん」という願いが述べられています。(20) 一方で貞慶は、「この願をおこしたのは釈迦教化の力である」といい、「遺身舎利の力を離れてどうしてその事を成すことができようか」といいます。貞慶の信仰の主軸が、釈迦信仰から観音信仰に移る中で『感応抄』が成立したと考え

られますが、舎利信仰と観音信仰の双方が重要な要素をなす貞慶の著作が、この『舎利発願』や『仏舎利観音大士発願文』です。これらは貞慶の信仰の展開を考える上でも興味深い著作といってよいでしょう。

『春日御本地尺』の別願と『観世音菩薩感応抄』

『春日御本地尺』では、春日の本地説を挙げた後、近本謙介氏が指摘したように『春日権現験記絵』の跋文と対応する「本地仏が春日社の瑞籬《みずがき》のほとりにまします」という春日浄土観を示します。そして、我身の宿業を恥じて、大明神の御方便を仰ぐ、と記した後、次のような「別願」を表明しています。

一の別願あり、権現悲給べし。此事若《もし》かなはずは、余事は弥《いよいよ》あたはじ、其願もしとげぬべくは、他の願も又疑なし。但、以前以後の所有の善根、併一門に回向す。但願は□（生カ）を霊山のうちにうけ、すみかを宝殿のみまへ（御前）にしめて、昼夜寤寐《ごび》、親近奉仕せん。（中略）又、先世の知識[21]其□いくそばくぞ。平等に済度□□自他同く覚らむ。（中略）□（闇カ）浮生の間常に社頭に詣し冥目のきざみ、遂に御山に住して、□経誦咒のつとめ功をつみ、徳を□□む。そも〳〵世々の知識、其数いく□（そカ）ばくぞ。面々の恩徳、勝劣なしといへども、身にとりて難忘は養母の芳志也。抜□（苦カ）の方便、凡力のをよ（及）ぶ所に□（あカ）らず。偏に御力をたのみ、神□（力カ）あふぐ。願は、十方に往来し、□□経歴して、此生所を尋て、其苦患をすくひ給へ。乃至法界平等利益。

ここでは、春日社本地の中の釈迦の霊山《りようぜん》浄土を希求するとともに、善根は一門に回向するとして、恩徳ある世々の知識の中でもとりわけ母の救済について、「十方に往来して生所を尋ね、その苦患を救う」よう祈っています。

先に引用した『感応抄』第六「利他方便」で「生々世々に影の如くに随従し、在々処々に共に尊びて往来せんことを」というのも、処々の有情《うじよう》救済を願う文言でした。貞慶の『弥勒《みろく》講式《こうしき》』の第五段でも、「宿世の機縁によって上生し、見仏聞法して勝位《しようい》に進むべし」とした後、「或る時には六趣の巷に廻りて、泣く泣く往昔の恩愛を尋ねん」としており、『兜率略要《とそつりやくよう》』でも「見仏聞法によって十方の国土・三世の因果、生々世々の恩愛知識を観る」ことについて書いた後、目連の母の救済にふれています[22]。ただし、貞慶が具体的に父母の救済に言及するのは『仏子《ぶつし》某春日明神願文《ぼうかすがみようじんがんもん》』においてであり、

抑《そもそ》も我が父母、罪重く迷ひ深し。出離得脱《しゆつりとくだつ》、其の期、昼夜無きが如く、嘆くと雖も自力及び難し。抑も願はくは、慈尊《じそん》と釈迦大師と共に、仏子に代りて、方便を廻し、其の意を開悟し、其の道を教示し、順次生に必ず三途《さんず》の苦を離れ、漸次、増進して、大聖《だいしよう》に値遇せんことを[23]。

として、慈尊（弥勒）と釈迦とに救済を願っています。新倉和文氏が論じるように、貞慶は父母救済を核として多くの衆生《しゅじょう》を救済していこうとする論理を持っていました。(24)『春日御本地尺』と合わせて考えると、自らの父母救済への願いは、特に春日大明神に託されていた面があるようです。

『感応抄』第一「帰依因縁」では、

　小僧の父は洛下の隠士也。和州の隅に卜栖す。母は外賤の業を開く也。(25)

と記しています。『仏子某春日明神願文』が「罪重く迷ひ深し」というのは、この「外賤の業」という表現とも対応しており、母の救済には特別な思いがあったようです。「帰依因縁」で父母にふれた後、春日大明神の神恩と観音の本誓について述べるのは、和州という地理条件だけでなく、父母救済の祈りが特に観音の垂迹である春日大明神に対する別願であったことを物語っていると考えられます。

註

（1）高橋悠介「称名寺聖教中の春日関係資料と『春日権現験記絵』」（『説話文学研究』四六、二〇一一年）、同「貞慶の春日信仰――称名寺聖教を通して」（『解脱上人貞慶――鎌倉仏教の本流』奈良国立博物館、二〇一二年）。

（2）楠淳證・新倉和文『貞慶撰『観世音菩薩感應抄』の研究』（法藏館、二〇二一年）一九五頁。

(3)『春日権現験記絵注解』（和泉書院、二〇〇五年）一二七頁。
(4)註(2)前掲『貞慶撰『観世音菩薩感應抄』の研究』一九六頁。
(5)註(2)前掲『貞慶撰『観世音菩薩感應抄』の研究』一九五頁。
(6)高橋秀栄「笠置上人貞慶に関する新出資料四種」（『金澤文庫研究』二八六、一九九一年）。
(7)『貞慶講式集』（山喜房佛書林、二〇〇〇年）二〇八頁。
(8)以下、『春日御本地尺』の原文は「片仮名」表記ですが、読者の便のため「平仮名」表記に改めました。
(9)註(2)前掲『貞慶撰『観世音菩薩感應抄』の研究』一四二頁参照。『類集抄』については、劔持雄二「「蔵俊僧都作」『類集抄』について」（『待兼山論叢　文学篇』一六、一九八二年）も参照。
(10)『貞慶撰『観世音菩薩感應抄』の研究』一九二頁の翻刻では「率川明神知時歌詠白文以降」とし、訓読では「率川明神をば知るの時に歌に白文を詠んでより以降」としています。ただし、同書の原本写真を参照し、「歌詠」までで文章を区切って、「自尒《(爾)》以降」と続くと解釈してみました。
(11)『公刊美術史料　寺院篇　上巻』（中央公論美術出版、一九七二年）五〇・五一頁に基づき、漢文を読み下し、表記を改めました。
(12)橋本正俊「興福寺南円堂創建説話の形成」（『仏教文学』二五、二〇〇一年三月）、同「南円堂鎮壇をめぐる説話」（『京都大学國文學論叢』九、二〇〇二年十一月）、大橋直義『転形期の歴史叙述――縁起 巡礼、その空間と物語』（慶應義塾大学出版会、二〇一〇年）第十章第四節「『七大寺巡礼私記』と歌書――六条藤家歌学」。
(13)註(12)前掲、大橋直義論文。
(14)註(2)前掲『貞慶撰『観世音菩薩感應抄』の研究』三二〇頁。
(15)原文に濁点や句読点を加えました。原本の欠損部分は□で示しています。
(16)註(7)前掲『貞慶講式集』二〇七頁。
(17)楠淳證『貞慶撰『唯識論尋思鈔』の研究――仏道篇』（法藏館、二〇一九年）。浄土知見論については、本書の楠論稿・船田論稿もあわせてご参照ください。

(18)『日本大蔵経　法相宗章疏二』(日本大蔵経編纂会、一九一五年)三三頁・下。

(19)『弥勒如来感応抄』第一所収。平岡定海『東大寺宗性上人之研究並史料(下)』(日本学術振興会、一九六〇年)二二八頁。

(20)『舎利発願』の称名寺蔵本には欠損部分がありますが、花園大学今津文庫蔵『上人御草等』や、金剛三昧院蔵『舎利』所収の本文を勘案することによって、これを復原することができます。前者は杉﨑貴英「高山寺方便智院伝来『上人御草等』(抄)――解脱房貞慶関係史料の紹介と翻刻」(『博物館学年報』三三〔同志社大学博物館学芸員課程〕、二〇〇一年十二月)に翻刻掲載。後者は、高橋悠介「伝貞慶編『舎利勘文』小考」(『斯道文庫論集』五八、二〇二四年)に翻刻掲載。

(21)本書は従来「知識」までで「後欠」とされていましたが、別置されていた断簡に、従来知られていた部分と接続する本文があることは註(1)前掲「称名寺聖教中の春日関係資料と『春日権現験記絵』」をご参照ください。

(22)註(17)前掲『貞慶撰『唯識論尋思鈔』の研究――仏道篇』第一部第三章参照。

(23)註(19)前掲書二二八頁。

(24)新倉和文「東大寺所蔵　貞慶撰『観世音菩薩感應抄』」(『南都仏教』八九、二〇〇七年)、同「貞慶著『観世音菩薩感應抄』の翻刻並びに作品の意義について――阿弥陀信仰から観音信仰へ」(『南都仏教』九二、二〇〇八年)。

(25)註(2)前掲『貞慶撰『観世音菩薩感應抄』の研究』一九六頁。

(高橋悠介)

第三節　笠置寺般若台の造形と構想

——貞慶の遁世と実践をめぐって——

はじめに

　奈良・興福寺の解脱房貞慶《げだつぼうじょうけい》（一一五五〜一二一三）は、優れた学僧として将来を嘱望されながらも、建久三年（一一九二）に興福寺を離れて奈良と京都の間の山深くにある笠置寺《かさぎでら》へと遁世《とんせい》しました。笠置寺へ移った貞慶は、本堂などがある寺の中心から南に一〇〇メートルほど離れた位置に「般若台《はんにやだい》」という名の六角堂を建立し、完成すると建久六年（一一九五）十一月に供養の法会《ほうえ》を行いました。その場所には、いまはただ礎石が遺るのみですが、発掘調査により、正六角形の外陣と内陣をそなえた般若台、さらに僧房と鐘楼があったことがわかっています(1)。般若台の内陣には六角経台（六角形の厨子）が安置され、その中には『大般若経《だいはんにやきょう》』六百巻、釈迦如来・文殊菩薩・弥勒菩薩の彫像、仏舎利《ぶつしゃり》が納められました。この『大般若経』六百巻は、貞慶が養和二年（一一八二）に書写の願を発《おこ》し、十一年間かけて書写させたものです。書写の終わる直前の一〇〇日間は春日社に参詣して仏道への加護を願っていることからも、この『大般若経』およびこれを納めるべく創建された般若台は、仏道の実践と成就のために遁世した貞慶の再出発の象徴といえるでしょう。

残念ながら般若台自体は失われましたが、六角経台の扉絵を写して制作されたと考えられている品が興福寺に残されています。それが鎌倉時代の十三世紀に制作された板絵護法善神像《ごほうぜんじんぞう》（重要文化財）です。(2) 十二面一揃いで、上下に厨子にはめ込むための枘《ほぞ》があり、それぞれ表面は黒漆塗り、裏面には一体ずつ仏法を守る天や僧侶の姿と尊名が表されています。般若台に関する現存唯一の視覚資料として、長く般若台や貞慶との関係が注目されてきました。

貞慶は供養の法会を行うにあたり、どのような願いを込めて般若台を創建したのかを「笠置寺般若台供養願文《かさぎでらはんにゃだいくようがんもん》」(3) に表しました。願文には「木絵諸尊は仏子（貞慶）の顕《あらわ》す所なり。各に深き志有るも具《つぶ》さに記すこと能《あた》はず」とあり、六角経台の扉絵が貞慶の信仰を反映した重要な絵画であったことがわかります。護法善神像に描かれる図像はこれまで詳しく分析されてきませんでしたが、この写しを通して六角経台の扉絵を分析すれば、貞慶がどのような目的で般若台を創建したのかをより詳細に知ることができそうです。般若台創建にこめられた祈りは、その後展開された彼の多岐にわたる信仰活動の基盤となったに違いありません。

そこで本節では、護法善神像が六角経台の扉絵の写しであることを確認した上で、描かれた図像に注目しながら、貞慶が創建した般若台とはどのような造形から成る空間で、どのような宗教構想のもと創建されたのかについて検討します。

一　板絵護法善神像と般若台六角経台

護法善神像には、梵天《ぼんてん》・帝釈天《たいしゃくてん》・四天王・娑伽羅龍王《しゃがらりゅうおう》・焔魔王《えんまおう》・法涌菩薩《ほうゆうぼさつ》・常啼菩薩《じょうたいぼさつ》・阿難尊者《あなんそんじゃ》・玄奘三蔵《げんじょうさんぞう》が描かれています。注目されるのは、梵天・帝釈天が珍しい姿で表されていることです。梵天は両手で扇をとり、帝釈天は左手に三鈷杵《さんこしょ》をとって右手を胸前で立てています。梵天・帝釈天・四天王の像を本尊の周りに配置する例は奈良時代から多くありますが、本品と同じ手の構えと持物の梵天・帝釈天の組み合わせはめったにありません。しかし、仏教絵画の図像にはひとつひとつ意味があるため、貞慶が勝手に考案した図像とは考え難く、何かしらの典拠があるはずです。その典拠を探る手がかりを得るため、絵画表現を詳細に観察してみます。

護法善神像（左：帝釈天　右：梵天）
興福寺　鎌倉時代（13世紀）

この絵では、諸尊の着衣や持物

の線は墨線で、肉身の輪郭線は赤線でそれぞれ表されています。諸尊の描写を詳細に追っていくと、不自然な点がいくつか見られます。例えば、帝釈天の腹部に着衣の隙間からのぞくように赤い輪郭線で肉身が表されている点や、梵天の右腕にて袈裟を両肩にかけていれば見えないはずの所から内側の衣の袖が垂下している点などです。前者は、墨のみで描かれた白描図像《はくびょうずぞう》を典拠として写して彩色した際に、衣文線と肉身線を間違えたもののように見えます。

この特徴をふまえて白描図像を探していくと、ある白描図像に描かれた帝釈天が護法善神像のものと一致しました。それが、京都・勧修寺《かじゅうじ》の学僧であり図像収集家でもあった実任《じつにん》（一〇九六～一一六九）が長寛三年（一一六五）に三川君に命じて写させた「般若十六善神《はんにゃじゅうろくぜんじん》図像《ずぞう》」（以下、実任本）です。帝釈天の両手の構えと持物、胸甲の装飾、膝下の衣の皺など、細部までよく似ています。一方の梵天は、実任本では四本の腕で水瓶《すいびょう》と払子《ほっす》を持つ護法善神像と異なる姿ですが、額の三眼や冠の形式は同じです。先に護法善神像の梵天の袈裟と袖の関係が不自然であることを確認しましたが、こ

般若十六善神図像
個人蔵　長寛3年（1165）

れは実任本をベースに、別の図像を組み合わせて二本の腕で扇を持つ姿に改めたために不自然になったと考えられるため、こちらも実任本を前提に描かれたとみてよいでしょう。

実任本は、日本で写された時期や所有者がわかる貴重な作例です。また、梵天・帝釈天の下膨れの輪郭と吊り上がった目尻を特徴的とする面貌が、中国・宋の仏画の影響を顕著に伝えているため、日本に請来《しょうらい》された宋画を原本として転写されたものと考えられています。原本となった図像については、延久四年（一〇七二）に宋に渡った成尋《じょうじん》（一〇一一～八一）により、宋代に新訳された般若経典とともに日本に送られたとする説があり(4)、宋から持ち込まれた図像が日本でどのように伝わったかを示す例として重視されてきた作品です。平安時代や鎌倉時代には、図像の転写・収集は誰でも自由に行えたわけではなく、法脈を継ぐ弟子が師匠の所持した図像を転写するなど、図像の継承は厳しく制限されていました。そのような中で、おそらく成尋によって請来され、実任によって転写・所持された、他にはあまり転写の例がない貴重な図像が護法善神像の典拠になっているのです。

従来、興福寺伝来の護法善神像が笠置寺般若台に関連付けられてきたのは、描かれた十二尊の組み合わせが願文と同じであったためですが、由緒ある図像を典拠としていることがわかり、ますます貞慶が描かせた般若台六角経台の扉絵の写しである可能性が高くなったと言えるでしょう。また同時に、貞慶が北宋などからもたらされた図像に関心をもっていたことも意味しています。その図像は、成尋が実任本の原画を宋代に漢訳された経典とともに日本に送付した説があるように、経典などとともに伝わった可能性があり、貞慶の関心がそうした経典にも向かっていた可能性を示唆しています。

では、貞慶がこの十二尊を六角経台の扉に描かせたのはなぜなのでしょうか。そこで考えたいのは、六角経台の中に納められた宝物と扉絵の関係です。次項では、「笠置寺般若台供養願文」から六角経台に納められたものについて確認してみましょう。

二　般若台に納められた宝物

貞慶は般若台六角経台に『大般若経』六百巻を納め、中央に釈迦如来像・文殊菩薩像・弥勒菩薩像の三軀の彫像と仏舎利十六粒を安置しました。

貞慶が名付けた「般若台」という名称が、『大般若経』の「常啼菩薩品《じょうたいぼさつぼん》」で求道者である常啼菩薩が般若の教えを説く法涌菩薩に出会った道場の名に由来することからも、ここが『大般若経』を核として構成された空間であることは明らかです。貞慶は『大般若経』の中でも般若理趣分《はんにゃりしゅぶん》を重んじていたようで、『大般若経』書写の過程で、建久三年（一一九二）に笠置の信仰の中心である弥勒磨崖仏《みろくまがいぶつ》の前で自ら般若理趣分を写したものの、異念が混じったとして、建久六年七月に笠置寺で書写し直したほどです。その理由は、彼が「笠置沙門《かさぎしゃもん》」の肩書で著した『心要鈔《しんようしょう》』にうかがえます。『心要鈔』は、唯識教学の視点から、般若（智慧）の加被《かび》のもと菩提心《ぼだいしん》（悟りを求める心）を発し、仏道を実践して菩提を成就するための行道体系を八門に分けて論じた書です[5]。般若すなわち『大般若経』と菩提心の関わりを説いた第八「覚母《かくも》門《もん》」では、『大般若経』十六会のうち第九会と第十会が最要であるとし、特に第十会般若理趣分に説かれる法を行じれば六波羅蜜《ろくはらみつ》の行をすべてそなえることができると論じています[6]。六波羅蜜は菩提に至るための六種の修行のことですから、仏道の実践が重視されていたために般若理趣分が大切にされたと想定できます。

『大般若経』を納めた中央に釈迦如来像・文殊菩薩像・弥勒菩薩像が安置されたことについても、『心要鈔』が参照できます。同書では仏道実践にあたり心を清浄にする戒を受けて護持することを必須としていますが、第三「三学門」では、菩薩戒を伝える盧舎那仏《るしゃなぶつ》の化身の釈迦について『梵網経《ぼんもうきょう》』を引用しながら説き、また第八「覚母門」では、菩薩戒を受けるには文殊を羯磨阿闍梨《かつまあじゃり》、弥勒を教授《きょうじゅ》阿闍梨《あじゃり》とすると説いています。[7] 六角経台に安置された三尊像は、菩薩戒を授ける戒和尚の釈迦、羯磨阿闍梨の文殊、教授阿闍梨の弥勒だったのでしょう。三尊より菩薩戒を受け、護持することを願ったのだと考えられます。

このように、『大般若経』の中でも般若理趣分が念入りに用意されたことや、六角経台の中央に安置された三尊像から、般若台は『心要鈔』に示された菩薩戒の護持や仏道実践のために構想された可能性が考えられます。扉絵には、護法の梵天・帝釈天・四天王と、経典中の般若台で出会う法涌菩薩・常啼菩薩が描かれます。このほか、『大般若経』との関係が明確でない阿難尊者、娑伽羅龍王、焔魔王が含まれていますが、例えば『心要鈔』では閻（焔）魔王が利他行に不可欠な大悲心を発させる象徴とされているように、菩薩戒の護持や自利・利他の二利を満たした仏道の実践との関わりを考慮すれば、これを助ける役割を担うものとして、扉絵の諸尊について今後新たな解釈を見いだすことができるかもしれません。

ここまで見てきた般若台や六角経台などの造形物は、供養の対象となることではじめて菩薩戒の護持や仏道成就を助けるなどの効力を発揮します。では、その効力はどのような供養者に向けられることが想定されていたのでしょうか。

三　般若台における儀礼と供養

般若台の供養については、貞慶の願文からは年に一回の霊山会《りょうぜんえ》と、日常的な舎利供養の二種類が構想されていたのではないかと推定されます(8)。

霊山会は、毎年二月に興福寺から六人の学僧を招き、般若台において三日六座の講説問答で三部の経典を講じる法会です。三部の経典が何を指すかは明確ではありませんが、護法として般若台の脇に勧請《かんじょう》された春日明神のために行われたといいます。『大般若経』書写の過程で春日社に一〇〇日間参詣するなど、興福寺僧の護法神であった春日明神に対する貞慶の信仰は篤く、霊山会でも般若台における仏道成就への守護が祈られたのでしょう。

一方の日常的な舎利供養については、般若台とともに建立された僧房に関する願文の記述が注目されます。貞慶は願文で、「住持の為に敬て僧舎を造り、敬て十方衆僧を供養し奉る。此において有縁《うえん》の人来て止住し、晨昏《しんこん》に舎利に仕えること彼の沙弥寺の因縁の如し」と述べています。この「沙弥寺」は、仏舎利を祀る塔を擁し沙弥が住持をつとめていた天竺の寺を指すとみられます。『大唐西域記《だいとうさいいきき》』には沙弥寺について、象が舎利塔を供養する光景に感銘を受けた遊行《ゆぎょう》の比丘《びく》が具足戒を捨て沙弥となり、萱葺きの家を造って常住して、時節の花を供え、水を注ぎ、舎利塔の境内を清めて供養したことが寺の始まりとなり、それ以来沙弥が住持となったとあります(9)。古くから弥勒磨崖仏が有名な笠

仏像彩画円柱　部分(左:帝釈天　右:梵天)
藤田美術館　鎌倉時代(13世紀)

置には、貞慶のいた時代にも遊行の僧侶や修験者が多く集まっていました。貞慶は沙弥寺の因縁と同じように、遊行の修行者が般若台の仏舎利を供養できるよう僧房を建立したのでしょう。般若台は貞慶ひとりのためではなく、笠置を行き交う人々とともに仏道修行を成し遂げることができるよう構想されたものだったのです。

ここで再び護法善神像に立ち返り、同図像を描くもう一つの例として藤田美術館所蔵の仏像彩画《ぶつぞうさいが》円柱《えんちゅう》を挙げます[10]。八本一揃いで、かつては八角堂の柱だったと考えられているものです。各柱上部に菩薩、下部に梵天・帝釈天・四天王と僧形二体を描いており、金泥盛上を用いた彩色方法や使用された文様などの絵画表現から鎌倉時代の十三世紀半ばに制作されたとみられます。このうちの梵天・帝釈天・僧形二体の図像が護法善神像と一致しており、梵天・帝釈天については、実任本に改変を加えた護法善神像と同じ図像が描かれています。僧形二体は、護法善神像に墨書された尊名から、法涌菩薩と常啼菩薩とわかります。仏像彩画円柱は奈良・西大寺伝来として藤田家に伝わったものですが、西大寺には八角堂がなく、また明治時代に奈良の他寺院のものが複数流入していたため、この円柱も奈良の他の寺院より移されたものとみられます。そこで注目されるのが、明治初年に廃寺となった内山《うちやま》永久寺《えいきゅうじ》の多宝塔です。多宝塔は保延三年（一一三七）に建立された八角形の塔で、建長六年（一二五四）頃に修理が行われていました。塔内には釈迦・薬師・阿弥陀・弥勒の四仏と瑠璃の舎利塔が安置され、十六善神像が図絵されていたといいます。十六善神像は『大般若経』を供養する際に用いられる絵画ですから、塔内は『大般若経』信仰に基づく空間であったと考えられます。仏像彩絵円柱は『大般若経』を納める笠置の般若台と図像を共有していること、絵画の様式と多宝塔の修理の年代が一致することから、この空間を構成する一要素であった可能性が考えられます。多宝塔の瑠璃舎利塔には、元仁二年（一二二五）に笠置の法阿弥陀仏が舎利を奉納しており、このような笠置と内山永久寺を行き交った修行者のために図像が伝えられたのかもしれません。貞慶が顕した「木絵」は、彼の没後も写し伝えられ、新たな信仰空間を彩ったのです。

おわりに

本節では、貞慶の遁世の象徴である笠置寺般若台について、造形を考察の対象としながら背景にある宗教構想について検討してきました。

般若台は『大般若経』を核とした信仰空間であり、その中心に据えられたのは菩薩戒を授ける戒和尚釈迦・羯磨師文殊・教授師弥勒の三尊でした。これをふまえると、貞慶が般若台を創建して成し遂げようとしたことは、『大般若経』の力によって菩提心の発起を促し続け、仏道実践のための基礎である菩薩戒を護持した上で、自ら『心要鈔』に著したように菩薩行を実践することであり、それによって浄土往生やその先にある菩提成就という願いを叶えることだったのではないかと推察されます。
また、貞慶が顕したという六角経台の扉絵が、興福寺に伝わる護法善神像や、内山永久寺多宝塔のものだったと思われる仏像彩画円柱に写し伝えられていることも確認しました。貞慶の晩年あるいは没後にあたる十三世紀にこうした作例が制作されたのは、『心要鈔』などの彼の著作を道標に修行を続けた人々の存在があったからではないでしょうか。そこには笠置の僧房に集い般若台を供養した遊行の僧侶や修験者が含まれていたでしょう。扉絵の図像の広まりは、自分ひとりではなく、笠置を訪れる修行者とともに仏道成就を目指した貞慶の笠置寺般若台構想が、彼自身の仏道修行の再出発に留まらず、彼に続く修行者たちの願いの支えにもなっていたことを示しているのです。

註

（1）笠置町教育委員会編『史跡及び名勝笠置山保存管理計画策定報告書』（一九八五年）、および伊野近富「史跡及び名勝笠置山発掘調査報告」（『京都府遺跡調査報告書』第一二七冊、二〇〇八年）。
（2）主要参考文献は以下。東京美術学校編『興福寺大鏡　第七冊』および『同　第八冊』（南都七大寺大鏡発行所、一九二四年）。『六大寺大観　興福寺　二』（岩波書店、一九六九年）。特別展図録『聖地 南山城――奈良と京都を結ぶ祈りの至宝』（奈良国立博物館、二〇二三年）。松井美樹「興福寺護法善神像と笠置寺般若台」（『鹿園雑集』二六、二〇二四年）。
（3）『讃仏乗抄』第八所収「建久六年般若台供養願文」（藤田経世校訂『校刊美術史料　寺院篇　下巻』中央公論美

術出版、一九七六年）。

（4）中野玄三「宋請来図像の伝播——長寛三年般若十六善神図像を中心にして」（『國華』一〇二六、一九七九年）。

（5）楠淳證『心要鈔講読』（永田文昌堂、二〇一〇年）。

（6）『心要鈔』「覚母門」の最後の問答に以下のようにあります（前掲註（5）書の四一〇頁）。

問。大部（大般若経）は広博なり。何をか最要と為さん。

答。第九第十の両会の中に略して肝心を取る。第九の能断金剛分は執を遣ること究竟せり。第十般若理趣分は理を顕すこと最勝なり。総会諸門顕理趣集修行諸門と名づく。故に此の法を行ずれば必ず六度を具す。後の六会は則ち理趣法門の説とするが故。

（7）註（6）と同問答の中で、続けて以下のように答えています（前掲註（5）書の四一一頁）。

何を以てか諸大聖の中に弥勒・文殊を以て我が本尊と為すといわば、文殊は是れ釈尊九代の高祖なり。弥勒もまた一生補処なり。菩薩戒を受けるには此の二聖をば阿闍梨及び教授師と為す。大乗を結集したもうは二聖の恩徳なり。

（8）貞慶による般若台や十三重塔を含む笠置寺全体の再興の構想については、舩田淳一「貞慶の笠置寺再興とその宗教構想——霊山の儀礼と国土観をめぐって」（『佛教大学総合研究所紀要』一七、二〇一〇年）参照。

（9）玄奘著・水谷真成訳注・中野美代子解説『ワイド版東洋文庫六五五　大唐西域記　二』（平凡社、一九九九年）、二九二～二九六頁。

（10）特別展図録『国宝の殿堂　藤田美術館展——曜変天目茶碗と仏教美術のきらめき』（奈良国立博物館、二〇一九年）。制作年代と旧所在地については、前掲註（2）松井論文。

図版は各所蔵者に掲載のご許可をいただき、奈良国立博物館より画像データの提供を受けました。ここに記して感謝の意を表します。

（松井美樹）

コラム　貞慶における観音信仰と春日本地説の造像
――檀像をめぐって――

『観世音菩薩感応抄《かんぜおんぼさつかんのうしょう》』（以下、『感応抄』）を読み進めると、解脱上人貞慶の観音信仰については、当然ながら関連する美術作品と結びつく問題が伏在しているのではないかと、あらためて思うに至りました。近年、私は神奈川県立金沢文庫で「春日神霊の旅――杉本博司　常陸から大和へ」という展覧会を企画担当いたしました。現代美術作家の杉本博司氏による小田原文化財団と共催し、これまでにない形で春日信仰をめぐる美術作品との協同展示を試みました。そこに出品された作品にも絡めながら、ここでは論じてみましょう。また、春日信仰と密接に結びつく貞慶についても、平成二十四年（二〇一二）に「解脱上人貞慶――鎌倉仏教の本流」という展覧会を、神奈川県立金沢文庫では奈良国立博物館と共催し、博物館として貞慶の足跡を追う大きな企画を提示しています。図録に収めた「解脱上人貞慶年譜」は、私とやはり企画担当だった高橋悠介氏とで共同し、美術史と文学史の側面から貞慶の事績を、その時点での研究から網羅的に追って作製し、本書にも収録しましたので、図録の論文・解説と併せて是非ご参照ください。

さて貞慶の観音信仰については、やはり晩年に止住した海住山寺《かいじゅうせんじ》が中心になるかと思います。海住山寺には貞慶の観音信仰をめぐって代表的な仏像として、実は本尊が二つ伝来しています。一つは海住山寺奥之院に本尊として伝来し、貞慶の念持《ねんじ》仏《ぶつ》と伝承される十一面観音立像です（図1　重文、奈良国立博物館寄託）。これは平安時代初期の檀像《だんぞう》の十一面観音です。造立年代は平安時代初期、九世紀ですから、貞慶の在世をはるかに遡る仏像です。貞慶が古仏を念持仏としていた可能性を示す作品として注目されます。そして、もう一つが海住山寺本堂に安置される、本尊十一面観音立像です（図2）。こちらは平安時代前期から中期、おそらく十世紀頃の製作です。先ほどの念持仏の方は大変美麗な、唐代の檀像様式にも則った正統な作品です。本堂本尊も平安時代に遡る像ですが、一種独特の異相で、一木《いちぼく》造りで若干地方作的なところもうかがえます。等身大で平安時代のものであり、こちらも貞慶在世時には、すでに海住山寺本尊として安置されていたと考えられ、おそらく貞慶が礼拝したものです。具体的に貞慶の海住山寺における

図1　十一面観音立像
（海住山寺蔵）

図2　十一面観音立像
（海住山寺蔵）

観音信仰の本尊としては、この二つの仏像＝古仏が真っ先に挙げられると思います。

　そして注目すべきことは、いずれの像も、木肌を生かして彩色を殆どしない、いわゆる檀像仕上げであるという点です。問題提起したいのは、今回紹介された『感応抄』の中に、檀像への信仰という要素が落とし込めるような記述があるのか否か、という点です。なぜこのことが留意されるかと言いますと、貞慶が結縁《けちえん》して造立した代表的な仏像として、像内納入品から判明する、正治《しょうじ》二年（一一九九）の京都峰定寺《ぶじょうじ》の金泥《こんでい》塗りの釈迦如来立像があります（重文）。これは、近接して建久《けんきゅう》九年（一一九八）に供養された笠置寺《かさぎでら》十三重塔に安置された、一尺六寸の「皆金色《かいこんじき》」釈迦如来像とおそらく同図像だろうと想定されます（『讃仏乗抄《さんぶつじょうしょう》』第八所収「笠置寺十三重塔供養文」）。そして、これとは別にもう一つ、墨書銘や像内納入品から判明する、貞慶没後の嘉禄《かろく》元年（一二二五）に、海住山寺十輪院に住んでいた覚澄が発願《ほつがん》し、仏師善円に造らせた釈迦如来坐像も、貞慶との関係で注目されます（重文、東大寺指図堂伝来）。こちらは榧《かや》材による檀像仕上げの釈迦如来像で、開眼《かいげん》供養を高山寺で明恵上人が行っている像としても著名なものです（図3）。この檀像仕上げの釈迦如来像の類

図3　釈迦如来坐像
（東大寺蔵）

例として、貞慶が建久三年に笠置寺般若台《はんにゃだい》に安置した檀像の釈迦如来像や（『南無阿弥陀仏作《さ》善《ぜん》集』）、また仏師快慶が製作した貞慶念持仏の、やはり檀像の釈迦如来像があります（『明本抄《みょうほんしょう》』紙背文書）。ここで想像を逞しくすれば、これらの檀像は模刻関係にあった可能性を想定することもできます（笠置寺般若台安置像→貞慶念持仏・快慶作像→覚澄発願・善円作像）。このように、貞慶周辺の釈迦如来像には、金泥塗りの像がある一方で、檀像が多くあるのです。

春日信仰や貞慶と檀像という観点では、春日三宮の天児屋根命《あめのこやねのみこと》の本地《ほんち》仏《ぶつ》である地蔵菩薩像にも檀像があります。まず注目されるのが奈良薬師寺に伝わる檀像仕上げの像で、貞慶没後の延応《えんおう》二年（一二四〇）に東大寺慈恩院の俊幸が願主となって、やはり仏師善円に作らせています（図4、重文）。この地蔵菩薩像はV字状の内衣をあらわしますが、その形式は僧侶が着用する法服と同じで、実際の僧侶の着ている着衣形式に基づいています。これは春日三宮本地仏としての地蔵が、法服を着けた高僧として現世に示現した姿をあらわすものと想定されます。さらにもうひとつ、「春日神霊の旅」展で展示した春日神鹿に乗った地蔵菩

図4　地蔵菩薩立像
（薬師寺蔵）

薩像も（個人蔵、春日若宮禰宜拝殿家伝来）、V字状の内衣は着けませんが、また榧材による檀像になります[11]。いずれの像も貞慶没後に造立されたものですが、実は貞慶感得の霊験像として著名であった東大寺知足院の地蔵菩薩像も、諸記録によれば檀像として造立されたものであったことが知られます。すなわち薬師寺像や騎神鹿像が檀像なのは、東大寺知足院像の影響を受けたからと見ることもできます。特に薬師寺像のV字状の内衣を着ける形式の像は、鎌倉時代以降、南都を中心に数多く作られるので、東大寺知足院像が根本像とも想定されています。

ここで檀像とは何かと言うと、本来は白檀《びゃくだん》像のことにほかなりません。白檀によって作られた、もしくは我が国では奈良時代後期の鑑真来朝以後は、その教えにより榧を白檀に見立てて作られた像です（代用檀像）。それが春日信仰とその本地仏信仰において、貞慶周辺では複数、安置されたり、造立されたりしたのです。そして最終的には、海住山寺の二つの檀像の十一面観音の本尊に行き着いたといえます。

さらにこの貞慶周辺と檀像との絡みで注目されるのは、谷口耕生氏の涅槃図《ねはんず》をめぐる説です[12]。新薬師寺に鎌倉時代初期に貞慶周辺で製作されたと考えられている涅槃図が伝わっているのですが（重文、東京国立博物館寄託）、涅槃図としては大変珍しく釈迦が通常の金色身ではなく、白肉身で描かれています。すなわち、釈迦信仰の根幹である舎利を象徴する色の「白」で、意図的に彩色されたとするものです。一方、檀像もまた素地仕上げで、木肌を生かした「白」への希求があり、その関係が注目されます。この舎利をめぐる白色について、もう一つ注目される事例があります。興福寺の護法善神像扉絵（重文）です。これは貞慶が建久三年に建立した笠置寺般若台安置の厨子《ずし》を写して、鎌倉時代後期に製作されものの扉絵部分が残ったと考えられています。そして、扉絵の四天王像のうち多聞天は、白肉色であらわされます。通常なら多聞天は北方守護ですから、五行説では黒色、黒系統（紺や群青）の肉身色なのですが、護法善神像扉絵ではあえて白肉身であらわされているのです（図5）。多聞天＝毘沙門天は舎利信仰の象徴である宝塔を捧持《ほうじ》することで、舎利信仰と密接に結びつきます。すなわち通常黒色系の多聞天の身色を、意図的に舎利信仰ゆかりの白肉色に、貞慶周辺において変更した可能性が高いと言えるでしょう。涅槃図や扉絵の絵画作品で「白」への希求という事例があって、仏像においてはそれが「白檀」による檀像や、檀像仕上げとして見いだされるのです。そして終着点が、海住山寺における貞慶が信仰した仏像に行き着くというところに注目すべきだろうと、私は考えています。そのような特質が貞慶撰述の『感応抄』などから読み取れるのか否かですが、この点についてまとめると、次のようになるかと思います。

図5　護法善神像「多聞天」像
（興福寺蔵）

まず、笠置寺般若台安置の本尊釈迦如来像が、俊乗《しゅんじょう》坊重源《ぼうちょうげん》の寄進した聖武天皇ゆかりの白檀釈迦像だということは、「南無阿弥陀仏作善集」によって判明します。また、海住山寺十輪院の覚澄が発願し、現在東大寺所蔵の釈迦如来坐像は、その模刻像だとみられます。そして、貞慶の著書『明本抄』紙背文書にある、快慶作の貞慶念持仏が「白檀」の釈迦像です。また、東大寺の知足院の地蔵菩薩、海住山寺の十一面観音像の本尊と念持仏も白檀像です。どうして貞慶はここまで檀像にこだわるのか。『感応抄』にもしばしば引用される『十一面《じゅういちめん》神呪心経《じんじゅしんきょう》』には、十一面観音は檀像であるべきだということが説かれているのですが、ここでは本地仏と神像との兼ね合いから、そういった発想というのがあったのか否かということを問題提起したいと思うのです。なぜなら、平安時代以来、多くの神像は、檀像と同じく、素地仕上げのものが主流だからです。すなわち檀像としての本地仏は、神像のイメージを負って製作されていると見ることもできるでしょう。

先述のように「春日神霊の旅」という展覧会を金沢文庫で催したのですが、そこに展示した作品の中に、今回の課題と関連して、いくつか気になる仏像や絵画がありました。観音信仰と貞慶について一番大きな問題は、近本謙介氏も指摘するように、一宮本地説の改変があります。貞慶は、一宮の本地仏を釈迦信仰に基づいて、不空羂索《ふくうけんじゃく》観音から釈迦如来に変えました。もっとも、そこには両説とも捨てがたいという認識や立場もあったかと思います。MOA美術館の「春日本迹宮曼荼羅」(重文)では、一宮を釈迦と不空羂索とする両説併記の形で図像化するということが行なわれています。楠淳證氏が『貞慶撰『観世音菩薩感應抄』

の研究』において『不空羂索神呪心経』に基づきながらも、はっきりと不空羂索とは言わない観音の尊格についての表明があることに言及していましたが、そうした問題は美術にとっても大きな課題であったといってよいでしょう。貞慶も春日一宮本地説の改変で、もちろん不空羂索観音の信仰を捨ててしまったというわけではなく、やはり興福寺僧としての伝統や立場の重視という認識があったと思います。しかし一方で留意したいのは、貞慶は不空羂索観音を本尊とする興福寺南円堂信仰の中心であった摂関家、つまり藤原北家の冬嗣系の出身ではないということです。貞慶は藤原信西《しんぜい》の孫であり、信西は藤原南家の貞嗣系の出身となります。南円堂信仰に基づく春日一宮不空羂索観音説の、釈迦如来説への大胆な改変に、貞慶の釈迦信仰に加えて、その出自も影響したかどうかも気になるところです。

さらに観音信仰をめぐっては、「如意輪《にょいりん》観音説」も『感応抄』には言及されます。これについて春日曼荼羅を見ますと、興福寺に所蔵される春日曼荼羅には如意輪観音が大きく描かれる作例があります[13]。これは東大寺の末寺であった眉間寺《みけんじ》に伝来した遺品なのですが、こういった特異な作例もあるのです。また、個人蔵の春日鹿曼荼羅の五社本地仏の中の四宮は、普通ならば十一面観音が描かれるのですが、ここでは敢えて如意輪観音をとって描いた、珍しい鹿曼荼羅となっています[14]。

本書において近本謙介氏は、春日浄土観の問題に言及していますが（第三章第二節）、特に阿弥陀如来とその西方極楽浄土観との関係については、展覧会でも出陳した、神奈川県山北町の常実坊に伝来する春日舎利厨子が注目されます。これは明治二十一年（一八八八）に同

図6　春日舎利厨子（常実坊蔵）

所に寄進されたもので、元々は南都に伝来しただろうと考えられる、鎌倉時代後期の春日舎利厨子です（図6）[15]。厨子内正面奥壁の上部には春日宮曼荼羅、下部には五輪塔が描かれ、その中心に三弁宝珠が描かれて、ここに仏舎利を嵌入《かんにゅう》する、極めて珍しい形式の厨子です。その中に描かれる五輪塔は四十八基ありますので、おそらくは弥陀の四十八願《しじゅうはちがん》を含意して絵画化がなされたものだろうと思います。上部の宮曼荼羅については、虚空に五社本地仏が描かれますが、その手前の二の鳥居のところに阿弥陀如来が来迎《らいこう》するというかたちで春日浄土観が示されます。春日浄土と阿弥陀信仰との重なりの造形化という点で、今後、注目される作例かと思われます。

美術史の研究者は、作品と宗教テキストがどう結びつくかということが気になります。『感応抄』の場合は、檀像にありました。また貞慶の観音信仰というと、どうしても貞慶が活動した時代の作品だけに注目してしまうのですが、貞慶が海住山寺に移住した頃に、すでに古仏として信仰していた本尊に、十一面観音像が二つありました。そこから読み解けることは、貞慶の檀像へのこだわりです。そして、その傾向が『感応抄』をはじめとしたテキストに反映されている可能性を、この機会では課題として提示した次第です。

（瀬谷貴之）

註

（1）『春日神霊の旅——杉本博司　常陸から大和へ』（神奈川県立金沢文庫特別展図録、二〇二二年）。
（2）註（1）前掲書所収、展示番号76。
（3）谷口耕生「新薬師寺所蔵仏涅槃図考——中世南都の涅槃儀礼及び舎利信仰との関係を中心に」（『仏教藝術』二五一、二〇〇〇年）。
（4）註（1）前掲書所収、展示番号25。
（5）註（1）前掲書所収、展示番号24。
（6）註（1）前掲書所収、展示番号69。同書所収、多川文彦「異色の春日舎利厨子——常実坊所蔵品をめぐって」。

写真出典一覧

図1～5＝奈良国立博物館提供
図6＝『春日神霊の旅——杉本博司　常陸から大和へ』（神奈川県立金沢文庫特別展図録、二〇二二年）

終章　貞慶の記憶とその遺産

貞慶の入滅からちょうど一年を経た建保《けんぽう》二年（一二一四）二月、海住山寺《かいじゅうせんじ》の五重塔が完成し、後継者の覚真《かくしん》（藤原長房《ながふさ》、一一七一～一二四三）によって、その本尊として貞慶が後鳥羽院から賜わった二粒の舎利を含む仏舎利が納められました（「覚真仏舎利寄進状」[1]）。その初層四面の扉には、内陣の四天王を除く、笠置《かさぎ》般若台六角厨子《はんにゃだいろっかくずし》扉絵と共通した護法の諸天・菩薩等が描かれており、現存する国宝の五重塔は、小さいながら笠置の般若台と、弥勒大仏の傍に建立された「般若報恩塔」十三重塔をも併せた宗教空間を再現しようとした貞慶の意図を実現させたものと見えます。

覚真は、入滅直前の貞慶が遺した五箇条の「置文」[2]の志を守りつつ、更に「連署起請文」や「海住山寺僧制戒」（貞永《じょうえい》二年[3]〈一二三三〉）等に知られるように、僧衆の和合と修学を維持発展させせましたが、やがて十三回忌を迎える元仁《げんにん》二年（一二二五）には、一切経供養が営まれます。弟子の一人であった覚遍《かくへん》（一一七三～一二五八）の草した『一切経供養式幷祖師上人十三年願文』（東大寺図書館蔵[4]）からは、貞慶追善のために覚真以下の寺僧や多くの結縁《けちえん》者による一切経の書写だけでなく、それを収める文殊を本尊とする経蔵や食堂《じきどう》、祖師堂から大門に至るまでの寺観整備に及ぶ、大規模な事業であったことが知られます。

現在、京都の興聖寺《こうしょうじ》に伝わるこの一切経には、貞慶門下とそれに連なる多数の南都諸寺院の僧侶たちの仏法興隆の志を励まして書写した消息が、その奥書識語にしるしづけられていますが、(5)それは何よりその先達であり導き手であった貞慶への敬慕にうながされてのことでありました。「願文」(6)にはまた、本尊厨子の両側の壁面（障子）に、補陀落山《ふだらくせん》からの観音と聖衆《しょうじゅ》の来迎《らいこう》を描いた「霊叡《れいえい》往生之画図」と、「補陀落山浄土図」とが描かれたことが知られます。この壁画は、室町時代の文明五年（一四七三）に転写された板絵が本堂に伝存し、その図様が知られます。「補陀落山浄土図」には、その山中に貞慶が笠置山に勧請《かんじょう》した春日社のような小祠が描かれ、また「霊叡往生之画図」には、海岸の草庵に観音の来迎を待つ僧が、貞慶その人を彷彿させるように描かれて、これらが確かに貞慶の遺業と行願を記憶するために造り顕わされたのであろうことを推測させます。(7)

海住山寺ばかりでなく、南都の諸寺においても、貞慶を追慕し記念する営みは数多くなされました（仏像造像の例は瀬谷貴之氏のコラムも参照ください）。その一端を示すなら、もとは興福寺の福園院《ふくおんいん》に伝来したという奈良伝香寺《でんこうじ》の珍しい裸形着衣《らぎょうちゃくえ》の地蔵菩薩像（安貞《あんてい》元年〈一二二八〉）は、その胎内に納入されていた願文により、比丘尼妙法らの発願《ほつがん》になるものと知られますが、その結縁交名《きょうみょう》には、すでに物故していた貞慶はじめ信西《しんぜい》一門の僧を含む南都僧が連なっており、また胎内には舎利（釈迦）と薬師、十一面観音の小像を籠めていて、本躰の地蔵を含めて春日四所の本地を造り顕わしたものと認められます。こうした本地垂迹《ほんちすいじゃく》の造像は、貞慶の『春日権現講式』や『地蔵講式』等によって導か

れ、形成された中世南都の春日浄土ないし地獄の救済者である三宮地蔵への信仰が生みだした結晶といえるでしょう。(8)

貞慶への敬慕、ひいてはその遺蹟《ゆいせき》、遺業の顕賞や記録という営みについては、東大寺尊勝院の華厳《けごん》学匠である宗性《そうしょう》（一二〇二～七八）に、最も顕著な例を見ることができます。彼は、承久の乱で幕府に処刑された後鳥羽院の近臣、藤原宗行《むねゆき》の猶子《ゆうし》でしたが、幼少から仏門に入り、貞慶の弟子覚遍に師事しました。それ故に必然的に貞慶を祖師として仰ぐことになったのですが、その傾倒ぶりは実に深いものがありました。彼は若年より度々笠置へ赴き、そこで貞慶の遺蹟と自筆の聖教《しょうぎょう》・遺文に接して書写を重ね、その弥勒信仰に帰依していきました。その最大の所産が、文暦二年（一二三五）から文応元年（一二六〇）まで完成に四半世紀を費した『弥勒如来感応抄《みろくにょらいかんのうしょう》』全五巻です。(9)このうち、巻一は（末尾の一点を除き）殆どが貞慶遺文の集成であり、また巻五の末尾には貞慶の『大般若経理趣分奥日記《だいはんにゃきょうりしゅぶんおくにっき》』が配されて首尾を構成するように、その目録といえる『弥勒如来要文抄』と併せて、宗性がいかに生を隔てた祖師である貞慶の志願と実践の記録を遺し伝えることに情熱を注いでいたかが知られます（さきの海住山寺の『一切経供養式幷祖師上人十三年願文』も、やはり宗性の書写になるものでした）。

宗性は、この他にも実に多くの貞慶遺文を書写したり伝えており、その中には、彼の「御自筆折紙」などを集成した貞慶唱導文集である『讃仏乗抄《さんぶつじょうしょう》』(10)や、本書の主題であり焦点でもある『観世音菩薩感応抄《かんぜおんぼさつかんのうしょう》』も含まれます。そして、それら貞慶遺文の写本を彼が伝領して自ら外題を付した例が示すように、貞慶著作を後世に伝えた最大の功労者と言ってよいでしょう。

こうした宗性の貞慶讃仰《さんぎょう》と笠置の弥勒大仏への信仰は、あるいは「笠置曼荼羅《まんだら》」と呼ばれる一幅の中世寺社曼荼羅図の名品に結晶したかもしれません（表紙カバー図版参照）。この絵には、今は喪《うしな》われた本尊弥勒如来の磨崖《まがい》大仏の姿と並んで、貞慶の勧進《かんじん》により建立された十三重塔が大きく描かれ、更にやはり彼が勧進した礼堂《らいどう》なども精細に描写されています。ここに参詣する世俗の男女が、貞慶の期した勧進の対象でもあることは第一章に述べたところですが、なお注目されるのは、礼堂の中央の屋根から頭《かしら》だけが見えて、弥勒大仏を瞻仰《せんぎょう》するように望んでいる一人の老僧の存在です（裏表紙カバー図版参照）。この僧こそは（もし本曼荼羅が、加須屋誠氏の推論[11]のように宗性が願主であると推定するのを認めるなら、一層）、紛れもなく貞慶その人を象《かたど》ったものと思われます。

一人の学僧として仏道を希求する生涯を貫いた貞慶の記憶とその影響は、彼の学問である唯識《ゆいしき》教学の後継者にのみ留まるものではなく、宗派や寺院の枠を超えて広がりました。それは無論、『愚迷発《ぐめいほっ》心集《しんしゅう》』に代表されるような、彼の遺した「我」「仏子」の深い自省と懺悔の念《おも》いから発せられ、「我等」に等しく共有される「利他」の救済への願いに満ちた詞《ことば》が、読み、聴く人々の心に強くはたらきかけたからでしょうが、それはすでに貞慶の在世中から始まります。

たとえば、貞慶の釈尊への帰依・報恩の念と、その遺身《ゆいじん》としての舎利（加えて、舎利と一体としての春日明神）への信仰は、後輩にあたる華厳学僧明恵《みょうえ》（高弁）に受け継がれます。これも第一章ですでに述べたところですが、明恵は春日明神の託宣《たくせん》を蒙り、その導きで笠置の貞慶の許を訪れ、彼から直接に舎利を授かって、それを春日の社頭で改めて感得するのです。その奇跡は春日の神験として『春日権現験記《かすがごんげんげんき》』絵に見事に描写されますが、むしろ重要なのはその後の明恵の活動でしょう。彼は、貞慶の滅後に、貞慶に深く帰依した後鳥羽院の外護によって栂尾《とがのお》別所高山寺を与えられ、小規模ながら独立した修学と教化のための教団を立ち上げます。その明恵の活動を実質的に支えたのが、貞慶の後継者、覚真でした。(12) 明恵の『夢記《ゆめのき》』に知られる神と世間の人々との交流を通じた仏道成就のための求法《ぐほう》の活動からは、貞慶の大きな影響のもとで、明恵がその継承者として期待されていたことがよくわかります。『春日権現験記』絵が、貞慶と明恵の説話を並べて繋げる構成は、その消息をこれも見事に象ったものといえましょう。

貞慶の志した仏道成就を求めるための種々の修学の営みにおいて、彼の影響は、その滅後も永く、世代を超えて及んでいます。たとえば三学（戒定恵）のうちの戒律についてみれば、晩年の貞慶が『戒律再興願書』に掲げた戒律の学びと実践の復興は、彼が設置した興福寺常喜院に、やがて堂衆出身の窮情《きゆうじようぼうかくじよう》房覚盛（一一九四～一二四九）が入り、その許に思円房叡尊《しえんぼうえいそん》（一二〇一～九〇）や円晴《えんじよう》、有厳《ゆうごん》ら同志が加わって自誓受戒を企て、これを契機として南都に律儀の復活と「興法利生《こうぼうりしよう》」の勧進活動が展開していくことになります。

覚盛は、やがて貞慶が釈迦念仏会を創《はじ》めた唐招提寺の長老として戒律復興活動の中心を担いますが、五十代にして早世します。西大寺に入った叡尊は、関東に下った忍性《にんしよう》（一二一七～一三〇三）と連携し、般若寺の丈六文殊菩薩像の造立と十三重石塔建立に代表される、奈良坂の乞食病者《こつじきびようしや》らの救済事業（施行《せぎよう》）や授戒など広汎な活動を展開して、その利他の功徳は鎌倉幕府にも、ひいては朝廷にも認められ帰依を得て、晩年には「興正菩薩《こうしようぼさつ》」の号を宣下されるに至ります。(13) それも、言わば貞慶の発願に埋め込まれた種子が生い育った果実ではなかったでしょうか。

もうひとつの貞慶が遺した精神史的な遺産というべきものが、〝魔〟もしくは「魔界」と呼ばれる、仏道の成就を妨げ、仏法を障碍《しょうげ》しようとする、いわば反仏法の世界とそのはたらきの認識です。彼にとって、己の先達である学僧たちが修学ゆえに慢心や偏執《へんじゅう》の心を発《お》こして堕《お》ちる途《みち》として、自らも脱《まぬが》れない可能性を、絶えず意識させる切実な課題でした。貞慶は講式や願文の中にも、繰りかえし魔への怖れを書きつけていますが、それを一篇の主題としたのが『魔界廻向表白《まかいえこうひょうびゃく》』です。[14]その一伝本である大谷大学図書館本によれば、室町時代に春日社頭の論義屋で興福寺僧が勤行のために用いていたことが知られますが、そこで作者は、己の先達にあたる中古の学匠たちが慢心や妄執により魔界に堕ちてしまった、その罪障を懺悔すると共に、発菩提心《ほつぼだいしん》により妄念を翻《ひるが》えすよう呼びかけ、自他ともに救済を祈るのです。『春日権現験記』絵の「解脱上人事」に続く、貞慶の弟子であった璋円の説話によれば、宿業《しゅくごう》によって魔道に堕ちた興福寺の僧は、春日山の下にある地獄に置かれて、そこで神の計らいにより受苦して罪をつぐないながら、漸々と成仏へ洩《ひ》き上げられていくのだそうですが、そのための祈りを、貞慶は後世の寺僧のために遺していたのでした。

この、魔界への貞慶の祈り（廻向《えこう》）は、やがて、ひとつの説話となって物語化されます。『太平記《たいへいき》』巻十二「千種殿幷文観僧正奢侈事《ちぐさどのならびにもんかんそうじょうしゃしのこと》」は、後醍醐天皇による建武中興に際し、その権威を笠に着た臣下と僧、とくに律僧の文観弘真《こうしん》（一二七八〜一三五七）が僧正《そうじょう》に成り上って権勢をほしいままに振る舞う様《さま》を批判し、これと対比するために、解脱房貞慶の逸話を説くのです。[15]

修行を重ねていた解脱上人は、伊勢大神宮に参り、通夜《つや》の間に修羅王《しゅらおう》たちが仏法を滅すために評定する有様を見ます。そこで、仏法破滅を防ぐ貞慶の道心を醒《さま》すために、第六天《だいろくてん》の魔王が承久の乱を起こして後鳥羽院の代わりに貞慶に帰依する宮（後堀河天皇）を位につけ、護持僧として栄達させれば堕落すること必定、と方策を提案するのを聞きます。これを神明の誡《いまし》めとして、果たしてその通りに世が変革しましたが、貞慶は遂に帝の召《めし》に従うことはなかった、という説話です。能「第六天」の本説《ぜつ》（原拠）ともなったこの話は、あきらかに時代を錯誤させながら、貞慶の道心堅固の由縁《ゆえん》を伊勢大神宮の霊験《れいげん》として創りだしています。その背景には、無住の『沙石集《しゃせきしゅう》』巻一に見える、貞慶の参宮説話が想い起こされます。彼は発菩提心をまず石清水《いわしみず》八幡宮に祈りますが、八幡神は、吾《われ》には叶わず、大神宮に祈れと示し、夢中に参宮すると、内外両宮の間《あい》の山の池中に蓮花が生じ、神宮の禰宜《ねぎ》が往生する徴《しるし》と告げられます。自ら参宮して、その禰宜にめぐり遇うという話を、無住は大神宮で禰宜から直接に聴いているのです。貞慶の伊勢参宮説話が、発菩提心の祈求から浄土往生へ導くものに転換するわけですが、それがやがて道心の祈求から魔界の難を脱れる示現《じげん》へと変化を遂げていくのは興味深いことです。また第一章に述べたように、『春日権現験記』においては、その神が貞慶に憑《つ》いて託宣し、その参宮と祈願を「半ばは魔界の所為（なすところ）なり」と誡めた伊勢大神宮に帰することも注目されます。

　そこに想起されるのが、再び『沙石集』巻一冒頭の「大神宮事」です。日本国の開闢《かいびゃく》にあたり、第六天魔王は天上から海底に金字の大日の印文《いんもん》を見て、仏法流布の地となることを恐れて滅ぼそうとします。それを天照大神が制止し、仏法を拝さぬことを魔王に誓って国土を譲り受けたので、日本には仏法が流布したものの、大神宮では仏の名も唱えず、僧も入れないことになった、という伊勢神宮独自の僧尼の参宮を受けぬ由来を説く創世神話です。この第六天魔王と天照大神の契約という不思議な中世神話[16]を説き広めた出発点も、また貞慶ではなかったかと考えられます。

後世に解脱上人作と伝えられた『神祇講式《じんぎこうしき》』は、冒頭の表白段にこの第六天魔王神話が述べられて、「我国」の始まりをしるしづけます。貞慶は、『春日権現講式』の諸本や、その土台にあたる『春日御《ご》本地尺《ほんじしやく》』、また『別願講式』や『春日大明神発願文』など、春日については、本地の仏菩薩の垂迹である「権現《ごんげん》」として多種多様の儀礼テクストを作りましたが、そのほかの特定の諸社の講式は遺されていません。

貞慶による神祇への崇敬は、彼の創りだした宗教空間である笠置の般若台や海住山寺においてうかがうことができます。笠置への春日社の勧請《かんじょう》や、般若台の裡《うち》に春日や伊勢を（閻魔王や龍王と共に）祀ったと思われること[17]や、海住山寺本堂において営まれる修正会《しゅしょうえ》のための自筆の『修正神名帳《しゅしょうじんみょうちょう》』が伝えられていること[18]など、それらは彼の仏法の実践と分かちがたいものであったはずです。その延長線上に、『神祇講式』のような、日本国の神祇を全て網羅して道場に勧請し、諸国の神祇全てに通用する汎用的な講式という、画期的な儀礼テクストを、果たして貞慶その人が自ら作りだしたのかどうか、それは、思想史のうえでもきわめて重要な課題だといえるでしょう。

何より、この『神祇講式』は、諸宗の寺院どころか、吉田神道をはじめとする諸社、そして修験道《しゅげんどう》の常用儀礼の一環として全国に流通し、奥三河の花祭《はなまつり》を含む諸地方の神楽などの祭儀にまで用いられ、読誦される[19]、万能通用の神仏習合儀礼テクストであったことが注目されます。そして、諸国のあらゆる神々の本地垂迹とその縁起を明らかにするその詞章が、「解脱上人」すなわち貞慶の草するところであると古くから認識されていたことも忘れてはなりません[20]。

しかし、これが果たして貞慶その人の作に成るものであるか、伝承を肯定し承認する神道思想史の研究者[21]と、貞慶作を疑い否定する講式研究者[22]との間で、見解は全く分かれています。ただし、否定の根拠のひとつであるこの講式にのみ頻繁に用いられる「神冥《しんめい》」という独特な用語は、貞慶作であることが確実な『春日権現講式』（三段式）にも一例だけ見えます[23]。本講式では「神祇冥衆」（もしくは「冥道」）の略称だと思われるのですが、それはむしろ本講式があえて意図して用いた一貫した呼称と見てよいでしょう。また、その作文《さくもん》の修辞が名句集などに拠った拙劣な出来で、名文家である貞慶の作にふさわしくないものだ、という高次批判[24]については（まさに文章をどう評価するかは、読者の力量が問われることになりますが）、必ずしも貞慶の講式が全て名文のみで構成されているとは言えません[25]。

むしろ、汎く通用することを心がけた本講式においては、あえて高度な作文の修辞技法を封印してでも、むしろ平俗な調子で訓まれることで、誰にでも理解してもらうことに重きをおいた意図的な文体の選択ではなかったでしょうか。殊に、貞慶の立場では用いられることは無いとされる天台の要語、とりわけ「伝教大師」と最澄を呼び、「遍照金剛」空海と対置して、その顕密二宗における日吉山王と丹《に》生明神《うみょうじん》が叡山・高野の鎮守として仏法を護持するという一節をもって否認の論拠とされるのですが、全文の文脈や、講式全体にちりばめられている諸宗の僧徒の神祇への法楽と示現の一環として見れば、最澄だけの尊称としてあげつらう必要はありません[26]。貞慶はそれほど狭量ではなく、むしろ天台・真言の立場をもこうして摂り込んでしまう方法と解することができるでしょう。その上で、「殊、当社権現者、慈悲万行之名摂、朝家無双之霊社也」と、いかにも「慈悲万行大菩薩」と古来から称される春日を想起させる名称を用いながら、それを式文に後述する全ての諸社、またはどの神にも通用する讃嘆に置きかえてしまうのも、やはり貞慶ならではの技法と見てよいのではないでしょうか。

『神祇講式』の全体には、改めて読めば、その至るところに貞慶の独自の思想に根ざした詞が布置されています。最後の廻向段は、「神分」にあたる全ての神祇を伊勢両宮から二十一社と関東鎮守の二所三嶋および「金峯、熊野、白山、新羅等」の修験系まで網羅した後、諸天星宿、疫神から荒神、地神、そして炎魔法王以下の「冥衆冥官」と眷属の諸神冥たちに次々と法楽の功徳を奉献したあと、三国にわたる諸大師に貴賤の万霊を加えて、全てに廻向するという周到な配慮に及びます。その上で、改めて発願として、「大聖神力」に法施して、世界の（仏の垂迹である）「神冥」に「加被《かひ》」の利益を願い、仏法擁護のために威徳を施せと願うと共に、「当社擁護」を蒙って「識二順次之生所一、安養知足仏土者、随レ願往詣。霊山補陀落宝刹、任レ志而生」とは、まさに貞慶の生涯にわたる願いに他なりません。最後に、国家と国王のためだけでなく、「魔王魔民、止邪道、帰正道」と、魔に対して邪を翻し仏道の正しきに帰すことを祈るのも、貞慶ならではの志《こころざし》と言ってよいでしょう。(27) はじめに第六天魔王と天照の契約神話を説くことも、前述した貞慶の魔界廻向と明らかに呼応しているのです。

こうしてみると、解脱房貞慶の生涯をかけた仏法への求道と発菩提心の希求は、その意図を『神祇講式』に託して、この世界全ての仏神諸天、冥の三界万霊に対しての法施と廻向として、全国万民が祭儀を介して倶《とも》に祈る誦唱の声を通じて、この日本の国土の至るところに響きわたったということができましょう。

註

（1）「覚真仏舎利寄進状」は、奈良国立博物館・神奈川県立金沢文庫編『解脱上人貞慶――鎌倉仏教の本流』特別展図録（以下、「『貞慶』図録」と略称）、二〇一二年、出品番号一二六。
（2）「海住山寺起請文」（貞慶置文起請五箇条）は、『貞慶』図録一二二。
（3）覚真「連署起請文」は、『貞慶』図録一二八。同「海住山寺寺僧制戒」（覚真置文六箇条）は、『貞慶』図録一二九。
（4）宗性写、覚遍草「海住山寺一切経供養式幷祖師上人十三年願文」は、『貞慶』図録一三一。
（5）京都府教育委員会編『京都府古文書調査報告書第十三集　興聖寺一切経調査報告書』一九九八年。
（6）註（4）前掲「海住山寺一切経供養式幷祖師上人十三年願文」。
（7）谷口耕生「貞慶をめぐる二つの聖地図像」『貞慶』図録所収。
（8）伝香寺蔵地蔵菩薩像（『貞慶』図録所収、八六）『日本彫刻史基礎資料集成鎌倉時代造像銘記篇五』中央公論美術出版、二〇〇七年、一〇二頁。
（9）平岡定海『東大寺宗性上人史料幷研究』下巻、丸善出版部、一九六八年。
（10）東大寺図書館蔵『讃仏乗抄』第八（『貞慶』図録六五）。藤田経世編『校刊美術史料』寺院篇　下巻、中央公論美術出版、一九七二年。
（11）加須屋誠「『笠置曼荼羅図』小論」『仏教説話画論集』下巻、中央公論美術出版、二〇二一年（初出二〇一〇年）。同論文は、画中の僧の人物比定について、同じく画中の参詣者の女人を『今昔物語集』中の笠置寺で遁世した良岑宗貞が妻と邂逅する説話の人物とすれば、この僧を遍昭僧正かと推測しますが、飛躍に過ぎましょう。山本陽子「宮曼荼羅になぜ参詣人が出現したか――普陀山図の影響を考える」（『物語る仏教絵画――童子・死・聖地』勉誠出版、二〇二三年〈初出二〇一五年〉）は、「仮に僧が笠置寺を復興させた解脱上人貞慶とすれば、縁起を描いたとも取れる」（五三九頁）と可能性を示唆します。
（12）明恵上人の高山寺創建を慈真房覚真が外護・支援したことは、奥田勲『明恵――遍歴と夢』東京大学出版会、一九七八年、一八〇頁参照。なお、未だ在俗時代の長房は、承元四年（一二一〇）四月、後鳥羽院の熊野御幸に従っての途上、紀州白方にて明恵と遇い、『華厳金師子章』の注疏制作を依頼し、これに応えて明恵は『金師子光顕鈔』を著しています。

（13）叡尊の談義を聞書した『興正菩薩御教誡聴聞集』には、叡尊が直接に貞慶の戒律興行が自らの戒律の学びの「縁起」であることが語られ、記されています。「南都律学ノ起リハ、笠置上人ノ縁起ニヨテ思召立」その機縁を三箇条を立てて説くうち、第三に西大寺が衰微し、興福寺が堂塔を破壊し庄園の料に代えた事を目撃したのを「マサシキ縁起」と述懐し、「律興行ハ正ク此事也」と動機を語ることが注目されます（日本思想大系『鎌倉旧仏教』〈岩波書店、一九七一年〉、二一九頁）。また、叡尊自身の修行を始めた時、貞慶の『戒律興行願書』を写し伝えた戒如（知足房）から、「笠置上人、於二春日ノ御宝前一論義ニ、大悲闡提の菩薩は悲門でなく智門によって成仏することは、観音と文殊の如くであると説かれたことを記します。更に「秘蔵ノ御義」として、発菩提心の後は悪趣に堕ちることは無いが、初心の者にはその旨を説かない、とも示され、これを遁世の用心として疑わない、と告げています（同一九八頁）。いずれも、叡尊の戒律復興が貞慶の戒律興行の志と論義の学問の深い影響下に始められた消息を伝えています。

（14）光宗『渓嵐拾葉集』巻六七「怖魔事」冒頭に「魔界廻向事　解脱房作」として収められます。文中には随所に「仏子」「我等」「我」からの魔道に堕した亡魂への喚びかけが満ちており、また「仮名阿練若」の語も見えて、紛れもなく貞慶の文章です。清水宥聖「貞慶の魔界意識をめぐって」『齋藤昭俊教授還暦記念論文集』（「宗教と文化」二号）、こびあん書房、一九九〇年。なお、大谷大学図書館蔵本は同大学図書館デジタルアーカイブで閲覧可能。

（15）細川涼一「第六天魔王と解脱房貞慶――謡曲「第六天」と伊勢参宮説話」『逸脱の日本中世』洋泉社、一九九二年（初出一九九一年）。

（16）第六天魔王神話については、阿部「魔王との契約――第六天魔王神話の水脈」『中世日本の王権神話』名古屋大学出版会、二〇二〇年（初出二〇〇六年）。

（17）貞慶の唱導文集である『讃仏乗抄』第八（東大寺図書館蔵）の「笠置般若台供養表白」（建久三年〈一一九二〉）では、始めに「仏天ノ加護」を祈るため、上は「三宝」と「三国高祖」に、下は「（欠文）諸神」と、神祇を併せて啓白の対象とし、般若台の発起にあたっては「伏願、当初竊有啓春日大神、願生々世々加護我仏道」を祈ることから始まると示し、この「般若力」の作善の功により「釈尊一代此法住持、代レテ我守国土、守仏法」

の願を満して「十方仏土」に往生し救済しようとの願を満たした後、「又、願以此伽藍、永奉施伊勢大神宮、八幡大菩薩、春日大神、金峯蔵王、当山護法、如眼精勿令失墜、乃至法界共成佛道焉」と結んで、廻向と併せて神に奉献する、全ての仏神に対しての祈願の場となっています。

更に、建久九年（一一九八）に供養された笠置寺十三重塔の願文（同書）では、「大日本国」に「天祖降跡」以降、人王の世に「上宮王」太子と「大織冠」鎌足が輔佐しつつ仏法を弘め、更に道照と道慈、弘法と伝教、行基と鑑真が伝法した「神国」に生を享けた「仏子」貞慶により、その報恩と発菩提心を勧めるために、「吾国濫觴」を開闢した天照大神と、「一代教主」として出世した釈尊を「二聖之方便」として、その恩を報ずべく、世尊の墳墓としての塔婆と「神道之上味」としての大般若経を供養しようと趣旨を述べ、「十方之仏土」から「和光同塵」した権化の大聖を導師として仰ぎ、また加被と冥助を祈ります。故に、この荘厳された「般若報恩塔」は、「神国」日本の天照と釈尊の神仏一体の融合したモニュメントとして建立されたものなのです。

(18) 海住山寺に現存する貞慶自筆の「海住山寺修正神名帳」（『貞慶』図録一一〇）は、天照大神と豊受の伊勢両宮から始まり、石清水と賀茂上下から二十一社に重なる諸大社と、当所の鎮守を含む山城・大和の諸社を連ねており、それは東大寺二月堂修二会神名帳をより小規模にしたものですが、基本的な性格は『神祇講式』の第三段の神分と共通するものであることが注目されます。

(19) 萩原龍夫「山村にとどまる神祇講式と田遊び詞章」『神々と村落』弘文堂、一九七八年。静岡市日向観音堂七草祭（修正会）の禰宜家伝来文書中に、天正十八年（一五九五）「カモノ助」が「サルワカ」に伝授のため書写した、仮名書き『神祇講式』は、口頭で伝承された同式の筆録として貴重です。

(20) 『神祇講式』が「解脱上人」貞慶の作になるものとして鎌倉時代に享受された最古の事例として注目されるのが、文保年間（一三一七〜一九）に四天王寺で成立した絵堂の聖徳太子絵伝の絵解き台本として編まれた『正法《しょうぼう》輪蔵《りんぞう》』の太子三十一歳帖です。この年に厳嶋明神の祭祀が推古天皇と太子によって創められたとする、中世厳嶋縁起に拠って全体を本地垂迹説により構成する、その要《かなめ》に、以下のように『神祇講式』の表白段の一節を引いています。

実ニ我朝ノ神国ニシテ、往古ノ如来、久成ノ薩埵《タ》、各ノ和二ケ光ヲ塵《チリ》一ニ、随類応同之施二シ利生一ヲ給ヘリ。悲花経ニ云、我滅度後、於末法中、現大明神、広度衆生。昔ノ尺尊在世、霊山一会ノ菩薩、賢聖等、悉於二末法中一、顕二神明一給ヘリ。

爰以、解脱上人筆云。

弟子等、如来在世ノ昔シ、雖二モ不《スト》レ纓《カヽワラ》二一代（ママ）八万ノ教網《マウニ》一、神冥《シムメイ》済度ノ今、幸《サイハイ》ニ得三タリ結二玉フ八相《サウ》成道之来縁一ヲ。此ハ是レ、諸仏善巧《ケウ》之所《ロ》レ及也。此ハ是レ、諸仏変化之所《ロ》レ構《カマフル》也。星宿《シヤウシユク》照レス暗《ヤミ》ヲ、影浮《カゲウカビ》二信敬《キヤウ》之水一ニ、日神ノ耀《カヽヤク》レ天ニ、光リ銷《ケス》二四州十悪之霜《シモ》一。加之、深ク崇《アカムル》二生死之忌《イミ》一ヲ、即チ厭《エン》離生死之戒《イマシメ》也。妙《タヘ》ニ悦二フ精進之詣《マウテ》二ヲ、亦タ勤二(行)精進之勧メ也。神冥無二シ于ニ外一ニ、恭敬《クキヤウ》スレハ則顕二ハル於祭席《サイセキ》一。浄土非二ス(于)遙《ハル》一ニ、勤《コン》行《キヤウ》レハ則在二リ於道場一ニ云々。（平松令三編『真宗史料集成　第四巻　専修寺・諸派』同朋舎、一九八二年）

（21）岡田莊司「『神祇講式』の基礎的考察」『大倉山論集』四七、二〇〇一年。佐藤眞人「貞慶『神祇講式』と中世神道説」『東洋の思想と宗教』一八、二〇〇一年。岡田莊司「『神祇講式』解題」『神道古典』真福寺善本叢刊第三期神道篇、臨川書店、二〇一八年。

（22）Niels Guelberg "Jingi Kōshiki — A Neglected Field of Study" in: *Japanese Journal of Religious Studies* 43/1, 2016, ニールス・グュルベルク「講式の歴史の中の神祇講式と三段『神祇講式』の成立」『早稲田大学法学会百周年記念論文集』第五巻人文篇、成文堂、二〇二二年。星優也『中世神祇講式の文化史』法藏館、二〇二三年。

（23）『春日権現講式』三段式

〔春日権現講式〕第二段「明五所本地」

暫ク依二ラハ一説一ニ者、一ノ宮者、一代教主ノ釈迦如来、五百塵劫以来《コノカタ》、八千往来之間、不レ捨《ステ玉ハ》二此ノ界ノ之濁悪一ヲ、漸ク伏二我等之強罰《カ》一ヲ。広大ノ恩徳充二満国土一、涅槃之後、猶現二シテ神冥ノ之形《カタチ》一ヲ、施二シ玉フ末代之益一ヲ之旨、有二リ本願一、有二リ遺戒一、不レ可《スヘカ》二不レスハ信一アル。

（24）註(22)グュルベルク論文（二〇二二年）。

（25）一例として、『貞慶講式集』に収められている天河弁財天を祀る『弁財天講式』を挙げることができます。衆庶の信仰を汎く集め、修験との関わりも深い天河弁財天のための式文にふさわしい、まさに機に応じた作文がなされています。

（26）『神祇講式』の第一「讃諸神本地」段には、「行教和尚者、講般若於宇佐宮、三尊惣現忍辱袂。仲算大徳者、講心経於那智瀧、千手親顕懇念之前。」と南都僧による神前講経に本地顕現の例を挙げ、第二「述垂迹利益」段で「遍照金剛者、伝密教於和国、丹生明神与其地。伝教大師者、弘顕宗於台嶺、日吉山王守其法。」と顕密祖師による開山に鎮守の縁起を示し、次いで「花厳金陵之床上、善神擁護之風扇静。三性五重之窓前、春日和光之影亦潔。」と、華厳（東大寺）と法相（興福寺）は修辞的に示した上で、吉野蔵王と熊野権現の縁起を配するという、バランスの取れた例証を立てています。

これと対比されるのが、貞慶『興福寺奏状』第五「霊神に背く失」条でしょう。我国の神明も、「権化垂跡」はすでに「大聖」として「上代高僧、皆以帰敬」の例を、「彼伝教、参宇佐宮、参春日社、各有奇特之瑞相。智證詣熊野山、請新羅神、深祈門葉之繁昌。行教和尚袈裟之上、三尊宿游。弘法大師画図（之）中、八幡顕貿。」と、天台・真言の祖師を含めて挙げています。こうした、仏教諸宗全体を見渡し網羅する場合には、貞慶にとって「伝教大師」の称は全く問題なく用いられるものです。

（27）『神祇講式』の魔への言及から想起されるのは、『神祇講式』の影響のもとに、室町時代の熱田宮で神前法楽のために作られた真福寺本『熱田講式』三段式の末尾に貞慶『魔界廻向』表白が付加されていることです。グュルベルク論文（註(22)〈二〇二二年〉）は『神祇講式』はこの三段式を元に成立したと主張しますが、これは星著書（註(22)）が批判するように転倒した議論で成り立ちません（むしろ院政期に成立した金剛三昧院本『熱田明神講式』を、神祇の講式全体の先駆として重視すべきでしょう。久保田収「中世における熱田社の崇敬」『神道史の研究』皇學館大学出版部、一九七三年。阿部泰郎『中世日本紀集』真福寺善本叢刊第七巻、臨川書店、一九九九年）。

『神祇講式』と『魔界廻向』が繋《つな》がった神祇法楽の場が中世にどのように拡がっていたか、そこにも、貞慶の遺した声が響き渡っているようです。

（阿部泰郎）

付録1

貞慶主要著作解説（五十音順）

『安養報化』(あんにょう・ほうけ)

本書は、貞慶が自らの弥陀浄土信仰の理論を明らかにした書物であり、奈良の薬師寺のみに伝えられる貴重書です。著述年代は明記されておりませんが、末尾にも指摘したように『発心講式《ほっしんこうしき》』を撰述した建久《けんきゅう》三年(一一九二)から『心要鈔《しんようしょう》』撰述の建久六年(一一九五)までの間に書かれたものと推定されます。

本書のタイトルは、法相宗《ほっそうしゅう》の論義テーマに由来しています。法相宗では中国から日本にかけて、「阿弥陀仏の浄土《じょうど》は唯だ報土《ほうど》のみか化土《けど》も存在するのか」で諍論《じょうろん》されてまいりました。もし阿弥陀仏の浄土が報土のみならば、一阿僧祇劫《あそうぎこう》もの長い修行を積んで無漏智《むろち》を得た高位の菩薩しか知見することのできない世界になってしまいます。しかし、阿弥陀仏の浄土にも化土があるとするならば、凡夫《ぼんぶ》もまた往くことができる世界となるので、弥陀浄土への往生を期する信仰論の観点からも、さまざまに議論されてまいりました。

このような中、ごく初期に阿弥陀仏の浄土への往生を願っていた貞慶は、本書において自らの弥陀浄土信仰の理論を構築し、独自の画期的な往生論を示しました。すなわち、本書において貞慶はまず、「阿弥陀仏の浄土には報土のみならず化土もまた存在する」と明言した上で、「弥陀の本願にもとづく十念来迎論《じゅうねんらいこうろん》」や「極速三生《ごくそくさんしょう》による三生往生論」「報化《ほうけ》二土《にど》一体同処《いったいどうしょ》による二生往生論」を構築し、凡夫が阿弥陀仏の化土から報土へと往生する道を示しました。これは、同時代において阿弥陀仏の本願による凡入報土論《ぼんにゅうほうどろん》を立てた法然（一一三三～一二一二）とはまた異なる、貞慶独自の「凡入報土論」ともいうべきものでした。

このような「二生往生」あるいは「三生往生」の記述は、貞慶撰述の『発心講式』や『心要鈔』にも見られますが、そこには残念ながら「理論」そのものは示されていませんでした。ところが、本書には理路整然と貞慶の弥陀浄土信仰の理論が述べられており、この点に本書の持つ大きな特色と意義があったといってよいでしょう。

貞慶が弥陀浄土信仰を断念した建久六年に撰述したと考えられる『心要鈔』には、二生往生論と三生往生論がごく簡略に併記されていました。一方、建久三年に撰述された『発心講式』には、極速三生による三生往生論しか記されていませんでした。この点からすれば、三生往生論と二生往生論の二つの理論を詳細に論じている本書は、『発心講式』撰述以降より『心要鈔』撰述までの間に著されたものではないかと考えられるのです。

（楠　淳證）

参考文献

楠淳證『貞慶撰『唯識論尋思鈔』の研究――仏道篇』（法藏館、二〇一九年）
楠淳證「貞慶撰『安養報化』（上人御草）の翻刻読解研究」（楠淳證・新倉和文『貞慶撰『観世音菩薩感應抄』の研究』法藏館、二〇二一年）

『閻魔講式』（えんま・こうしき）

本書は、「毎月十五日に『般若心経《はんにゃしんぎょう》』の転読と尊勝陀羅尼《そんしょうだらに》の念誦《ねんじゅ》を行い、本尊閻魔法王に廻向《えこう》して、たとえ臨終《りんじゅう》において正念《しょうねん》を誤り地獄に堕《お》ちたとしても、閻魔王の呵責《かしゃく》を受けて最後の十念《じゅうねん》を唱え、念仏往生を遂げたい」との「大願」を祈念し、貞慶が作成した講式です。

龍谷大学図書館『諸講式集《しょこうしきしゅう》』（室町時代写本の転写）に収められる一本のほかに、遍智院成賢《せいげん》（一一六二〜一二三一）によって醍醐寺閻魔王堂の所作とするため、貞応《じょうおう》二年（一二二三）に写された一本が「尊勝陀羅尼幷般若心経発願《そんしょうだらにならびにはんにゃしんぎょうほつがん》」と題され、醍醐寺に伝わっています。成賢書写本が、通例の講式のように、次第法則《しだいほっそく》に続けて表白段《ひょうびゃくだん》を設け法会の旨趣《ししゅ》や願《がん》を複数の段に分かって述べる形式を持たないこと、また発願の名を有することに鑑みれば、本来は発願文として作られ、のちに講式としても通用したものと考えられます。

『閻魔講式』は、『般若心経』の功徳《くどく》を述べるにあたり、玄奘三蔵《げんじょうさんぞう》（六〇二〜六六四）の伝を掲げます。『般若心経』が観音から玄奘三蔵へ授けられた折の「我三世諸仏《さんぜしょぶつ》の心要法門《しんようほうもん》を持す」の詞《ことば》や、玄奘が臨終の折に唱えた詞は、『心要鈔《しんようしょう》』の撰述とも関わる重要な要文です。一方、尊勝陀羅尼は、『仏《ぶっ》頂《ちょう》尊勝陀羅尼』の序に、三世諸仏の覚母《かくも》である文殊菩薩が五台山を訪れた仏陀婆利《ぶつだはり》に罪業を滅する経典であるからと天竺《てんじく》（インド）まで取りに戻らせた説話を有し、一切の悪業を消滅させる威力を有する神呪《じんじゅ》です。その功能は、『加句霊験《かくれいげん》仏頂尊勝陀羅尼記』に基づく王少府《おうしょうふ》の霊験譚をもって示されます。これらを踏まえて、貞慶は、釈迦・弥陀・弥勒をはじめ普賢・文殊・観音・地蔵ら諸仏菩薩の加被《かび》を憑《たの》み、『（擬《ぎ》戒珠《かいしゅ》）浄土往生伝』（真福寺蔵）を典拠とする雄俊《おうしゅん》の伝を先蹤《せんしょう》に掲げて、閻魔王に対して浄土往生を訴える、迫力に満ちた発願の詞を創り出しました。

それは、貞慶が『発心講式《ほっしんこうしき》』を作り、『大般若経』六百巻を納める般若台《はんにゃだい》を建立して、般若の霊験に満ちた釈迦の霊山浄土《りょうぜんじょうど》から弥勒の兜《と》率内院《そつないいん》に至り、弥陀・観音の浄土往生を願う宗教空間を創出し発展させる過程のなかで、発願されたものでしょう。般若台厨子《ずし》扉絵《とびらえ》には、守護の四天や玄奘三蔵らとともに、呵責の声を発する閻魔王が描かれていました。貞慶が閻魔宮へ招かれた伝承を語る舞台も、般若台です。建久《けんきゅう》六年（一一九五）に『心要鈔』を撰述し、同七年に般若台で『弥勒講式』『地蔵講式』『欣求《ごんぐ》霊山講式』を次々と作成します。その過程において、穢土《えど》を厭離《おんり》して罪障を懺悔《さんげ》し、般若（覚母）の加被によって菩提心を発起して、自利利他の菩薩行を実践し続けるために、呵責の声を響かせる閻魔王は不可欠な存在でした。そうした閻魔王の役割とイメージは、貞慶の最晩年に造立の始まる海住山寺《かいじゅうせんじ》五重塔扉絵にもあらわされます。

この発願に連なり、醍醐の地にあらたな冥府の空間を創り上げたのが、願主である宣陽門院《せんようもんいん》（一一八一〜一二五二）と成賢です。醍醐寺閻魔王堂は、こののちに誕生する鎌倉時代の閻魔堂や六道絵に大きな影響を与えたことが知られています。貞慶の『閻魔講式』は、日本の六道絵や閻魔王の儀礼空間の創出と展開に、はかり知れない影響を与えました。

関口静雄「龍谷大学図書館蔵『諸講式集』」（『学苑』六七二、一九九六年）
楠淳證『心要鈔講読』（永田文昌堂、二〇一〇年）
阿部美香「醍醐寺蔵『尊勝陀羅尼幷般若心経発願』——翻刻と解題」（『昭和女子大学女性文化研究所紀要』五一、二〇二四年）

（阿部美香）

『戒律興行願書』（かいりつ・こうぎょう・がんしょ）

貞慶は、その生涯にわたる仏道を求める修行の中で、戒律を欠くことのできない、三学の根本として位置付けていました。興福寺に所蔵される江戸時代写本『戒律興行願書』（内題）は、晩年に海住山寺《かいじゅうせんじ》に移住した貞慶が、本寺である興福寺の僧侶たちに対して戒律の興隆を呼びかけるために草した勧進発願《かんじんほつがん》の文であり、弟子である戒如《かいにょ》の奥書によって承元《じょうげん》年間（一二〇七〜一〇）の成立であることが知られます。

本書は、内題の下に「正文在り」と注すように、貞慶自筆と思しい願書があったようですが、釈尊より以来、仏弟子たるものの戒律を重んずべき理を相伝し、東西両金堂堂衆はそのうち律家として、鑑真（六八八〜七六三）を祖師として相承してきた伝統を示しています。しかし末代に至り、名利を求めるために廃れ、律家の供僧分（定員配分）も、維摩会《ゆいまえ》への勤仕も絶えてしまったことを歎き、その復興をはかり、「律供」を寄進することにより、両堂衆の中から戒本（戒律の典拠となる聖教《しょうぎょう》）の読《どく》誦《じゆ》と名目《みようもく》（法門の名称と条目）の談義を提案する内容です。
この貞慶の発願に応え、興福寺では覚心によって寺内常喜院《じようきいん》が「律学院」として創建され、二十名の定員を置き、律学を興行しました。この基盤のもとに、のちに唐招提寺に入った覚盛《かくじよう》（一一九四～一二四九）や西大寺に入った叡尊《えいそん》（一二〇一～九〇）が、自誓受戒を含めて南都における戒律復興を本格的に展開したことは、広く知られるところです。それが貞慶による、この興行発願に始まることは重要で、本書はその消息を伝えてくれる貴重な文献です。
なお、堂衆身分出身の覚盛が維摩会において律宗論義の参仕を望み、これを学侶に拒否されたことが遁世《とんせい》の契機となったと伝えられる（『唐招提寺解』）ことは、本書の発願を根拠としての発起であったと推察される点も、興味深いところです。貞慶が戒律復興に果たした役割を、本書によって如実に知ることができます。

（阿部泰郎）

参考文献
兼子恵順「『解脱上人戒律興行願書』に於ける「律供」について」（『印度学仏教学研究』第三八巻二号、一九九〇年）
関口靜雄『律苑僧宝小誌』（昭和女子大学唐招提寺展小委員会、二〇〇〇年）

『春日権現講式』（かすが・ごんげん・こうしき）

貞慶は、数多くの講式を作成しました。講式とは、本尊を讃嘆《さんだん》・礼拝《らいはい》する儀礼の次第書です。よって『春日権現講式』とは、春日講という儀礼の次第書を意味します。本講式は仏・菩薩といった仏教の本来的尊格ではなく、春日権現という日本の神祇を本尊とする点に特色があります。貞慶は法相宗《ほっそうしゅう》・興福寺の護法神として春日社の神を厚く尊崇したことで知られており、本講式は中世神仏習合史における貴重な資料といえるのです。

そもそも「権現」とは、本体としての仏が神として「権《か》りに現れる」という意味で、本地仏《ほんちぶつ》に対する垂迹神《すいじゃくしん》を表現したものに他なりません。このことは本講式の構造のうちに、如実に観取することができます。通常、講式は複数の章段から構成されるもので、『春日権現講式』には、三段本と五段本の存在が確認されています（ともに正確な成立年次は不明です）。三段本は、一段「垂迹の方便を讃ず」→二段「五所の本地を明かす」となっており、始めに春日社の五つの祭神の利益《りやく》を説示し、秘された本地仏の顕現を強く促す祈請《きしょう》の文を綴った上で、それぞれの本地仏の功徳《くどく》を讃嘆する次段へとダイナミックに展開します。『春日権現講式』は、中世の仏教的神祇信仰を見事に象《かたど》った秀作と評価できるでしょう。

貞慶には、これ以外にも春日の講式や、春日信仰に関わる作品が存在します。先行研究によれば、貞慶は五段『春日権現講式』を縮約して三段本を制作したことが推定されていますが、それに先立って一段『春日講式』が存在しており、またこれらとは系列を異にする初期の作品として『別願講式《べつがんこうしき》』や『春日大明神発願文《かすがだいみょうじんほつがんもん》』もあるのです。さらに後人が貞慶作の三段本・五段本を改作したものもあって、バリエーション豊富です。貞慶自身の篤実な春日信仰は後代に受け継がれ発展したので伝本も多様であり、学習院大学本・高野山金剛三昧院本・魚山叢書本・興福寺本・高山寺本・天理大学図書館本・陽明文庫本・大覚寺本などが知られています。

参考文献

ニールス・グュルベルク「貞慶の春日信仰における『春日御本地尺』の位置」(『金沢文庫研究』二九五、一九九五年)
近本謙介「天理大学附属天理図書館蔵『春日権現講式』本文と解題」(『鎌倉室町文学論纂』三弥井書店、二〇〇二年)
舩田淳一『神仏と儀礼の中世』(法藏館、二〇一一年)

(舩田淳一)

『勧学記』(かんがく・き)

本書は、題号の下に「一つには『学徒教誡《がくときょうかい》』と云う」とありますように、貞慶が「学徒のために作成した教誡文」です。大谷大学等に写本が現存するほか、活字化されたものが『解脱上人小章集《げだつしょうにんしょうしょうしゅう》』(『日本大蔵経』法相宗章疏/以下、『小章集』)に収録されています。作成年代は不明ですが、同じく『小章集』に収録されている『起請文《きしょうもん》』が示寂《じじゃく》の年の建暦《けんりゃく》三年(一二一三)一月に「病席に臥しながら」著されているので、本書も海住山寺《かいじゅうせんじ》時代に作成された可能性が高いと考えられます。

内容は、「来世において三途《さんず》の苦域に堕《お》ちないために三宝《さんぼう》の冥助《めいじょ》を受けて修学すること」を勧めるものであり、①「昼夜六時を空しくす可からざる事」、②「修学二門を怠る可からざる事」、③「常に修学の仁に親近《しんごん》して不用の輩《やから》に昵《ちか》づく可からざる事」、④「淫事酒宴を好む可からざる事」、⑤「修学を嗜《たしな》まずして威勢を立てる可からざる事」の五つの誡めよりなっています。また、③には「世路での栄達は修学の妨げになる」「貴人の近習となることは修学を疎かにする根因となる」「大会《だいえ》等の宗義決《けっ》択《ちゃく》の場においては必ず聴聞すること」「修学に疲れたら休息してもよいが無益な雑談はしてはならない」「今生に学問を積んだ功徳《くどく》が来世の資粮《しりょう》となる」という五箇条も兼ねて付されています。

注目すべきは、①において「辰巳《たつみ》(七時~十一時)学問、午《うま》(十一時~十三時)勤行《ごんぎょう》、未《ひつじ》(十三時~十五時)学問、申《さる》(十五時~十七時)外典《げてん》世事等、酉《とり》(十七時~十九時)勤行念誦、戌亥《いぬい》(十九時~二十三時)学問、子丑《ねうし》(二十三時~三時)休息睡眠、寅卯《とらう》(三時~七時)学問」とあるように、一日十四時間もの学問を勧めている点にあります。ここでは「学問」が主となっていますが、同時に「修学二門」とあるように「学」にもとづく「修」の実践も視野に入れた教誡となっている点にも注意すべきでしょう。

全体的に見ると、「修学を疎かにして立身出世を願うという誑詐《おうさ》の罪」や「仏道成就とは無縁な武芸者・博徒・淫僧などに昵《ちか》づくことの過失」「軽賤の心を起こす因となる淫酒の過失」「内実を高めるための学問を積まず社会的威勢のみを求める過失」等を指摘して、「仏法に縁あって学問することが出離解脱の勝《すぐ》れた要因となるので世栄に染まらず修学に励め」と、貞慶が後進の学徒に対して示した教誡文であったといってよいでしょう。

参考文献

堀一郎『学僧と学僧教育』(未來社、一九七八年)

楠淳證『貞慶撰『唯識論尋思鈔』の研究――仏道篇』第一部第一章第一節（法藏館、二〇一九年）

（楠　淳證）

『閑寂隙』（かんじゃく・げき）

本書は、解脱房貞慶《げだつぼうじょうけい》が修行実践を志す者のために、その肝要について簡明に記したものです。京都大学に写本が現存しているほか、活字化されたものが『日本大蔵経』法相宗章疏（二）所収『解脱上人小章集《げだつしょうにんしょうしょうしゅう》』中の一篇として収録されています。本書は、冒頭の「閑寂之隙」から「外不可求」に至る数行が、『勧誘同法記《かんゆうどうぼうき》』「第六略要門《だいろくりゃくようもん》」の最末尾の文章と一致しており、両書の間には密接な関係性のあることがわかります。このことから、本書の作成年代は、本文中に明記はされていないものの、『勧誘同法記』が記されたと推測される正治《しょうじ》三年（一二〇一）から建仁《けんにん》三年（一二〇三）頃である可能性が高いと考えられます。

本書の内容は、『勧誘同法記』で示された唯識実践の概論的内容を、より具体的実践事項に落とし込んだものとなっています。例えば、「世間の雑事から身を守り、忌避しなさい」という仏道実践を行うにあたっての心構えや、「三宝《さんぽう》を仰ぎ善神《ぜんしん》を憑《たの》むことで、乳飲み子が母に抱かれるような安心感を得られ、魔障《ましょう》が除かれるので、その後に息を放ち、身を調《ととの》え、少しずつ目を閉じる」というような具体的次第、「自らの心が念念に生滅していることを観じる」ことから「知にして不知」や「念にして不念」といったあり方に至るまでの段階的な実践の深まりが示されています。

特に注目すべき点として、確立された坐禅《ざぜん》の作法がない中で、唯識観の実践にそれを取り入れようとする貞慶の進取の精神が見られることが挙げられます。貞慶は坐禅の作法について、「解釈の数が多いこと」、「口伝の中でも疑わしいものは用いることができないこと」、「作法を質問しても論ずるまでもないとされること」を懸念しています。それでも貞慶は、「具体的に作法を示すことができなければ、修行実践を志す者が途方に暮れてしまい、実践そのものも、それに伴う結果も望めなくなる」とし、「自らの心に任せて本書を記した」と言うのです。そのため貞慶は、本書を「盲者が盲者を導くようなもの」であると評し、「坐禅を成就した人がいれば、師として学びたい」とまで述べています。貞慶の真摯な求道実践の姿勢がよく表れている箇所と言えるでしょう。

また本書は、貞慶の法孫にあたる良遍《りょうへん》（一一九四～一二五二）に大きな影響を与えました。『観念発《かんねんほっ》心肝要集《しんかんようしゅう》』に収められる『唯識観事《ゆいしきかんのこと》』には、その冒頭に『勧誘同法記』と並び記され、「基本となるものであるため、参照すべき」と述べられています。『観念発心肝要集』が後世の人々に唯識観の指南書として重んじられた点に鑑みれば、本書は日本唯識における実践観法である唯識観の展開において、極めて重要な意義を有する書であると言えるでしょう。

（西山良慶）

参考文献

北畠典生『『観念発心肝要集』の研究』（永田文昌堂、一九九四年）
西村玲『近世仏教論』第Ⅳ部（法藏館、二〇一八年）

『観心為清浄円明事』
（かんじん・い・しょうじょう・えんみょう・じ／かんじんをしょうじょうえんみょうとなすのこと）

本書は、真言の月輪観《がちりんかん》の功徳《くどく》について「法相宗《ほっそうしゅう》にもそのようなことがあるのか」と問われたことに対して貞慶が、「観心をもって無垢清浄《しょうじょう》なる円明《えんみょう》の無為《むい》に通達《つだつ》する道のある事」を示したもので、貞慶示寂《じじゃく》の年の建暦《けんりゃく》三年（一二一三）に口述筆録されています。写本が京都大学にあり、活字化されたものが『解脱上人小章集』（『日本大蔵経』法相宗章疏）等に収められています。

内容は、真言の月輪観の功徳に対する質問から始まって、清浄円明なる真如無《しんにょむ》相《そう》の理についての論談が五問五答をもって展開されます。その第一問答においては、真言（密教）で説く月輪観の功徳と同様のものが法相宗でも説かれているのかという問いに対して貞慶は、法相宗でも真如無為の清浄円明なる功徳が説かれており、あたかも世にいう満月のようであると答えています。また、第二問答から第四問答にかけては、凡夫《ぼんぶ》にも本性《ほんしょう》清浄なる理性《りしょう》（理仏性《りぶつしょう》）があると共に、法爾《ほうに》に具足している無《む》漏種子《ろしゅうじ》（行仏性《ぎょうぶつしょう》）もまた本性清浄であるといい、我が心を自性清浄（密教でいう月輪）と観ずる道を示しています。これを受けて第五問答では、真如無相の理を満月と観ずる密教の奥深さを認めた後、顕教《けんぎょう》でも同様であると述べ、その後に阿弥陀仏の浄土に往生する不思議を語ります。『観世音菩薩感《かんぜおんぼさつかん》応抄《のうしょう》』では「かつては弥陀浄土への往生を欣求《ごんぐ》していたが涯分《がいぶん》を量って断念した」としつつも、観音の補陀落《ふだらく》浄土から弥陀の極楽《ごくらく》浄土への転入（二生往生）を模索していた貞慶でしたが、本書においては真如無相の理の観点からの瑞相《ずいそう》不思議すなわち仏宝・法宝の不思議を語る中で、弥陀浄土への「一生往生」についての新規の見解を示した点で、注目される内容となっています。

本書は、末尾の記載によると「師である貞慶が思いつくままに述べた言葉を筆録したものなので失録や違背があるかもしれない。その後は臥《ふ》しながら語るも首尾散々。ついには気力も衰え微音となって意味不明に陥った」とあるので、まさしく臨終が間近に迫った頃に筆録されたものであったことがわかります。ちなみに、貞慶の示寂は建暦三年二月三日ですが、本書はそれより少し早い一月十七日に筆録されています。また、弥陀浄土への往生を模索する新規の案を語ってはいますが、「病席での雑談の多くは補陀落のことにあった」とも述べられており、このことと「臨終時には観音の補陀落浄土のある西南の方角に向かって端座して観音の宝号を称えて入寂した」と伝えられてきたことを考え合わせると、貞慶が最期の最後に願った浄土は観音の補陀落浄土であったことがわかります。

参考文献

楠淳證『貞慶撰『唯識論尋思鈔』の研究――仏道篇』（法藏館、二〇一九年）

（楠　淳證）

『観音講式』（かんのん・こうしき）

貞慶は、自ら観音への帰依とその補陀落《ふだらく》浄土への往生の希求を表明するに至った建仁元年（一二〇一）に、連続して二篇の観音講式を草しました。一つは五月十八日、女人のために「世俗之詞《せぞくのことば》」を用いて結縁《けちえん》の人と共に観音に値遇《ちぐう》し、悲母への報恩を期した五段の式。そしてもう一つは、その三日後に、世間男女等のために「別願」をもって著された三段の式です。ここでは最も流布し、また異例なまでに長文の貞慶識語が付されている三段式について記します。

「別願」とは、貞慶にとって殊に重要で、特に個人的な発願により修す自他への勧進《かんじん》として営まれる祈願でした。その識語で彼は、観音こそ二世つまり現世利益《げんぜりやく》と来世往生の祈願を満たす本尊として讃え、かねて名利《みようり》の望みを絶ち遁世《とんせい》した己が、利生のために観音の誓いを仰ぎ、補陀落へ至ることが極楽往生への方便なることを知らしめようとします。その例《ためし》として、長保二年（一〇〇〇）に阿波の賀登《がとう》上人が土佐の室戸より補陀落渡海したことを挙げて、現身に大聖《だいしよう》の方便が示された証《あかし》としてその意を讃え、「我等」の志願の暖々不勇なることを恥じ悲しむべきと結びます。

式の本文では、第一に帰依の道理を明かし、普現三昧《ふげんざんまい》を現じた過去世の因縁と善無畏《ぜんむい》祈雨の観音霊験、聖徳太子仏法弘通の方便を三国にわたって示し、殊に我国は「所々の霊験、多くは観音」、「諸社の神明《しんめい》も観音の垂迹《すいじやく》である」などと述べ、観音機縁の国であることを示します。第二に種々の利益をその秘密神呪《じんじゆ》の功能《くうのう》の大悲功徳《くどく》として讃えます。第三の来世の引接《いんじよう》では、観音を念ずれば罪障消滅し、礼をして願ずれば釈尊の霊山や弥勒の兜率《とそつ》も見ることができ、かつまた弥陀の西方極楽《さいほうごくらく》への引摂も可能になるといい、観音の本願により今生の父母から先世の恩愛知識に至るまで、「我等」共に仏道を修して往生しようと結びます。この点では五段式も同様であり、二篇の『観音講式』は先に述べたように「女人等のため」「世間の男女のため」に作成されたものではありますが、同時に観音の示した「共に仏道を成ぜん」の誓願に共感して著されたものでもあったのです。

五段式の講式が高野山の金剛三昧院のみに伝えられたのに対して、この三段式の講式は広く流布し、興福寺や浅草寺の鎌倉写本をはじめ、称名寺や大谷大学（西大寺旧蔵）の室町写本、薬師寺の江戸写本、魚山叢書本等々、多くの写本が現存しています。また、海住山寺《かいじゅうせんじ》移住後の承元《じょうげん》三年（一二〇九）に制作したもう一つの『値遇観音講式』は七段で構成され、殊に海住山に擬された補陀落山の描写が詳しいことが特徴です。

『観世音菩薩感応抄《かんぜおんぼさつかんのうしょう》』において自ら観音帰依の「決智《けっち》」を表明した貞慶が、その志をおおやけに世間に披露し共有しようとする意図が、この講式の全篇に満ちています。

参考文献

西山厚「講式から見た貞慶の信仰――『観音講式』を中心に」（『中世寺院史の研究　下』法藏館、一九八八年）
関口静雄「解脱貞慶作『観音講式』について」（『大正大学綜合佛教研究所年報』一五、一九九三年）
楠淳證・新倉和文『貞慶撰『観世音菩薩感應抄』の研究』（法藏館、二〇一二年）
楠淳證「『観世音菩薩感応抄』解説――行者の信仰実践の書」（本書第二章）

（阿部泰郎）

『勧誘同法記』（かんゆう・どうぼう・き）

本書は法相宗《ほっそうしゅう》の修行実践である唯識観《ゆいしきかん》の肝要について、解脱房貞慶《げだつぼうじょうけい》が簡明に叙述したものです。龍谷大学や香川県善通寺等に写本が現存しているほか、金沢大学や東洋大学等に刊本が所蔵されています。また、活字化されたものが『日本大蔵経』法相宗章疏（二）に収録されています。

本書には貞慶の自序が見られ、そこには「蟄居《ちっきょ》の後、又た八、九年」という文言があります。貞慶は建久《けんきゅう》四年（一一九三）に笠置《かさぎ》へと隠棲し、翌年に永蟄居していますので、本書は正治《しょうじ》三年（一二〇一）から建仁《けんにん》三年（一二〇三）頃に成立したと見ることができます。同じく自序には、「同法の愚僧」と貞慶との問答の往復がきっかけとなり、本書が著述されたことが示されています。「愚僧」という語は一人称として用いられる表現ですので、貞慶の深い自己省察の結果、綴られた書であると見ることができます。

本書は「第一勧修門《だいいちかんじゅもん》」（唯識観の実践を勧める）・「第二義相門《だいにぎそうもん》」（唯識の教えを示す）・「第三修習門《だいさんしゅじゅうもん》」（唯識観の具体的内容を示す）・「第四悟解門《だいしごげもん》」（唯識における悟りを示す）・「第五利他門《だいごりたもん》」（利他の重要性を示す）・「第六略要門《だいろくりゃくようもん》」（本書の内容の最略を示す）という六つの章からなっています。各章には複数の節が設けられており、唯識の教えと、唯識観の実践を勧める内容となっています。本書は『法相宗《ほっそうしゅう》初心略要《しょしんりゃくよう》』等と同様に、初心者のための綱要書という性格を有していますが、教学的というよりは、観行実践に主眼を置いた入門書である点に特色が認められます。

注目すべき点は、「第三修習門」において、貞慶が独自の唯識観である「依詮《えせん》・廃詮《はいせん》の二重の観」を案出していることです。唯識観は元来、唯識三性観《ゆいしきさんしょうかん》であり、三性有門《さんしょううもん》（中道有）の観法です。しかし、貞慶は「第三修習門」〈一依詮義《いちえせんぎ》〉において、より中道義を前面に押し出した三無性空門《さんむしょうくうもん》（中道空）の唯識観をあえて論じました。さらに貞慶は、この依詮の空観を方便として、真実の唯識観を「不念の念」や「不観の観」としました。この三無性空門を前面に押し出した貞慶の見解を承けて、貞慶の法孫にあたる良遍《りょうへん》（一一九四〜一二五二）は、実践的唯識観についての九篇の書を著し、「依詮と廃詮の二重の観」をより具体的かつ詳細に体系づけていくことになります。これら九篇の書は、やがて『観念発心肝要集《かんねんほっしんかんようしゅう》』として編集され、鎌倉期以降の法相学侶の必読書となりました。『勧誘同法記』における貞慶の見解が良遍へと大きな影響を与え、『観念発心肝要集』の成立へとつながり、それが後世の人々に唯識観の指南書として重んじられたのです。このことから、本書は日本唯識における実践観法である唯識観の展開において、極めて重要な位置を占めるものであると言えるでしょう。

参考文献

楠淳證「日本における唯識観の展開」（『仏教学研究』第四五・四六号、龍谷大学仏教学会、一九九〇年）
楠淳證「法相と唯識観」（『日本仏教学会年報』第五七号、日本仏教学会、一九九二年）
楠淳證『貞慶撰『唯識論尋思鈔』の研究——仏道篇』第一部第一章第一節（法藏館、二〇一九年）

（西山良慶）

『愚迷発心集』（ぐめい・ほっしん・しゅう）

『愚迷発心集』は、古くから「解脱上人御草《ごそう》」として伝えられる貞慶の代表的な法語です。その伝本には、日本思想大系の底本となった東大寺図書館蔵の室町時代後期の祐成《ゆうじょう》識語写本と、その対校本となった同図書館蔵の天正二年（一五七四）写本、多川俊映師が『貞慶『愚迷発心集』を読む』で訓み下しのうえ現代語訳し評釈される底本とした法隆寺蔵英俊（興福寺多聞院英俊〈一五一八〜九六〉）伝領（暦応四年〈一三四一〉本奥書）室町後期写本、また龍谷大学図書館禿氏《とくし》文庫蔵の室町時代後期写本（龍谷大学善本叢書29『禿氏文庫本』思文閣出版、二〇一〇年）などがあります。刊本には、慶安二年版本と無刊記版があり、その本文は写本とほぼ共通します。刊本は高瀬承厳校訂の岩波文庫本に、近世の注釈である『愚迷発心集直談《じきだん》』とともに収められます。いずれの伝本にも貞慶識語はありません。

東大寺図書館本や法隆寺英俊本と、禿氏文庫本の大きな違いは、前者には、後者にない本文末尾の二百七十余字に及ぶ「同法起請契約状《どうほうきしょうけいやくじょう》」というべき一文が存在していることです。この文を持たない禿氏文庫本の形こそが原型であり、新倉和文氏が論ずるように、この文は、本書を草した貞慶自身が笠置《かさぎ》において同法らとともに創建した般若台《はんにゃだい》や般若報恩塔（十三重塔）をめぐって営んだ各種の講会において、一結衆《いっけつしゅう》と起請《きしょう》した契約状と見ることができます。

その末尾の契状を除いた本文は、全体が、「敬白十方法界一切三宝、日本国中大小神祇等而言」に始まり「仰願《あおぎねがわくは》、三宝神祇、哀愍愚意《あいみんしてぐいを》、令《おこさしめ》発道心、一要若成就《もしじようじゆせば》、万事皆可足而已《たんぬべきのみ》」で結ばれる、祈願のため儀礼テクストになっています。それは、本書の前提となったと推定されている貞慶の『道《どう》心祈誠《しんきしょう》（起請）状《じょう》』と共通しており、また、この枠組みの中に段落を分かたず書かれる長大な文章も、日本思想大系の解題で田中久夫氏が比較して示すように、『道心祈誠状』の文を骨格としています。本書の文章も、最後に願を「大聖《だいしょう》の加被《かび》」のもとに期すとともに、「仏陀神明（禿氏本は「冥」）の大悲」を頼むものであり、全体は教化の詞《ことば》であると同時に神仏への祈願の詞であることは、本書の性格を捉える上で重要でしょう。

また、後鳥羽院の『無常講式』を引くことで知られる『存覚法語《ぞんかくほうご》』は、「ちかごろ智行たかきこゆる笠置の解脱上人のかかれたることばも、よにやさしく肝《きも》にそみておぼゆ」として、その一節を引きますが、それは流麗な仮名文として書かれており、『愚迷発心集』の写本は漢文で伝えられますが、本文に付された訓点により訓読される仮名法語として流布享受されていたことが知られます。

本文はおよそ六段に分かたれます。多川師は全体を前後篇に大きく分かち、それぞれを九段に細分されますが、私見では前後篇を各三段にまとめることができます。初段では、「弟子、五更《ごこう》の眠《ねぶ》り醒めて、寂莫《じやくまく》の床《とこ》の上に、双眼に涙を浮かべて、つらつら思い連《つら》ぬることあり。その所以《ゆえん》いかんとなれば」と、自身の述懐の形で始められ、以下、全体に「我」「我身」「我等」という一人称で表明されるメッセージとなっています。そして「夫《そ》れ、無始輪転《むしりんてん》より以降《このかた》、此《ここ》に生じ、彼《かしこ》に生ずるの間」と永劫に輪廻を重ねる「我」は何処《いずこ》より来たり、また、去っては何の身を受けるのか、という根源的な問いが投げかけられます。さらに、「弟子」の本師である釈尊の滅度の後、当来の仏との中間にあって、仏道に赴く機縁を欠く衆生《しゆじよう》の薄福を嘆き、「今生にいかなる行業を修すべきか」と重ねて問いかけ、「万事を抛《なげう》って一心を励ませ」と決意をうながします。

第二段には無常の詞《ことば》が連ねられ、その一節が『存覚法語』に引かれます。我等の視聴する世界の無常の有様すべてが「発心」の便《たよ》りだとして、「世事を思い捨てて我身のはかなさを知れ」とうながします。さらに、枕の上で「往事」を顧み、「世間の転変」を観じて生死を哀れむ思いを深め、「閻魔の使いは何時《いつし》か朽室の窓に臨み」、「抜精の猛鬼は鉾を捧げて柩《ひつぎ》の下《もと》に来たらんと欲す」と述べ、避けがたい己の死を想《おも》え、と示します。それは、あくまで「我身」に執して人の名を仮る「仮名《けみょう》」の非を省みて、流転生死《るてんしょうじ》の業と罪障により「二利の行願」を欠くことを悲しむ思いからの詞です。

第三段は懺悔の詞となります。心より起こる妄執によって「父母の生所」も訪《とぶ》らえず、「親昵《しんじつ》の受苦」をも知らず、「ただ我が後生のみを畏れて三途《さんず》の過《あやま》ちを生ずるばかりだ」と己の愚痴と懈《け》怠《たい》を痛み悲しみます。続いて、その手立てとしての坐禅や観心を通じて、心の外に法はなく、「覚知一心、生死永棄（一心を覚知し、生死を永く棄てよ）」と、正覚を証して出離《しゅつり》するための開悟を促《うなが》します。これに続く（多川師著書では後篇に当たる）、勘発《かんぱつ》の詞というべき後半では、修学に伴う慢心から発する誹謗や嫉妬、嘲弄などを排して、隠遁の草庵にもなおつきまとう名利《みょうり》を求める我が心の報いとして、「閻魔の誡《いまし》め」に預かり、「冥官の責め」を蒙ることから逃れられないと示します。

第四段では、今生《こんじょう》に清浄《しょうじょう》の願を発することの困難を、仏弟子となった僧侶でさえ「慈父の遺言」つまり釈尊の教えを守ることの難しさから、「獄卒の呵責《かしゃく》」を怖れ、名利の妄執による「五官王《ごかんおう》の断罪」や「浄頗梨《じょうはり》の鏡」に映らなくとも免れない自業自得の因果から遁《のが》れるには、真に我身の上を想い、「此身を念《おも》わず、此身を捨てることで助かれよ」と、決死の覚悟で仏道に赴くことへいざないます。

第五段では、三宝に「我身命《わがしんみょう》」を抛つ覚悟を示し、山林の草庵を「今生の遊宴の栖《すみか》」とし、「聚楽憒閙《じゅらくかいにょう》」を「一仏浄土の縁」とすることで「二利の行願」を希《こいねが》え、と勧め、重ねて冥衆の照覧のもと、修学の途に赴くことをうながします。

最後の第六段に至り、仏菩薩は「大悲の誓願」に催されて、「五濁《ごじょく》の我等」を救うために、この穢《え》悪《あく》の土に交わり、和光同塵して、「霊神験仏」として現れていると述べて、「一念の道心を発《おこ》させよ」

と請い、また、「二親の菩提を訪うことを祈る」との思いを示します。ここで、ようやく「我」は、進んで道心を請うに至り、志すところの「二利の要義」は、「一念の発心」を遂げた己が、群生《ぐんじょう》を済度する誓願を立てた「仏陀神冥」の大悲に加被される「一子」である、と誓願の利益を讃えて結ばれます。

全編にわたって作文《さくもん》の修辞を縦横に駆使して構築された長大な発願文といえるこの『愚迷発心集』は、後世に大きな影響を与えて、中世の宗教文学の基盤を形づくるような役割を果たしました。本書で貞慶が繰り返し表明した「弟子」「仏子」や「我」「我等」という表現主体からの強いメッセージは、そこに籠められた二親父母の菩提を祈る痛切な願いと、閻魔王の呵責と断罪にうながされる、己の二利の行願を成就しようとする誓いとなって、今も読む者に深い感動を与えます。

参考文献
田中久夫「収載書目解題」(日本思想大系15『鎌倉旧仏教』岩波書店、一九七一年)
多川俊映『貞慶『愚迷発心集』を読む　心の闇を見つめる』(春秋社、二〇〇四年)
新倉和文「解脱上人貞慶と同法達との「契約」」(大取一馬編『典籍と史料』思文閣出版、二〇一一年)

(阿部泰郎)

『興福寺奏達状』『興福寺奏状』(こうぶくじ・そうたつじょう/そうじょう)

元久元年《げんきゅう》(一二〇四)、比叡山の大衆《だいしゅう》が大講堂に集結して、法然《ほうねん》(一一三三〜一二一二)の専修念仏《せんじゅねんぶつ》の教えを停止《ちょうじ》すべき旨を決し、時の座主《ざす》であった真性《しんしょう》に訴える事件が起こりました。これに対して法然は、門弟を誡めた『七箇条起請文《しちかじょうきしょうもん》』を作成し、比叡山には『送山門起請文』を提出いたしましたので、ひとまず騒動はおさまりました。ところが、法然の門弟の中に態度を改めない者が少なからずいたので、翌年の元久二年十月、興福寺より改めて八宗を代表した「奏状」が朝廷に提出されました。これが、世にいう『興福寺奏状《こうぶくじそうじょう》』（以下、『奏状』）です。本書には、「第一立新宗失」「第二図新像失」「第三軽釈尊失」「第四妨万善失」「第五背霊神失」「第六暗浄土失」「第七誤念仏失」「第八損釈衆失」「第九乱国土失」の九箇条の過失が列挙されており、依頼を受けた貞慶が起草したものでした。

　本書が上奏されたことにより、同年十二月には念仏停止の宣旨《せんじ》が下されるのですが、その内容は門弟の中にいる「邪執《じゃしゅう》の輩《やから》」を処罰し、法然には咎《とが》を及ぼさないというものでした。これに対して興福寺は納得せず、『奏状』の趣旨とは異なる内容だと反発するのですが、実は『奏状』にも「上人（法然）は智者である。自らは謗法《ほうぼう》の心はないであろう。ただし門弟の中には悪行をなすものが少なからずいる」という宣旨と同趣旨のことが書かれていたのです。なぜこのようなチグハグが生じたのでしょうか。実は当初の起草案である『興福寺奏達状《そうたつじょう》』（以下、『奏達状』／龍谷大学と大谷大学のみ所蔵）には、法然浄土教を徹底的に糾弾する文言が書かれていましたが、それがいつの間にやら改変されていたからでした。

　当初の起草案である『奏達状』は『奏状』とは異なり、法然浄土教を「魔風《まふう》」などと述べ、教義的かつ社会的観点から厳しく批判していました。また、九箇条についても「第一立邪宗之罪」「第二私販新造圖《はかりごと》」「第三軽侮釋尊之失《あやまち》」「第四廢万善之辜《つみ》」「第五乖背神霊之罰《つみ》」「第六闇昧浄土旨趣之愆《とが》」

「第七謬軼念佛奥義之殛《つみ》」「第八濫損釋衆恩《みだれ》」「第九亂壊國家之賊《そこない》」と最後の文字を違う言葉で整えるなど、『奏状』とは異なる工夫がなされていました。とはいえ、両書の内容は根本的には同じであり、九箇条あるものの次の三点にまとめることができます。

(1) 一仏繋属《いちぶつけぞく》の難（第一条・第二条・第三条・第四条・第七条）
(2) 凡入報土《ぼんにゅうほうど》の難（第六条）
(3) 魔界法滅《まかいほうめつ》の難（第五条・第八条・第九条）

(1)は阿弥陀仏《あみだぶつ》一仏のみに帰依することに対する批判、(2)はそれに基づく法然の凡入報土論《ぼんにゅうほうど》への批判、(3)はこれらによって社会的現象となった法滅の危機に対する非難でした。その内容を一読すると、仏道成就の道を真摯に歩んでいた貞慶にとって、八宗の教えや修行のあり方を批判し、社会に混乱をもたらしている法然の教えは、およそ認めがたいものだったことがわかります。

しかし、貞慶は『奏達状』を『奏状』に書き換えました。おそらくは、法然を外護《げご》する者たちが多くいた朝廷からの圧力があったからではないかと思われます。そこで、貞慶は『奏状』において「法然は智者なり」と述べた後に、「根本と枝末とは恐らくは皆な同類也」（根本の法然も枝末の門弟と同じだ）という文言を付加して密かに抵抗したのではないかと考えられます。

かくして『奏状』が上奏されたことにより、法然は建永《けんえい》二年（一二〇七／十月に承元《じょうげん》と改元）二月に流罪となりました。それも一つの原因となったのか、その翌年の承元二年には、自らの観音信仰を具現化するために、永蟄居《えいちっきょ》と決めていたはずの笠置寺《かさぎでら》から加茂《かも》の海住山寺《かいじゅうせんじ》へと、貞慶は移住することになるのです。

参考文献

大取一馬『禿氏文庫本』（思文閣出版、二〇一〇年、『奏達状』の影印収録）
楠淳證「龍谷大学図書館禿氏文庫蔵『興福寺奏達状』について――『興福寺奏状』の草稿本もしくは今一つの「奏状」」（大取一馬編『典籍と史料』思文閣出版、二〇一一年、『奏達状』の翻刻収録）
楠淳證『貞慶撰『唯識論尋思抄』の研究――仏道篇』（法藏館、二〇一九年）

（楠　淳證）

『欣求霊山講式』（ごんぐ・りょうぜん・こうしき）

本講式は貞慶が、釈迦如来の浄土である霊山浄土への往生を願って作成したものです。法然浄土教の隆盛など、中世社会における浄土信仰の中心は、西方極楽世界を欣求する阿弥陀信仰にありました。貞慶は極めて真摯な仏道実践者の一人でしたから、愚迷の自覚の深化に伴い、極楽浄土への往生を自己の涯分を超えたものと捉えるようになります。そのため弥勒菩薩《みろくぼさつ》の兜率天浄土《とそつてんじょうど》や観音菩薩の補陀落《ふだらく》山浄土《せんじょうど》が、往生の容易な娑婆《しゃば》世界内の浄土として貞慶の願求するところとなったのです。

そうした娑婆世界内浄土の一つとして貞慶が注目したのが天竺の霊鷲山《りょうじゅせん》でした。全体を七段に分かち、流麗なる筆致で霊山浄土とその教主たる釈尊を讃嘆《さんだん》しています。特に第二段において、霊山浄土が娑婆世界内に存在する化土《けど》（仮の浄土）である一方、真実の浄土たる報土《ほうど》でもあることを説示しており、教学的に注目されます。

霊鷲山は釈迦が説法した聖地として知られ、かの『法華経』もまた霊鷲山にて説かれたものです。貞慶は中世における釈迦信仰の鼓吹者であり、本講式も貞慶における釈迦信仰の具体的結晶化であり、『舎利講式』や『法華講式』との関連性も留意されます。

奥書には本講式は、建久《けんきゅう》七年（一一九六）に笠置寺《かさぎでら》の般若台《はんにゃだい》にて同法らの勧めによって作成したとあります。貞慶が遁世《とんせい》した笠置山は、修験道資料である『諸山縁起《しょざんえんぎ》』によれば、霊鷲山の角が欠けて日本に来たものとされ、自身も『貞慶敬白文』にて笠置山＝霊鷲山とする見解を示しています。般若台では毎年、霊山会《りょうぜんえ》という『法華経』について講説・論義する法会が勤修《ごんしゅ》されており、本講式もこうした儀礼の場で読誦《どくじゅ》されたことが想定されるのです。

伝本としては谷中天王寺本や高野山金剛三昧院本が知られています。本講式の偈文《げもん》が記入された釈迦来迎図《らいごう》（十三世紀初頭）の遺例も確認されており、中世的信仰世界の一角に霊山浄土の存在を印し留めた、貴重な儀礼資料として高く評価されるべきものです。

（舩田淳一）

参考文献
都守基一「霊山浄土信仰の系譜」（『日蓮教学研究所紀要』一五号、一九八八年）
舩田淳一「貞慶の笠置寺再興とその宗教構想」（『佛教大学総合研究所紀要』一七号、二〇一〇年）

『舎利講式』（しゃり・こうしき）

『舎利講式』は、釈迦如来の遺身《ゆいじん》舎利を本尊として営む舎利講に用いられた儀礼テクストです。貞慶の舎利信仰は、春日明神と釈迦如来を結び、後世に大きな影響を与えますが、その信仰実践のプログラムと思想を表明するのが、貞慶作として伝えられた各種の『舎利講式』です。

このうち、最も初期に作られたと考えられるのが一段式の舎利講式であり、曼殊院《まんしゆいん》や東寺宝菩提院《ほうぼだいいん》に室町時代の古写本が伝えられています。知恩院所蔵『礼仏懺悔作法《らいぶつさんげさほう》』（建久三年〈一一九二〉、『順次《じゅんじ》往生講式《おうじょうこうしき》』の紙背）に附属する「舎利讃嘆《さんだん》」が同じ本文を有することから、一段式は春日の冥告《めいごう》を受けた貞慶が笠置《かさぎ》に隠遁する前に作成したものと思われ、上記の写本には、「春日明神の所望により貞慶が書きまいらせた」との伝承が付されています。

建久《けんきゆう》七年（一一九六）九月、貞慶は笠置に、般若台《はんにやだい》の鎮守として春日明神を勧請《かんじょう》した小社を造立します。これに先立ち、同年四月に営んだ千日舎利《せんにちしやり》講《こう》で用いるために作られたと考えられているのが三段式の『誓願舎利《せいがんしやり》講式《こうしき》』であり、唐招提寺に明徳《めいとく》二年（一三九一）の古写本が伝えられています。三段式には、一結《いつけつ》の衆と共に千日にわたり、舎利の加被《かび》により菩提心を発《おこ》し、衆生《しゆじよう》を済度《さいど》して、今身より未来際《みらいざい》に至るまで舎利に値遇《ちぐう》することを祈る三つの大願が述べられています。高野山金剛三昧院には、三大願を五つに拡大して述べた五段式の『誓願舎利講式』も伝わっています。

貞慶の作成した数多の『舎利講式』を代表するのは、建仁《けんにん》三年（一二〇三）九月に唐招提寺で始められた釈迦念仏会《しゃかねんぶつえ》に用いるために作られた、五段式の『舎利講式』です。第一段に如来の恩徳を讃え、第二段に舎利の分布を明かし、第三段に末世の神変《じんぺん》を讃嘆して、第四段に事理《じり》の供養を述べ、第五段の発願《ほつがん》廻向《えこう》をもって結ばれます。その本尊は、金亀《きんき》舎利塔《しゃりとう》に収める鑑真《がんじん》（六八八～七六三）将来の舎利です。それは貞慶にとって、仏法（戒律）伝来の象徴であると同時に、春日明神の本地《ほんぢ》である釈迦如来そのものでした。

この五段式の『舎利講式』を、京都における弘法大師信仰の拠《よりどころ》である東寺西院御影堂《さいいんみえいどう》に晦日《みそか》舎利講を創始して用いるよう指示したのが、後白河院の皇女である宣陽門院《せんようもんいん》（一一八一～一二五二）です。のちに東寺では、貞慶の『舎利講式』を顕教《けんぎょう》の講式（顕立《けんだ》て）、覚鑁《かくばん》（一〇九五～一一四四）の『舎利講式』を密教の講式（密立《みつだ》て）として併用します。五段式の『舎利講式』は、優れた普遍性をもって真言、天台、浄土など宗派を超えて流布し、その文中の名句が謡曲『舎利』に用いられるなど、中世の舎利信仰や文芸に大きな影響を与えました。近時、高橋悠介氏により、一連の『舎利講式』の基盤をなすと思われる貞慶の『舎利勘文《かんもん》』が高野山金剛三昧院《こんごうさんまいいん》本を底本として紹介されました。

参考文献

舩田淳一『神仏と儀礼の中世』（法藏館、二〇一一年）

阿部美香「宣陽門院の宗教空間におけるほとけとことば――西院御影堂の中世的発展と貞慶の『舎利講式』をめぐって」（近本謙介編『ことば・ほとけ・図像の交響――法会・儀礼とアーカイヴ』勉誠出版、二〇一二年）

高橋悠介「伝貞慶編『舎利勘文』小考」（『斯道文庫論集』五八、二〇二四年）

（阿部美香）

『出離最要』『修行要鈔』（しゅっり・さいよう／しゅぎょう・よう・しょう）

『出離最要』は、「出離のための最も要《かなめ》となる行」が唯識三性《ゆいしきさんしょう》を観ずる唯識観《ゆいしきかん》にあることを貞慶が明確に語った書です。奥書によれば、建暦《けんりやく》三年（一二一三）一月十二日に口述筆録された書であり、同じく一月十七日に口述筆録された『観心為清浄円明事《かんじんいしょうじょうえんみょうじ》』の五日前に著されていたことがわかります。本書は、大谷大学・東京大学史料編纂所等に収蔵される『観念発心肝要集《かんねんほっしんかんようしゅう》』（写本）および活字化された『解脱上人小章集』に収録されています。別に『修行要鈔』ともいい、単独の写本としては大谷大学に『出離最要』、京都大学に『修行要鈔』が伝えられています。ではなぜ、同内容の書物に別名が存するのでしょうか。これについて『修行要鈔』の題下に、「別の題号無きに依り私に之れをつく」とありますように、本書にはもともと題号が付されていなかったのです。そこで、後に二系統となって伝持されていく過程で、貞慶の弟子の覚心《かくしん》（?〜一二四三）が『出離最要』と名づけ、後の世の英《えい》俊《しゅん》（一五一八〜九六）が『修行要鈔』と名づけたのでした。

本書の内容は、輪廻《りんね》から解脱《げだつ》するためには唯識三性の理に悟入《ごにゅう》する唯識観の実践が至要であると説く点にあり、臨終が間近に迫った貞慶が弟子たちに対して唯識行者の王道を説いた書であったことがわかります。私たちは、因縁の和合によって生起《しょうき》する依他起性《えたきしょう》（縁起の法）の上に遍計所執《へんげしょしゅう》の妄相《もうそう》を浮かべ、その結果、さまざまな煩悩を引き起こし、迷いと苦悩に満ちた暮らしを送っています。そのあり方を転換するには、智慧をもって真理（円成実性《えんじょうじっしょう》）の一分を悟り、遍計所執の妄相を捨て去って依他起の相《すがた》をありのままに見ることが不可欠です。そのような修行を積み重ねていくと、ついには真理の全分《すべて》を悟って仏陀となることができるのですが、その端的な修行法がまさしく唯識観でした。本書では、無著《むぢゃく》造の『摂大乗論《しょうだいじょうろん》』に出る「菩薩は定位に於いて影は唯だ是れ心なりと観ず」（大正三一・一四三・下）という「弥勒教授の頌《じゅ》」を挙げ、「影像《ようぞう》を自心の転変《てんぺん》であると観ずることによって依他起の法の仮有《けう》なることを知り、往昔《おうじゃく》に抱いた実我《じつが》実法《じっぽう》は遍計所執の妄相であったと知り、唯識の道理を観じて円成の真実に悟入する道」を示し、「一宗の性相《しょうぞう》は是《ここ》に於いて悉く極《きわ》む」と結んでいます。貞慶の幾多の書籍を兼ね合わせて考えれば、唯識観の実践こそが浄土《じょうど》に生まれるための行であり、かつ菩提《ぼだい》と涅槃《ねはん》を成就するための要となる行であったことがわかります。これこそ、唯識行者としての貞慶がいきついた「行者の王道」であったといってよいでしょう。

（楠　淳證）

参考文献

楠淳證『貞慶撰『唯識論尋思鈔』の研究――仏道篇』「結論」（法藏館、二〇一九年）

『聖徳太子講式』（しょうとくたいし・こうしき）

現存する本講式には、唯一知られる伝本である法隆寺本（享禄《きょうろく》三年〈一五三〇〉良憲《りょうけん》識語写本、大屋《おおや》徳城《とくじょう》編『聖徳太子講式集』〈一九三五年〉）と龍谷大学蔵『諸講式集』所収本（応永丙子《ひのえね》〈一三八九〉写本の転写本）とがありますが、いずれも貞慶の識語がありません。他にも貞慶撰とする写本は確認されていません。しかし、その内容と文体から、紛れもなく貞慶著作の講式であると認められます。

本式は、表白《ひょうびゃく》と五段の本文からなります。表白は、三世諸仏と顕密聖教《けんみつしょうぎょう》ならびに諸大菩薩と「上宮《じょうぐう》聖霊《しょうれい》」に対し、三界流転《るてん》の苦患《くげん》と三途八難《さんずはちなん》に「恩愛《おんない》親族」が沈むのを覚《さと》らぬ「愚盲」を悲しむ、という貞慶に特徴的な自省がまず表明されることが注目されます。その救済の方便として、東海の日本国に仏法を弘通《ぐづう》した聖徳太子（以下、太子）が、滅後遺法の弟子に聞法結縁《もんぼうけちえん》の機を与えてくれる恩徳を謝すという趣旨が示されます。

第一段は本地《ほんち》の功徳《くどく》を讃嘆《さんだん》し、託胎《たくたい》の告げや阿佐太子の讃歎偈《げ》に示される救世《ぐぜ》観音の功能《くうのう》を説きます。第二段は垂迹《すいじゃく》の功徳を、託胎・出胎の瑞相から幼少の神通《じんづう》に始まり、太子の仏法と王法にわたる興隆のはたらきを、守屋降伏、十七条憲法、三経講讃、前生法華経将来の功績について、「千年一聖」と讃えます。第三段は滅後の利生を、四天王と法隆寺、それぞれの伽藍と比丘《びく》の役割を要をとって示しますが、科長《しなが》の太子墓について、特にその廟崛偈《びょうくつげ》と空海（七七四〜八三五）の参籠感得《さんろうかんとく》、天喜《てんぎ》の起《き》注文《ちゅうもん》出現を特筆することが注目されます。第四段は値遇《ちぐう》の別願として『仏地論《ぶつぢろん》』を引き、「我等」がこの日本国の太子の「全身の勝地」に住して、救世の悲願に任せて出離解脱《しゅつりげだつ》の縁を結ぶ勝縁が、太子と「今世之儀」をもって「無始法爾《ほうに》の繋属《けぞく》」を然らしめることこそ太子の利物《りもつ》であると喜びます。この一文は貞慶でなければ書き得ないところです。最終第五は廻向《えこう》段として、この講演の恵業《えごう》により、太子に報恩し、もって父母師長の滅罪生善を祈って結びます。

ここに表明される、観音の、釈迦・弥陀・弥勒の三世にわたる「繋属」のはたらきを我朝の太子に報謝し欣《ねが》うところは、やがて観音に帰依する貞慶の思想の展開と、その実践的活動と全く矛盾なく呼応しており、その論理を支える作文《さくもん》の修辞も間然するところなく、貞慶作であることは確かでしょう。彼の晩年の、法隆寺上宮王院舎利殿における釈迦念仏勧進に用いるために作られたと考えることもできますし、『観世音菩薩感応抄《かんぜおんぼさつかんのうしょう》』に示される、観音帰依の「決智《けっち》」表明と連なるものかとも推察されます。

（阿部泰郎）

参考文献

石田茂作編『聖徳太子全集　第五巻　太子関係芸術』（龍吟社、一九四三年）

『心要鈔』（しんよう・しょう）

本書は、貞慶が弥陀浄土信仰を断念して「念仏の単修《たんしゅ》」をやめ、広く諸行を修する「広学《こうがく》」に転じた後に著した書物であり、「菩提《ぼだい》門・二利《にり》門・三学《さんがく》門・一心《いっしん》門・観心《かんじん》門・念仏《ねんぶつ》門・発心《ほっしん》門・覚母《かくも》門」の八門構成で組織されています。撰述年代は明記されてはいませんが、内容よりして建久《けんきゅう》六年（一一九五）の成立と推定され、金沢文庫本・法隆寺本（『日本大蔵経』底本）・龍谷大学本ならびに版本の四種類が現存しています。

本書の特色を端的にいえば、行者のめざすべき菩提は二利の行によって成就されるものであり、二利の要《かなめ》は三学（戒学・定学・慧学）にあり、三学の要は一心を制伏するところにある。一心制伏のためには観心《かんじん》（唯識観《ゆいしきかん》）が重要となるが、この観心こそが念仏三昧にほかならず、念仏三昧は菩提心《ぼだいしん》を発起するところから始まり、菩提心は般若《はんにゃ》（覚母《かくも》）の加被《かび》によって発起されると説いている点にあります。そして、最後に行者の進むべき道を示すのですが、この時には初心の行者のために八門を逆に論じ、覚母によって菩提心を発起し、発心によって念仏行を成就し、ないし、二利を具足することによって菩提を証得して聖教《しょうぎょう》を演説するに至る仏道成就の道を示しています。

また、各門においてもそれぞれに特色ある見解が論じられており、菩提門では「仏語を信じて疑わない」ことをもって仏性《ぶっしょう》を有する菩薩種姓《ぼさつしゅしょう》であると論じ、法相行者の懐く「無性闡提《むしょうせんだい》ではないかという恐れ」を取り除いています。次いで二利門においては、貞慶の仏道論の根幹をなす大悲行の重要性が力説され、三学門・一心門・観心門においては「出離の要道」である唯識観という実践行の重要性が説かれます。その唯識観こそがまた念仏にほかならないとして念仏三昧を勧める中で、臨終来迎《りんじゅうらいこう》の重要性と弥勒浄土《みろくじょうど》（兜率《とそつ》）への上生《じょうしょう》を願う弥勒浄土信仰が示されていきます。また、発心の重要性を説き、般若の智慧（覚母・文殊・空理）によって発心が資助されるとして、文殊（般若）の加被力を強調しているところにも特色があり、この般若の空理こそが「三世諸仏の心要法門」であると、貞慶は結論づけているのです。ここに「心要鈔」と名づけられた由縁があります。

このように、般若の空理によって唯識教学を意義づけ、行者の修行実践の道を明確に示した点に、本書の持つ大きな意義があったといってよいでしょう。

参考文献
楠淳證『心要鈔講読』（永田文昌堂、二〇一〇年）

（楠　淳證）

『真理鈔』（しんり・しょう）

本書は、「真理」に関する貞慶・実範《じつぱん》（?～一一四四）・良算《りょうざん》（?～一一九四～一二一七～?）の三帖を合冊した唯識教学書です。活字化されたものとしては『日本大蔵経』（法相宗章疏）収録本があり、薬師寺には正徳《しょうとく》五年（一七一五）・寛延《かんえん》三年（一七五〇）の写本、また京都大学にも正徳五年・万延《まんえん》元年（一八六〇）の写本が現存しています。なお、著述年代の明確なものは貞慶示寂《じじゃく》の前年にあたる建暦《けんりゃく》二年（一二一二）に著された「道理真理事」と「道理為先入真理方便」の二点のみで、後の十点の作成年次については不明です。また、いつごろ三帖にまとめられたのか、各論義テーマの成立由来および論義テーマ間の関係等についても明らかにはなっていません。

貞慶が著した十二論義テーマのタイトルは、「理一異」「理事一異等事」「理理相望《もう》一異事」「道理真理事」「四種道理」「道理真理同異」「真理是法体《ほったい》之性歟《か》道理之性歟」「事理如三不即《ふそく》不離」「配属四重勝義」「理一異」「唯識道理法爾《ほうに》事」「道理為先入真理方便」であり、全体を通しての主題は「道理真理」にありました。ちなみに、実範のものは「理観」「貪即真如性」「貪染着事」の三題、良算のものは「理一異」の一題でした。

貞慶は『法相宗初心略要続編《ほっそうしゅうしょしんりゃくようぞくへん》』の「真理事」においても「真理」ついて言及していますが、思索の深化という点では最晩年にあたる建暦二年の奥書を持つ二篇を含めて、本書収録のものが最も深い知見を示しているといってよいでしょう。本書における貞慶の思想的特色は、事（事相）・理（道理）・如（真如・真理）の三つをもって「道理真理説」を述べる点にあります。行者が真理を証得していない段階では真理に悟入《ごにゅう》するための方便として道理を先に証得することを説いたものが「道理真理説」ですが、道理には法爾・唯識・縁生《えんしょう》等多くの道理があります。その中で貞慶は、縁生道理を含めた法爾道理を中心に考察し、道理と真理とは不一不異の関係にありながら、道理を真理証得のための仮りの手立てと捉え、真理（覚《さと》り）に到った段階で道理は真理に即すると論じています。

周知のように、他の大乗諸宗は性（真理）と相（現象）の相即（不異）を強く主張し、即身成仏《そくしんじょうぶつ》や見性《けんしょう》成仏《じょうぶつ》・信満成仏《しんまんじょうぶつ》等の教義を構築しました。しかし、理と事の不一不異を説く法相宗《ほっそうしゅう》では、性相《しょうぞう》隔歴《きゃくりゃく》（不一）の観点から事（現象）と如（真理）の隔絶する面をも説き、この観点より貞慶は修行面において道理を証することが真理へと至る通路であると説いたのです。これについて貞慶は、蔵俊《ぞうしゅん》（一一〇四〜八〇）の口伝や覚憲《かくけん》（一一三一〜一二一三）の言が耳底にあったと述べていますが、彼らの書に具体的な記述は残されておらず、また多くの論義テーマを収録している良算編『唯識論同学鈔《どうがくしょう》』にも見出すことができません。したがって、この見解は貞慶独自の教義ではなかったかと考えられます。

結城令聞「日本唯識家に於ける真如説の新展開」(『宮本正尊教授還暦記念論文集印度学仏教学論集』三省堂、一九五四年)
間中定潤「貞慶における道理真理説の考察」(『仏教学研究』四二号、一九八六年)
後藤康夫「日本唯識における真如説について」(北畠典生還暦記念論集刊行会編『日本の仏教と文化』永田文昌堂、一九九〇年)

(後藤康夫)

『地蔵講式』(じぞう・こうしき)

『地蔵講式』は、笠置寺《かさぎでら》の鎌倉時代古写本をはじめとして、金剛三昧院本、称名寺本、成簣堂《せいきどう》文庫本、東京国立博物館本など、多くの古写本が伝わり、また、元応《げんおう》二年(一三二〇)書写写本を写した魚山叢書本など、多数の伝本があります。そのいずれにも、貞慶の奥書識語を有しており、「建久七年二月十七日、於笠置寺般若台草之」とその著作年次と場所が示されます。さらに、「依小田原仰也《おだわらのおおせによるなり》、願以此功《ねがわくはこのこうをもって》、奉賛四恩《しおんをたたえたてまつる》、沙門貞慶」と、小田原別所の瞻空《せんくう》の依頼により、『心地観経《しんぢかんぎょう》』にもとづく四恩報謝のために、地蔵菩薩を本尊とする本講式を制作したことが知られます。この一週間前には、菩提山《ぼだいさん》の専心《せんしん》上人(?~一二〇七~?)のために『弥勒講式《みろくこうしき》』を草しており、二年前に笠置に般若台を創建した貞慶が、諸方からの要請に応えて盛んに講式を作り出す営みのなかで、この講式もできあがったことがわかります。

全体は、表白段の初めに、「先ず、法身如来の盧舎那教主釈迦、十方三世諸仏と顕密聖教《けんみつしょうぎょう》、諸菩薩、衆僧の三宝と、別して無仏世界導師の地蔵菩薩に言《もう》す」と始まります。この人界の弟子らが、安養《あんにょう》・知足の仏土を望みながら道を隔てられて到ること難く、三途八難の苦を免れず、この悪趣の生を救うべく釈尊の付嘱《ふしょく》を受けた地蔵の悲願を仰ぎ、その尊儀を礼して、一座の講演を述べる式として、五門が立てられます。

第一は付嘱の因縁を、『地蔵菩薩本願経《じぞうぼさつほんがんぎょう》』(以下、『本願経』)によって示します。第二は、濁世《じょくせ》の利《り》益《やく》を『地蔵菩薩十輪経《じぞうぼさつじゅうりんぎょう》』(以下、『十輪経』)に拠って示し、その「毎日晨朝諸入定《まいにちじんじょうしょにゅうじょう》」の四句文を伽陀《かだ》とします。第三は、悪趣の利益を『本願経』の光目女《こうもくにょ》の因縁と、『三宝感応要略録《さんぼうかんのうようりゃくろく》』の劉侍良《りゅうじろう》の閻王庁廷での地蔵菩薩による冥途蘇生説話をもって示します。第四に、帰依の功徳《くどく》を『十輪経』と『悲華《ひけ》経《きょう》』の釈尊過去世の宝海梵士《ほうかいぼんし》による五百大願のことを挙げて説きます。第五には廻向発願《えこうほつがん》を述べ、所生の功徳を二利の勝縁とするために、四恩の知識として苦を救うのみならず、出離《しゅつり》の要門を勧めて臨終正念による浄土往生と見仏聞法とによって、衆生《しゅじょう》とともに菩提を証することを願います。

この講式で貞慶が地蔵菩薩に託したのは、末世の無仏世界において自身を含めた「我等」が、堕地獄必定《ひつじょう》の衆生とともに救済を図り、安養・知足への往生へと導くために、釈尊からの付嘱を受けて、救いを担う「無仏世界五濁《ごじょく》の導師」である大悲地蔵尊の功徳を明らかにすることでした。そのために、地蔵信仰の経典である『本願経』や『十輪経』だけでなく、閻魔王宮からの堕地獄蘇生譚や、釈迦如来五百大願の因縁などを取り上げて唱導することも、貞慶独自の発想によるものといえましょう。

奈良市伝香寺に伝来する、安貞《あんてい》二年(一二二八)造立の裸形着衣《らぎょうちゃくえ》の地蔵菩薩像の像内納入文書のうち、尼妙法願文には、この貞慶『地蔵講式』の光目女請願文を用いた文があり、同筆の結縁交名《けちえんきょうみょう》には貞慶を含む信西《しんぜい》一門の僧侶の名が多く見えていて、その造立背景に春日信仰とともに女人に対する貞慶の講式の影響が明らかに認められます。

参考文献

勝浦令子「女の死後とその救済——母の生所と貴女の堕地獄」（西口順子編『仏と女』吉川弘文館、一九九七年）
山田昭全・清水宥聖編『貞慶講式集』（山喜房佛書林、二〇〇〇年）

（阿部泰郎）

『中宗報恩講式』（ちゅうしゅう・ほうおん・こうしき）

中宗とは貞慶の属する法相宗《ほっそうしゅう》のことで、本講式は全五段の構成をもって法相宗を讃嘆《さんだん》しています。一段「天竺の本縁《ほんえん》を明かす」→二段「震旦《しんたん》の伝来を明かす」→三段「日本の伝来を述ぶ」と展開し、さらに四段・五段が続きます。インドに発祥し中国を経て日本へと至る、三国における唯識教学流伝の歴史叙述が、そのまま講式という一座の儀礼として構築されている点に特色が認められます。よって観音や弥勒などの個別尊格に利益《りやく》や救済を求めるタイプの講式とは色調が異なっており、専門性の高いものとなっています。

こうした個性的な講式が成立した背景は、『大乗院日記目録《だいじょういんにっきもくろく》』の建保《けんぽう》四年（一二一一）条から明らかになります。正治《しょうじ》二年（一二〇〇）に、貞慶は後鳥羽院《ごとばいん》の水無瀬《みなせ》離宮《りきゅう》に招かれて、唯識の教理について進講し、その後に本講式を撰して院に勧めたというのです。しかも院は本講式に触発されるところがあったとみえ、法相宗の正依《しょうえ》の論典たる『瑜伽師地論《ゆがしじろん》』全一〇〇巻を六年がかりで自筆にて書写し、建保四年には興福寺北円堂に安置されるに至るのです。講式とは本来、「講経法会の式次第」の意味であるとされるように、本講式も教学を講じるという学問的空間から生成したものとして注目されますし、後鳥羽院を大規模な作善《さぜん》事業へと導いた意義は評価に値します。

鎌倉時代は専修念仏《せんじゅねんぶつ》の隆盛や舶来の禅宗の移入など、新たな仏教運動が活況を呈します。一方で貞慶は、伝統的な南都仏教興隆の領導者でした。本講式は、そうした南都の思想環境を照らし出す重要な資料なのです。また、鎌倉後期成立の『玄奘三蔵絵《げんじょうさんぞうえ》』の詞書《ことばがき》にも本講式の影響がうかがえますし、最近では同じく鎌倉後期の『七天狗絵《しちてんぐえ》』（『天狗草紙《てんぐぞうし》』）の「興福寺」巻にも文言の類似が指摘されています。貞慶の講式を中世文化史的広がりの中に位置づけていく必要が理解されるでしょう。

参考文献

ニールス・グュルベルク「解脱房貞慶と後鳥羽院」（『中世文学の展開と仏教』おうふう、二〇〇〇年）

野村卓美「解脱房貞慶作『中宗報恩講式』試註」（『別府大学短期大学部紀要』二八、二〇〇九年）

谷口耕生「『玄奘三蔵絵』と中世南都の仏教世界観」（『玄奘三蔵』勉誠社、二〇二一年）

（舩田淳一）

『道心祈誠状』（どうしん・きしょう・じょう）

諸伝本には「解脱房御道心祈誠状」「道心祈請表白（啓白《けいはく》）」「道心祈請状」などの題が付されますが、「道心祈誠状」の外題を持つ東大寺図書館本には、「解脱上人作」とあります。冒頭に、十方法界の三宝と天照大神、春日権現の垂迹《すいじゃく》、別して文殊とその眷属に啓白《けいびゃく》する祈誠の式と表明され、末尾も同様に、この功徳《くどく》を三宝と天照・春日に加えて今生の発菩提心《ほつぼだいしん》に廻向《えこう》すると結びます。また、「私頌《ししょう》」の句には、「大聖《だいしょう》」に値遇《ちぐう》し、二利の行願成就を祈願して、「南無《なむ》法相擁護慈悲《ほっそうようごじひ》万行菩薩《まんぎょうぼさつ》、今生必得発《こんじょうひっとくほっ》菩提心《ぼだいしん》、生々世々親近奉仕《しょうじょうぜぜしんごんぶじ》」と祈念されます。すなわち、この祈りは、春日の神（四宮の天照、若宮の本地文殊を含む）に対してのものと思われますが、行者として貞慶が権現に捧げた表白文《ひょうびゃくもん》と捉えられます。

はじめに、「弟子某甲」（貞慶）の、自身が卑賤孤独の果を蒙り、今生を空《むな》しく過ごし後生の報《むく》いを悲しむ詞《ことば》を連ねます。六趣の輪廻を免れぬ人身《にんじん》を受けて仏教に遇い、恩愛の絆を絶ち、滅罪生善のための発心修行により、自行利他の道に赴くこと、生死の源である妄執を離れることが願われます。その主体である「吾」は父母の愛子であり、「我」ならでは誰かその父母の救済を遂げられようか。しかし、それは愚痴懈怠《ぐちけたい》の己《おのれ》としては容易ではなく、親近《しんごん》する朋友との別離の哀しみによってこそ感得されるものであり、捨身《しゃしん》して無常を悟ってこそ生死の妄執を離れることができる、と説きます。また、「閻王の使い」により冥途《めいど》に赴き、「閻魔の誡《いましめ》」と「冥官の責《せめ》」に与《あずか》ってこそ、その道理を悟り、発心する事が叶う、と示すのも、貞慶ならでは示し得ない論理です。そして、山林に草庵を結び、世間の所作を停めて遁世《とんせい》することは、「夢中名利《むちゆうのみようり》」「利養名聞《りようみようもん》」「勝他無慚《しようたむざん》」の思いを棄て、ただ「一念の発心」にあるとし、「弟子」の「出離の要道」を思う「愚意」を、ただ三宝と神祇は哀れめと結びます。

この祈誠の趣旨と文章を土台として、貞慶はさらに、彼の代表作と言ってよい『愚迷発心集《ぐめいほつしんしゆう》』を著します。その前提にあたるこの祈誠文にも、彼の父祖一門から受け継いだ作文《さくもん》の修辞と技量が存分に発揮されており、成立は建久《けんきゆう》七年（一一九六）前後と推定されます。

参考文献

山田昭全・清水宥聖編『貞慶講式集』（山喜房佛書林、二〇〇〇年）

（阿部泰郎）

『仏舎利観音大士発願文』（ぶっしゃり・かんのんだいし・ほつがんもん）

本書は、貞慶の小篇を集めた『解脱上人小章集《げだつしようにんしようしようしゆう》』に収録されている一篇であり、京都大学・東京大学史料編纂所等に写本があり、また活字化されたものが『日本大蔵経』に収録されています。冒頭には、釈迦遺身《しやかゆいしん》の舎利《しやり》と補陀落山《ふだらくせん》に住する観音《かんのん》および護法神《ごほうしん》等への敬白文《けいはくもん》が示され、末尾には釈迦遺身の舎利に帰依（南無）して「我が身器の調熟」を願い、かつまた補陀落山に住する観音と聖衆《しようじゆう》に帰依（南無）することで補陀落山への「引摂《いんじよう》」を仰ぐ願いが示されています。しかし、注目すべきは一段下げて、「今生の父母《ぶも》・師長《しちょう》をはじめとする一切衆生《いっさいしゅじょう》の済度《さいど》と平等の利益《りやく》」が謳《うた》われている点でしょう。
そもそも本書は、「釈迦如来遺身の舎利を礼して命終《みょうじゅう》の時に観音の補陀落山に生ぜんとの本懐」および「補陀落山に生じた後に宿願を果たし遂げん」との二つの願いをもって著された書です。ここでいう「本懐」とは文脈からして補陀落山への往生を指しますが、問題となるのは「宿願」が何ものかということです。それが本書では特に、「今生の父母・師長をはじめとする一切衆生の済度と平等の利益《りやく》」にあるのだということは、『観世音菩薩感応抄《かんぜおんぼさつかんのうしょう》』（以下、『感応抄』）や三種の『観音講式《かんのんこうしき》』を合わせ読むことで理解できます。もともと、貞慶の大悲法門実践への願い（宿願・別願）は『四十華厳』に出る「彼れ当《まさ》に我が浄仏刹《じょうぶつせつ》に生じ、我と与《とも》に同じく菩薩行を修せん」との誓願をもとに展開したものであり、『感応抄』「当来値遇《とうらいちぐう》」の段では「彼（観音）に依《よ》りて慈悲喜捨に住し、人をして我がごとくに観音に近づけ、共に大悲法門を修し、無上の仏道に入ら令《し》めん」と述べられ、三段式『観音講式』では「其《そ》の菩薩行とは観音の本願の大悲法門也。我ら今生の父母親族より始めて先世の恩愛知識に至るまで、共に彼の山にて同じく仏道を修せん」と述べています。したがって、本書に記される「宿願」はまさしく、ここにあったことが理解できます。

そのほか、『感応抄』等の影響が窺われるものとして他に、「観音の神呪《じんじゅ》の勝用《しょうゆう》」を説く点なども確認できます。もともと、貞慶が観音に帰依した理由の一つに、「誹謗正法《ひほうしょうぼう》」や「練若欺誑《れんにゃぎおう》」の罪などの「いかなる重罪さえも消除する観音の神呪の功徳《くどく》」がありましたが、本書にも「威儀を練若の席に穢《けが》す」等の「遁《のが》れ難き内外《ないげ》の欺誑の過《とが》」に対して、「神呪の勝用による四根本罪の除滅」が語られるなど、『感応抄』とよく一致する記述が見られるのです。『感応抄』が貞慶の観音信仰の理論書ともいうべき書であったことを勘案すると、本書は建仁《けんにん》元年（一二〇一）の撰述と考えられる『感応抄』およびその直後に成立した二種の『観音講式』以降の作品ではなかったかと考えられます。

なお、本書の冒頭に記される自己への深い洞察や慚愧の思いは、『故《こ》解《げ》脱房《だつぼう》 遣坂僧正之許消息之状《のさかそうじょうのもとにつかわすしょうそくのじょう》』や『愚迷発心集《ぐめいほっしんしゅう》』等に見られる記述と同趣のものであり、貞慶のきびしい自己認識（凡愚意識）が如実に示されているものの一つとして注目されます。

参考文献

楠淳證『貞慶撰『唯識論尋思鈔』の研究――仏道篇』（法藏館、二〇一九年）
楠淳證・新倉和文『貞慶撰『観世音菩薩感應抄』の研究』（法藏館、二〇二一年）

（楠　淳證）

『別願講式』（べつがん・こうしき）

宗性《そうしょう》（一二〇二～七八）編述の『弥勒如来感応抄《みろくにょらいかんのうしょう》』には、巻一を中心に貞慶の弥勒に関する遺文が複数、収められています。本書もその中の一つですが、同時期の『春日大明神発願文《かすがだいみょうじんほつがんもん》』や『仏子某《ぶつしぼう》春日明神願文《かすがみょうじんがんもん》』（『弥勒如来感応抄』巻一所収）と密接な関係にあり、共通する言葉や内容を有する春日大明神への発願を講式《こうしき》化した一連の文書の一つであったと見てよいでしょう。本書において貞慶は、講式の次第に則って前後に敬白文《けいはくもん》と回《え》向文《こうもん》を配するとともに、全体を三段（三願）に分けて、春日大明神の加被《かび》（加護）のもと、臨終時に正念《しょうねん》に住《じゅう》して当来の導師である弥勒慈尊《みろくじそん》のまします兜率《とそつ》浄土へ往生（上生《じょうしょう》）し、見仏聞法《けんぶつもんぽう》して自利《じり》・利他《りた》を共に実践したいという願いを明らかにしています。

まず第一段ですが、この段で貞慶は、玄奘三蔵《げんじょうさんぞう》（六〇二～六六四）と慈恩大師基《じおんだいしき》（六三二～六八二）の文を引いて、弥勒の兜率内院《ないいん》（知足天《ちそくてん》）が私たちと同じ欲界《よっかい》内にある化身《けしん》の浄土であることを示し、インド・中国・日本の人師《にんし》たちが等しく欣求《ごんぐ》してきた世界であり、「上生の霊感」も感得されているので、「一宗の伝灯」にしたがって欣求すべきである旨を論じます。注目すべきは、その中で「昔は閻浮《えんぶ》の月の前には釈迦《しゃか》と称し、今は知足雲上にて弥勒と為《な》りて等覚《とうがく》の位に居《こ》す」と述べて「釈迦弥勒一体論」を展開している点です。実はこの文は、『春日権現験記《かすがごんげんげんき》』の「正治《しょうじ》元年病悩」の段では、貞慶自身が香炉を持して述べた言葉として伝えられており、そこでは「釈迦・弥勒は其体《そのたい》これ同じ。本師は円寂《えんじゃく》ののち、すなわち弥勒として世に住し給《たまえり》。霊山《りようぜん》知足は其所《そのところ》不二なり」とあるように、釈迦弥勒一体論のみならず霊山知足一体論も示されており、興味深いものがあります。これは、法相教学の「不一不異説」をもとに展開した貞慶独自の「如幻論《にょげんろん》」によるもので、理の高見から見れば「釈迦・弥勒」も「霊山・知足」も一体であるという「不思議」を示している理論です。このような独特の見解・理論は貞慶の文献にしばしば見られるもので、それが本書においても示されていたといってよいでしょう。その上で「伏して願くは閻浮《えんぶ》閉眼の夕べの中有《ちゅうう》移魂の時に、大聖慈尊と伝灯の祖師よ共に来迎《らいこう》し、早《すみ》やかに知足に生ぜ令《し》めたまえ」と死して中有（死有《しう》と生有《しょうう》の中間時）に移る際の臨終来迎を求め、かつまた兜率内院へ上生《じょうしょう》（往生）して後の「見仏聞法」を願ったというのが第一段の主たる内容であったことが知られます。

次の第二段になると、「慈悲万行《まんぎょう》の菩薩」である春日大明神の加被《かび》による兜率往生への願いが強く示されるようになります。本段で貞慶は、弥勒のことを人間界の近処にある権化の大聖であるとし、その世界を「本質は如来である弥勒が衆生のために変現した無漏定通《むろじょうつう》（唯識観《ゆいしきかん》所変）の浄土である」と見て、欣求していく姿勢を示します。また、『春日権現講式《かすがごんげんこうしき》』と同様に春日大明神の本地《ほんぢ》を釈迦・薬師《やくし》・地蔵《ぢぞう》・観音《かんのん》・文殊《もんじゅ》とし、兜率往生の加被を求めている点も特徴的なところです。その上で貞慶は、これらの諸尊による加被の確実性を日蔵《にちぞう》上人の『夢記《ゆめのき》』（『日蔵夢記』）に記される「蔵王《ざおう》菩薩に導かれて兜率内院から閻魔《えんま》王宮まで巡った不思議譚」によって示し、知足内院（兜率浄土）や他方浄土世界において見仏聞法して衆生利益《しゅじょうりやく》（済生利物《さいしょうりもつ》）していく願いを語ります。そして最後に、「弥勒菩薩が一子のごとく衆生を利楽《りぎょう》する慈愛」を讃えて本段を終えています。

次の第三段では、貞慶の浄土信仰において必ず言及される「臨終正念」「臨終来迎」の願いが語られます。本書では、「死というものは老いの終わり病の極みであり、身体の力（色力）が悉く衰え、心も様がわりし、内外に魔（魔界）が競い起こるので、死に臨んでは狂乱して本心を失することがある」と臨終時の状況を示し、「正念に安住《あんじゅう》する」ことを一般論としてのみならず自らの願いとしても語ります。そして、「一念相似の発心」をなして「春日大明神（霊神）の加被」「弥勒の引摂《いんじょう》」を得て兜率内院に上生し、悟りの道である「無為《むい》の門」に入ることを願っているのです。貞慶は『心要鈔』において「真実の菩提心」を無漏種子《むろしゅうじ》と見ていましたから、それまでの発心はすべて「相似の発心」であったことになります。しかし、相似の菩提心を発起して無為の門に入ることは菩薩になることを意味していますので、これによって貞慶の求めていた知足内院が資糧位《しりょうい》菩薩所見の浄土であったことが確認できます。かくして貞慶は、三阿僧祇劫《あそうぎこう》という長遠《ちょうおん》の修行時に「塵数《じんじゅ》の諸仏」に仕え、「真実の弘誓《ぐぜい》」を発《おこ》し、「無数の群生《ぐんじょう》」を導くという、まさしく唯識行者の王道といってよい仏道理論を示したといってよいでしょう。

なお、本講式には弥陀への言及が全くない点、および釈迦・弥勒・観音の三尊に対する記述等から判断して、本書は弥陀浄土信仰をひとまず断念した建久六年（一一九五）以降、観音浄土信仰の理論を確立する建仁《けんにん》元年（一二〇一）までの間に成立した書であったと考えられます。一方、『別願講式』の内容をほぼ取略した形で同時期に作成されたと考えられる『春日大明神発願文』は、冒頭に「唯だ願わくは観音の侍者《じしゃ》と為《な》らん。生生《しょうじょう》に大悲法門を修習《しゅじゅう》して衆生の苦を度すこと大師に異ならず。我も亦た当来には観自在沙門《かんじざいしゃもん》と名のらん」という文を取って付けたかのように掲げている点に大きな特色があります。これは『四十華厳』に出る「観音の本誓」をもととして示された貞慶の「別願」そのものであり、建仁元年の撰述と考えられる『観世音菩薩感応抄《かんぜおんぼさつかんのうしょう》』や同年成立の三段式と五段式の『観音講式』において初めて明確に示されるものです。したがって、『春日大明神発願文』は『別願講式』と同時期に作成された素案をもとに、貞慶が観音帰依を鮮明にした建仁元年以降になって、新たに「観音の侍者とならん」云々の別願部分だけを付加して成立したものと考えられます。

参考文献

楠淳證『心要鈔講読』（永田文昌堂、二〇一〇年）
楠淳證『貞慶撰『唯識論尋思鈔』の研究――仏道編』（法藏蔵、二〇一九年）
楠淳證・新倉和文『貞慶撰『観世音菩薩感應抄』の研究』（法藏館、二〇二一年）

楠淳證・後藤康夫編『貞慶撰『唯識論尋思鈔』の研究――「別要」教理篇・上』（法藏館、二〇二二年）
ニールス・グュルベルク「講式の歴史の中の神祇講式と三段『神祇講式』の成立」（『早稲田大学法学会百周年記念論文集』第五巻人文編、二〇二二年）

（楠　淳證）

『弁財天式』『弁財天女講式』（べんざいてん・しき／べんざいてんにょ・こうしき）

龍谷大学図書館に所蔵されている『弁財天式』は、その奥書に「解脱上人の作なり。神《じん》の中の深秘《じんぴ》の御式《おんしき》也」とありますように、貞慶の「秘文」の一つと伝えられてまいりました。冒頭に「惣礼文《そうらいもん》」（表白《ひょうびゃく》）と「伽陀《かだ》三反《さんぺん》」があるのでひとまずは講式《こうしき》の形式をとってはいますが科段（式文《しきもん》）の類はまったく見られず、「大悲闡提菩薩《だいひせんだいぼさつ》の化身《けしん》である弁財天との感応道交《かんのうどうこう》によって貧賤の苦悩の中にある無福の衆生《しゅじょう》に福祐《ふくゆう》を授ける功徳《くどく》」が論じられ、かつまた「冨報《ふほう》を求め願うのは名聞利養《みょうもんりよう》のためではなく菩提《ぼだい》成就という一大事の因縁のためである」と述べる点などには、貞慶の諸文献に見られる「仏道成就の信念」と一致する論理展開が見られます。講式のように作りながら講式になりえていない点では、同じく「秘文」というべき『観世音菩薩感応抄《かんぜおんぼさつかんのうしょう》』（以下、『感応抄』）と一脈通ずるものがあったといってよいでしょう。

一方、大原勝林院魚山《しょうりんいんぎょざん》叢書ならびに大谷大学図書館・上野学園等に写本の形で収蔵されている『弁財天女講式』は、その奥書に「此の壹則《いっそく》は解脱上人の撰する処也。上人、夙《つと》に弁財天女を尊崇し、嘗《かつ》て大和の州《くに》の天河《てんかわ》の神の祠《ほこら》（日本三大弁財天の一）に詣でて、宵《よい》を通して修法せり。感得《かんとく》する処有りて、乃《すなわ》ち期《ご》する文を撰し、諸をば祠の中に納む」とありますので、かねてより尊崇してきた弁財天女を感得した貞慶が心に期して著した講式であったということになります。敬白文《けいはくもん》（表白）の後に「第一明本誓悲願《ほんぜいひがん》」「第二明利益速疾《りやくそくしつ》」「第三明廻向功徳《えこうくどく》」の三段をもって構成されており、明らかに講式の形はとっていますが、本書もまた貞慶の「秘文」の一つではなかったかと思われます。その理由は、一つには弁財天女を感得して著した文であること。二つには、『弁財天式』では弁財天を大悲闡提であると述べるにとどまっていましたが、本書では弁財天の本地を大悲闡提菩薩として有名な観音であると明言していること。三つには、「貧報《ひんぽう》の者でも我が法を修すれば願いを満たすことができる」とする「或る秘経」を引き、かつまた仏と神との一体を論じているからです。これなど貞慶の持論である如幻《にょげん》論によるものと見てよいでしょう。四つには、『感応抄』では「神呪《じんじゅ》によって現身に滅罪の功徳を得る不思議」が論じられていましたが、『弁財天女講式』では「神王《じんのう》の利益によって現身に福徳を得る不思議」が語られるなど、神秘の力を求めた貞慶の心情が吐露されているからです。では、なぜに貞慶は弁財天に福徳を求めたのでしょうか。これについては第三の廻向功徳を明かす段において、「弁財天女の資助によって貧賤の苦の中で福祐を授けられた行者」の取るべきあり方として貞慶は、「興隆仏法・利益衆生の道」を明示しています。まさに仏道成就を願う貞慶の根本的姿勢が、本書においても顕著に示されたといってよいでしょう。

以上のように、『弁財天式』『弁財天女講式』の二書は「弁財天より福徳を得て大悲の行を実践する道」を示した書であったといってよく、形式が整っている点と本地に観音の名前を出してきたところよりすれば、『弁財天式』が先に成立し、その後に『弁財天女講式』が作成されたと考えてよいでしょう。

参考文献

楠淳證「貞慶撰『辦財天式』・『辨財天女講式』にみられる利生思想」（龍谷大学短期大学部編『社会福祉と仏教』百華苑、二〇〇二年）
ニールス・グュルベルク「法会と講式――南都・北嶺の講式を中心として」（楠淳證編『南都頷・北嶺学の世界――法会と仏道』法藏館、二〇一八年）

（楠　淳證）

『法華開示抄』（ほっけ・かいじ・しょう）

本書は、承元《じようげん》二年（一二〇八）に貞慶が法相教学の立場より著した『妙法蓮華経《みようほうれんげきよう》』（以下、『法華経』）に関する問答形式の論書です。写本としては、大谷大学本（八冊本と九冊本は欠本、十九冊本と五冊本存）・龍谷大学本（九冊）・興福寺本・薬師寺本・法隆寺本・東大寺本（第七の一冊のみ）があり、活字化されたものとしては『大日本仏教全書』収録本（底本・法隆寺蔵）と『日本大蔵経』収録本（底本・法隆寺蔵）と『大正新脩大蔵経』収録本（底本・薬師寺蔵）とがあります。なお、表題について、『日本大蔵経』本には『法華経開示抄《ほけきようかいじしよう》』と表記されています。また、『法華経』の開経《かいきよう》（釈尊が『法華経』

を説く前に、無量義処三昧《むりょうぎしょざんまい》に入ったことを示す経）である『無量義経開示抄』と、『法華経』の結経《けっきょう》（『法華経』の終章である「普賢菩薩勧発品《ふげんぼさつかんほっぽん》」を受けて実践を説いた経）である『普賢経《ふげんきょう》』に関する『普賢経開示抄』も一倶の書として扱われています。

本書は、慈恩大師基《じおんだいしき》（六三二〜六八二）の『妙法蓮華経玄賛《げんざん》』を基盤として、一乗を主張する学匠たちの説を批判しつつ、中国、日本の法相宗《ほっそうしゅう》の学匠たちの説を引用し、四四〇もの問答（『無量義経開示抄』の六、『普賢経開示抄』の六論題を含む）が設けられています。天台宗が法相宗を批判して、「天台宗で説く一乗説こそが真実であり、法相宗で説いている三乗説は方便（権）である」とする論争が永らく展開されましたが、これは現今の学界では一三権実論争と呼ばれています。しかし、貞慶には「一乗も真実、三乗（五性各別・五姓各別）も真実である」という信念があり、決して『法華経』の一乗説を「権」として否定したことはありませんでした。

よく知られているように、天台宗は『法華経』を根拠として「一切の衆生《しゅじょう》が成仏する」という一乗説を主張していますが、これに対して法相宗は、衆生の本質にしたがって、①声聞定性《しょうもんじょうしょう》・②独覚《どっかく》定性・③菩薩《ぼさつ》定性・④不定種性《ふじょうしゅしょう》・⑤無姓有情《むしょううじょう》（大悲闡提《せんだい》・断善闡提・無性闡提）の五類が先天的にあり、成仏する者と成仏しない者を分類する五性各別（五姓各別）説を展開しました。しかし、これは仏に成らない者がいることを強調しようとしたのではなく、「仏の教えを信受して菩薩の道を歩め」と教えたものでした。ところが、天台宗はこれを悪しく取り、南都（奈良）の有力な宗であった法相宗を批判したのでした。これに対して貞慶は、『唯識論尋思鈔《ゆいしきろんじんししょう》』や『心要鈔《しんようしょう》』・『法相宗大意名目《ほっそうしゅうたいいみょうもく》』・『法相宗初心略要続篇《ほっそうしゅうしょしんりゃくようぞくへん》』等を著して、しばしば反論いたしました。本書もまた、『法華経』の真実のあり方を貞慶が示そうとしたものであり、『法華経』に説かれる一乗説は特に不定種性を誘引するために説かれたものであり、一切の衆生の成仏を説いたものではないと論じる点に特色があります。

不定種性というのは、一つの無漏《むろ》種子《しゅうじ》（無漏智を生み出す種子）を有している①～③の定性とは異なり、二つ以上の無漏種子を有しているため、どの悟りを開くか定まっていない者をいいます。すなわち、(1)声聞と独覚の悟りを開く二つの無漏種子を有している者、(2)声聞と菩薩の悟りを開く二つの無漏種子を有している者、(3)独覚と菩薩の悟りを開く二つの無漏種子を有している者、(4)声聞と独覚と菩薩の悟りを開く無漏種子をすべて有している者のことをいいます。『法華経』の一乗説は、このような不定種性の内の菩薩の無漏種子を有している者（(2)～(4)／漸悟の菩薩）を導くために「一乗」と説いたのだと貞慶は主張したのです。

貞慶は、天台宗側の祖師たちの学説を批判しつつ、法相側の祖師たちの学説を引用して、『法華経』の一乗説を自宗の教学で理解することによって、法相宗は『解深密経《けじんみつきょう》』等で説かれる五性各別説のみならず、『法華経』に説かれる一乗説をも共に併せ説く、最も勝《すぐ》れた教えであると主張したのでした。

参考文献

楠淳證『貞慶撰『唯識論尋思鈔』の研究――仏道篇』（法藏館、二〇一九年）
楠淳證・後藤康夫編『貞慶撰『唯識論尋思鈔』の研究――「別要」教理篇・上』（法藏館、二〇二二年）

（蜷川祥美）

『法華講式』（ほっけ・こうしき）

『法華講式』は、高山寺方便智院に伝来した今津文庫本『上人御草等《しょうにんごそうとう》』（鎌倉時代写本）のなかに収められるほかは、金剛三昧院の室町時代写本のみが知られますが、これには貞慶の識語がありません。今津文庫本は、建仁《けんにん》元年（一二〇一）十二月晦日《みそか》に、「或人《あるひと》の御勧《おすすめ》」により、「存ずる旨」あって「義理の讃釈」に及ばず、「自宗の名目《みょうもく》」を用いずして草したといいます。それゆえに、「この法会に影向《ようごう》した天衆は法味の淡きことを恨むか」と懸念しながらも、「緇流通用《しりゅうつうよう》」のために作ったものであると言います。この微功により、常にこの経に値遇《ちぐう》することを願う旨の識語が付されています。

本書の冒頭にはまず、釈迦・多宝の二尊と分身の諸仏、法華聴聞に集会する霊山会上《りょうぜんえじょう》の大衆、惣じては同体・別体の一切の三宝に対する表白《ひょうびゃく》が掲げられています。本文の初めには、道宣《どうせん》（五九六～六六七）の『妙法蓮華経弘伝序《みょうほうれんげきょうぐでんじょ》』を引いて、『法華経』が比類なき経典であることを示し、その法による発心に「深義を講釈し恵解《えげ》を開くこと」と「その功能《くうのう》を賛嘆して信を発すること」の二道のあることをあげ、そのいずれかを個々の思いや機によって選ぶべきであるとしています。そして、前者については唐土や日域の人師の解釈に異なりがあることを指摘し、最終的には「諸宗の智者の講解」や「一座の愚意の讃嘆」に任《まか》すと定めた後、慈恩大師基《じおんだいしき》（六三二～六八二）の『法華玄賛《ほっけげんざん》』を註釈した恵沼《えしょう》（六四八～七一四）の『法華玄賛義決《ぎけつ》』の十殊勝の説に基づいて、これに自己の潤色を加え、五段に分かって説いていきます。

その第一には「希奇の比類」を挙げ（十殊勝の一と二）、第二には「証聴の衆会」を嘆じ（その三）、第三には「勝所の往生」を示し（その五と六）、第四には「衆多の威徳」を顕《あらわ》し（その四と七と八）、第五には「速疾の成仏」を讃《ほ》む（その十）、という構成になっています。

このうち第三段には、貞慶の思想的特色の一つである「信心」の重要性が説かれ、「浄心を信敬《しんぎょう》して疑惑を生じなければ地獄・餓鬼・畜生に堕ちることなく十方の仏土に生じることができる」といい、かつ「ひとたび信を生ずれば菩提を退くことはない」と述べています。また、第四段には「弥勒の兜《と》率浄土《そつじょうど》と弥陀の安楽浄土への往詣《おうげい》」が述べられ、第五段では「近くに釈迦の霊山《りょうぜん》浄土を見、遠くは十方の仏国を見る」ことも記されており、一尊の浄土に生ずれば他の浄土への転入も可能になるという貞慶の浄土思想の特色が垣間見られる講式になっています。また、第五段ではさらに「提婆達多品《だいばだったぼん》」の阿私《あし》仙人に大王が「千歳給仕」して求法した故事を引いて、これに比して「我等は卑賤の身」であり「薄福の末世」にあるにもかかわらず、「疾得菩提の要路である遇い難き経に遇った」ことを喜び、「本師釈尊が我等を導いたように衆生を導き、自他互いに助けて仏道を成さん」と、廻向《えこう》を語ります。最後の結びには、『法華経』の住処としての七宝小塔に舎利を安置して道場の本尊とすることを示し、同心の人々が一座で供花の供養を演《の》べることを勧めとすると説きます。その末尾には、「我等、苟《いやしく》も釈尊の遺弟《ゆいてい》として、深く慈氏の引摂《いんじょう》を仰ぐ。欣《ねが》うところは知足内院の上生《じょうしょう》、憑《たの》むところは即往安楽の真文なり」と、安養《あんにょう》・知足の往生を求める願いをあらためて示しており、貞慶の願念が終始一貫して浄土往生ひいては疾得菩提にあったことが知られます。

この後、建仁三年には有馬において『法華転読発願《ほっけてんどくほつがん》』を著し、さらには、承元二年（一二〇八）に至って『法華開示抄《ほっけかいじしょう》』が編まれるに到る、彼の法華信仰の基盤と実践を示す講式であったといってよいでしょう。

参考文献

山田昭全・清水宥聖編『貞慶講式集』（山喜房佛書林、二〇〇〇年）

（阿部泰郎）

『法相宗初心略要』『法相宗初心略要続篇』
（ほっそうしゅう・しょしん・りゃくよう／ほっそうしゅう・しょしん・りゃくよう・ぞくへん）

『法相宗初心略要』（以下、『略要』）は、その書名からも窺えますように、解脱房貞慶《げだつぼうじょうけい》が「法相宗の初心者のために、その要義を略述」したものです。そして、『略要』の補欠続篇が『法相宗初心略要続篇』（以下、『続篇』）になります。京都大学等に写本が現存するほか、活字化されたものが『大日本仏教全書』第八〇巻や、『日本大蔵経』法相宗章疏（二）に収められています。著述年代は明記されていないため、知ることができません。また、『略要』と『続篇』が時を置かずに成立したのか、はたまた時を置いて成立したのかも明確ではありません。

『略要』上下二巻は法相宗の教学を極めて簡略に組織したものです。上巻には「三時教《さんじきょう》」や「頓漸《とんぜん》二教《にきょう》」等の二十五項目が、下巻には「二十四不相応《にじゅうしふそうおう》」や「六無為《ろくむい》」等の十項目が設けられています。

各項目は、教理や用語の簡単な説明や、短い問答によって構成されており、難解な唯識の学修をより平易なものにしようとする意図が見て取れます。

『続篇』一巻には「四分事《しぶんのこと》」や「二諦事《にたいのこと》」などの十一項目が立てられています。『続篇』は本篇である『略要』よりも詳細且つ緻密な内容を有しており、貞慶の見解が色濃く反映されています。そのため、初心者だけでなく、長く唯識を学んだ者にとっても指針となり得るものです。中でも「五姓各別《ごしょうかくべつ》事《のこと》」や「中道事《ちゅうどうのこと》」は、後世の法相教学と修行実践の展開を見る上でも、特に重要なものです。

貞慶は三性即三無性《さんしょうそくさんむしょう》の思想を前面に押し出し、唯識思想の可能性を追求した人物でした。貞慶は『続篇』「五姓各別事」で、三性有門《さんしょううもん》の立場にたてば一乗を会通する五姓説が成り立ち、三無性空門《さんむしょうくうもん》の立場にたてば五姓を許す一乗説が成り立つと示しています。これは一乗と三乗のいずれが真実かで論争を繰り広げた当時の仏教界においては、画期的な見解でした。この見解は法孫である良遍《りょうへん》（一一九四～一二五二）の『真心要決《しんしんようけつ》』に引き継がれ、唯識が真の大乗仏教であることがより一層、強調されていくことになりました。また、『続篇』「中道事」では、法相唯識独自の四重二諦説《しじゅうにたいせつ》の第四勝義勝義《だいししょうぎしょうぎ》に言及する中で、三性相対中道《さんしょうそうたいちゅうどう》と心言路絶中道《しんごんろぜつちゅうどう》という二重中道を示し、その差異を「寄詮《きせん》」と「廃《はい》詮《せん》」とにあると示しました。この見解を理論的基盤として、貞慶は『勧誘同法記《かんゆうどうぼうき》』の中で、五重唯識《ごじゅうゆいしき》観《かん》よりも具体的な「依《え》詮《せん》・廃詮の二重の観」という日本独自の唯識観を案出しました。この観法は法孫の良遍によって、さらに詳細に体系化されていくことになりました。

貞慶は『略要』や『続篇』の他にも、『注三十頌《ちゅうさんじゅうじゅ》』や『法相宗大意名目《ほっそうしゅうたいいみょうもく》』といった初心者のための綱要書を記しています。このような著述は前代には見られないものであり、良遍の『観心覚夢抄《かんじんかくむしょう》』や

『法相二巻抄《ほっそうにかんじょう》』の先蹤となるものであると考えられています。

参考文献

楠淳證「日本における唯識観の展開」(『仏教学研究』第四五・四六号、一九九〇年)

(西山良慶)

『発心講式』(ほっしん・こうしき)

『発心講式』は、貞慶が菩提心を発起して菩薩の行願を成就し、一切衆生《いっさいしゅじょう》に廻向《えこう》する実践の行のために作った、彼にとって最初の講式です。高野山金剛三昧院《こんごうさんまいいん》に鎌倉時代に遡る古写本があり、識語から、建久《けんきゅう》三年(一一九二)七月二十九日に作られたことがわかります。それはちょうど、春日明神の冥告《めいごう》を受けた貞慶が、笠置《かさぎ》隠遁の決意を固めた時期にあたります。

同じ識語に、貞慶自らが、私《わたくし》の語を交えず、すべて「聖言《しょうごん》」つまり経論などの本文の引用により構成したと述べているように、彼は経論の本文を巧みに用いて、六段の講式を作りました。第一段「釈迦の恩に報ぜむ」、第二段「弥勒の化《け》を仰ぐ」、第三段「弥陀の願に帰す」という具合に、第一段から第三段には帰依すべき三尊の恩徳と誓願を讃え、その上で、第四「罪障を懺悔《さんげ》す」べきことを課し、第五「菩薩戒を受く」に至り、第六「廻向発願《えこうほつがん》」で結びます。

このうち、第六「廻向発願」の段の締めくくりに掲げられた四弘誓願《しぐぜいがん》（「衆生無辺誓願度《しゅじょうむへんせいがんど》　煩悩無辺《ぼんのうむへん》誓願断《せいがんだん》　法門無尽誓願知《ほうもんむじんせいがんち》　無上菩提誓願証《むじょうぼだいせいがんしょう》」）は、貞慶の信仰実践の行を支える要《かなめ》となる願です。その本文から、貞慶はこれを天台の恵心僧都源信《えしんそうずげんしん》（九四二～一〇一七）による『往生要集《おうじょうようしゅう》』から取り入れ、弥勒《みろく》にはじまり玄奘三蔵《げんじょうさんぞう》（六〇二～六六四）や慈恩大師基《じおんだいしき》（六三二～六八二）に連なる唯識の行者である己の願としていたことがわかります。発心を持続して四弘誓願を成就するためには、懺悔し戒を持《たも》つことが重要です。それゆえに、罪障を懺悔する第四段には、『心要鈔《しんようしょう》』に体系化されるような唯識教学に則《のっと》った修行実践のためのエッセンスが籠められ、貞慶の先輩に当たる興福寺玄縁《げんえん》（一一一三～一一八〇）の『礼仏懺悔作法《らいぶつさんげさほう》』とともに天台の本覚讃《ほんがくさん》も踏まえられていました。

この玄縁の『礼仏懺悔作法』に、貞慶作と伝えられる一段式の『舎利講式』を「舎利讃嘆《さんだん》」と題して加えた古写本が、知恩院に所蔵される『順次往生講式《じゅんじおうじょうこうしき》』の紙背に残されています。本書は、その奥書から、貞慶が建久三年（一一九二）三月に、玄縁の先蹤を追って新たな行を企て、舎利讃嘆を加えて作った可能性が高いと考えられています。そうであれば、貞慶はこの新行に続けて、同年七月に『発心講式』を作り、笠置へ隠遁したことになります。『発心講式』は、『弥勒講式《みろくこうしき》』『地蔵講式《ちぞうこうしき》』『文殊《もんじゅ》講式《こうしき》』『閻魔講式《えんまこうしき》』をはじめとする数多の講式の出発点にあって、貞慶の笠置隠遁から戒律興行、さらには臨終往生に至るまでの貞慶の発菩提心の基底を示す、重要な講式なのです。

高山寺方便智院《ほうべんちいん》に伝えられた『上人御草等《しょうにんごそうとう》』（現在、花園大学図書館今津文庫蔵、鎌倉時代）にも本書が収められていますが、貞慶識語は省かれています。貞慶の仏菩薩の「聖言」に基づく菩提心の希求は、これを軽んじる法然《ほうねん》（一一三三～一二一二）の専修念仏《せんじゅ》への対抗意識にも繋がっていきます。この点では、奥書にも「今生の娑婆《しやば》世界より知足《ちそく》天上の安養《あんにょう》浄土院へ」「安養浄土院から弥勒下生《げしょう》時の娑婆世界へ」「娑婆世界から不退転の極楽浄土へ」と順次に生じる極速三生《ごくそくさんしょう》にもとづく貞慶独自の凡入報土《ぼんにゅうほうど》論が表明されており、ここにも法然の浄土教思想に対抗する貞慶の批判姿勢が明瞭に示されているといってよいでしょう。

参考文献

新倉和文「貞慶の阿弥陀信仰と『発心講式』について」(『仏教文化研究所紀要』八、二〇〇八年)
舩田淳一『神仏と儀礼の中世』(法藏館、二〇一一年)
楠淳證『貞慶撰『唯識論尋思鈔』の研究――仏道篇』(法藏館、二〇一九年)

(阿部美香)

『弥勒講式』(みろく・こうしき)

笠置《かさぎ》入山以来、貞慶は自ら拝すべき弥勒《みろく》如来(慈尊《じそん》)を本尊とする弥勒講の式文をいくつも製作していますが、その代表が、建久《けんきゅう》七年(一一九六)二月に草された五段式です。奥書に貞慶の識語が付され、菩提山(正暦寺《しょうりやくじ》)専心《せんしん》の依頼により、笠置の般若台《はんにゃだい》にて、同行《どうぎょう》と共に修するために作られたことが知られます。彼にとって、笠置寺に遁世《とんせい》して仏道の実践を遂げる宗教空間として創建した般若台を、儀礼によって機能させるための要となる儀礼テクストといってよいでしょう。笠置寺に宗性《そうしょう》(一二〇二～七八）の編んだ『弥勒如来感応抄《みろくにょらいかんのうしょう》』に他の弥勒講式諸本と共に収められ、また、建久七年貞慶識語を有する古写本を伝えます（平岡定海『東大寺宗性上人之研究并史料』は、その『弥勒如来感応抄』翻刻にあたって、この弥勒講式の本文だけ『感応抄』本文でなく建久七年識語本によって収めています）。他にも東大寺や称名寺に鎌倉期写本、高野山金剛三昧院に室町期写本、薬師寺に近世写本（『大正新修大蔵経』の底本）など、多くの写本が残されています。

本講式は表白《ひょうびゃく》と五段の本文からなりますが、第一を罪障懺悔《さんげ》段とする独特な構成で、まず結衆《けつしゅう》一同に人界《にんかい》の無常を喚起し懺悔せしめて清浄《しょうじょう》の境位を獲た上で、第二の弥勒帰依段に入り、第三に内院欣《ないいんごん》求《ぐ》段、第四に上生《じょうしょう》を遂げることを願う段、第五は因円果満の門を示す段と、法相宗《ほっそうしゅう》と唯識《ゆいしき》教学の本師である弥勒への帰依ゆえに兜率《とそつ》上生を欣求し、修学の「心要」を述べる点で、その前年に著した『心《しん》要鈔《ようしょう》』の実践版というべき役割を負ったテクストと位置付けることができます。なお、『弥勒如来感応抄』に収める三段式はこれの節略（ダイジェスト）本で、五段式に続いて成立したものと思われますが、元興寺《がんごうじ》玉華院《ぎょくかいん》弥勒講再興のために草した三段本は、同様な略本ですが、やはり同書に収められる建仁元年（一二〇一）歳末に勧進状《かんじんじょう》と共に作成されたものです。

貞慶にとって、遁世して籠居するまでに深い崇敬を捧げた弥勒への信仰を表明するこの講式は、彼ならではの華麗な修辞によって全体が緊密に構成され、その講式の特徴をいかんなく発揮していますが、とりわけ特筆すべきは第一懺悔段の文章です。この段で貞慶は、圧倒的なまでの人界の無常を示し、生前の美しさと娯《たの》しみが一転して死後の醜穢に満ちたあり様に変わっていく相《すがた》を描きました。それはやがて、貞慶に深く帰依した後鳥羽院（一一八〇～一二三九）が隠岐《おき》に流され、死に臨んで草した『無常講式』の拠《よりどころ》ともなり、また、中世に汎《ひろ》く流布した『九相図《くそうず》』を絵巻化した諸本のうち、「蘇《そ》東坡《とうば》」作九相詩の序文として、そっくり転用されることになりました。

参考文献

平岡定海『東大寺宗性上人史料幷研究』下（臨川書店復刊、一九八八年）
阿部美香「九相図遡源試論——醍醐寺焔魔王堂九相図と無常講式」（『昭和女子大学女性文化研究所紀要』四八号、二〇二一年）

（阿部泰郎）

『命終心事』『臨終之用意』（みょうじゅうしんのこと／りんじゅうのようい）

『命終心事』ならびに『臨終之用意』は、臨終時の心を分析し、妄念《もうねん》を起こさず正念《しょうねん》に住《じゅう》して、信仰する諸尊の来迎《らいこう》を受ける道を簡潔かつ具体的に記した点に特色のある書物です。両書は共に、大谷大学・東京大学史料編纂所等に収蔵される『観念発心肝要集《かんねんほっしんかんようしゅう》』（写本）および活字化された『解脱上人小章集』（『日本大蔵経』法相宗章疏）に収録されています。他に陽明文庫にも『臨終用意事』がありますが、この書には「神呪」を「大明神」と記載する等の相違点が幾つか確認できます。

貞慶が臨終時の心を「二世の大要」と考えていたことは、『観世音菩薩感応抄《かんぜおんぼさつかんのうしょう》』（「第三臨終加護《りんじゅうかご》」「第四当来値遇《とうらいちぐう》」「第五往生素意《おうじょうそい》」）においてもすでに明らかですが、他にも『唯識論尋思鈔《ゆいしきろんじんししょう》』収録の

「命終心相《みょうじゅうしんそう》」をはじめとして貞慶の書物には多く記載されています。なぜに貞慶が「臨終時に正念に住する」ことを「今生と次生の二世にわたる大要」と見ていたのかといえば、その遠因はインドで成立した『瑜伽師地論《ゆがしじろん》』（以下、『瑜伽論』）や『阿毘達磨倶舎論《あびだるまくしゃろん》』（以下、『倶舎論』）等にありました。

　周知のように、インドでは瑜伽師たちによるヨーガ（禅定《ぜんじょう》）の実践がなされ、「心の解明」のみならず「輪廻《りんね》する命の解明」までなされていました。それによると、人は死して中有《ちゅうう》という存在となり、酬因感果《しゅういんかんか》の道理にしたがって次の命を受けます。この瞬間を生有《しょうう》といいます。誕生してからは、心のおもむくままに悪因や善因を積み重ね、一生を過ごします。この一生のあり方を本有《ほんぬ》といいます。そして、死に臨むと人は我見《がけん》にもとづく自体愛《じたいあい》（我愛《があい》）を起し、「死にたくない、まだ生きていたい」と強く願って惑乱するので憔悴し、かえって死を早めて中有の存在に移行するといいます。この時、中有の命はすでに次生の姿形をとっており、次生に強く愛着することで境界愛《きょうがいあい》を起こし、速やかに生有に移行すると『瑜伽論』や『倶舎論』には説かれていました。この二書は、唯識行者の必読の書でしたので、これらの記述に基づき、法相宗の第二祖に位置づけられている慧沼《えしょう》（六四八～七一四）も『成唯識論了義灯《じょうゆいしきろんりょうぎとう》』を著す中で、「我愛によっておのれが無となるのかと死を恐れる心がはたらくので中有に輪廻していく」と明確に論じました。一方、『仏説無量寿経《むりょうじゅきょう》』や『仏説阿弥陀経《あみだきょう》』あるいは『仏説観仏三昧経《かんぶつざんまいきょう》』などの経典に臨終時に正念に住することができれば来迎を受けられるあり方が説かれ、道宣《どうせん》（五九六～六六七）の『四分律行事鈔《しぶんりつぎょうじしょう》』になると祇園精舎《ぎおんしょうじゃ》の無常院《むじょういん》を舞台として来迎を受けるための臨終行儀《ぎょうぎ》が説かれるようになります。これを受けて源信《げんしん》（九四二～一〇一七）の『往生要集《おうじょうようしゅう》』にも、臨終行儀のあり方が示されるに至りました。

このような流れを受けて貞慶の臨終来迎思想は構築され、『命終心事』においては命終時の心に三位（麁《そ》相現行位《そうげんぎょうい》・細相現行位《さいそうげんぎょうい》・悶絶位《もんぜつい》）ある中、明らかな意識がはたらいている麁相現行位において三《さん》宝加被《ほうかび》のもと正念に住すれば浄土《じょうど》（兜率《とそつ》浄土）に往生することができると説いたのです。では、正念とはどのような心なのでしょうか。これについて『臨終之用意』には、「煩悩による妄念を離れた乱れない心」「信仰する尊者にひたすら心を向ける心」等と記されています。また、『臨終之用意』には死にゆく人の正念のあり方のみならず、看取る側の心構えまで記されており、同法の人たちを意識した著述になっている点にも特色があります。

なお、『命終心事』には観音の補陀落《ふだらく》浄土の記載がなく、また来迎する苾蒭《びく》（比丘）形の尊者の中に観音の名がないことなどをも合わせて考えると、貞慶が観音浄土信仰を明確にする建仁《けんにん》元年（一二〇一）以前の撰述ではなかったかと考えられます。

（楠　淳證）

参考文献

恋田知子「陽明文庫蔵「道書類」の紹介（十五）――貞慶撰『〔臨終用意事〕』翻刻・略解題」（『三田國文』五九号、二〇一四年）

楠淳證『貞慶撰『唯識論尋思鈔』の研究――仏道篇』「第二部第三章むすび」「第三部第四章」（法藏館、二〇一九年）

楠淳證・新倉和文『貞慶撰『観世音菩薩感應抄』の研究』（法藏館、二〇二一年）

『明本抄』『明要抄』（みょうほん・しょう／みょうよう・しょう）

『明本抄』は、往日の草案等に再検討を加えて建暦《けんりゃく》二年（一二一二）に作成された貞慶最晩年の因明《いんみょう》（仏教論理学）の書で、活字化されたものが『大正新脩大蔵経』や『大日本仏教全書』に収録されていますが、興福寺には重要文化財指定の覚遍《かくへん》・良算《りょうざん》書写本があり、そのほか大谷大学・京都大学・東大寺等にも複数点の書写本が確認されています。一方、『明要抄』は残された課題等をさらに検討して同年に作成された後続の因明書であり、同じく『大正新脩大蔵経』『大日本仏教全書』に活字化されたものが収録され、興福寺にも鎌倉期書写本が一部残されています。両書の関係は、全十八巻の初めの十三巻を『明本抄』、後の五巻を『明要抄』とし、『明本抄』は本義（蔵俊《ぞうしゅん》）を相承して愚案等自他の異義を広く記し、『明要抄』は傍論や『明本抄』の残した問題・補足等を記しています。また、『明本抄日記』によれば『明本抄』の「明本」とは、因明の本旨を明らかにする点と蔵俊の『菩提院本鈔』（『因明大疏抄《だいしょしょう》』）の内容を明らかにする点より名づけられたといいます。

そもそも、因明とは自己の主張を説く論証式であり、「宗《しゅう》（論証主題）・因（理由根拠）・喩（肯定的実例・否定的実例）」よりなります。それだけではなく、誤った似宗《じ》（誤謬《ごびゅう》の宗）・似因（誤謬の因）・似喩（誤謬の喩）についても述べます。これにより、「何が正しく何が正しくないのか」が明確になるのです。このうち似因には四不成因《ふじょう》（不成立因）・六不定因《ふりょう》（不確定因）・四相違因（疑似論証因）の十四種類がありますが、その中でも他者の立論を成立させるだけではなく、自らの正当な立論すらも損なわせる過失程度の最も重いものが、「四相違因」（四種相違因）です。これを検討するのが『明本抄』・『明要抄』です。

『明本抄』全十三巻は巻一「相違因」、巻二「法自相敵《じゃく》」（敵＝対論者）、巻三「法差別意許《しゃべついこ》」（意許＝語内面の意味）、巻四「有《う》法自相所立法」、巻五「有法差別」、巻六「一因違三比量」（有法差別）、巻七「初料簡《りょうけん》」、巻八「法自相」、巻九「法差別」、巻十・巻十一「有法自相」、巻十二・巻十三「後料簡」であり、『明要抄』全五巻は巻一「相違因」、巻二「法自相敵・法差別意許」、巻三と巻三異本「有法自相」、巻四「有法差別作法」、巻五「立量勘過事等（料簡）」となります。ともに①法自相相違因（因が宗の賓辞《ひんじ》自体と矛盾する）、②法差別相違因（因が宗の賓辞内面の意味と矛盾する）、③有法自相相違因（因が宗の主辞《しゅじ》自体と矛盾する）、④有法差別相違因（因が宗の主辞内面の意味と矛盾する）の四種相違因を論じていて、両書により同一論題についての多角的な検討が行われています。例えば、学侶《がくりょ》にとり難関の有法差別相違因では、『明本抄』で同因の意許解釈に両重意許（二種類の意許）を指摘し、論証式である本作法・別作法の過失を記していますが、『明要抄』ではその作法に本作法四つ、別作法四つ、二作法併用、各別二作法（論疏で異なる）の全十種を列挙する等、さまざまな視点からの考察がなされています。

『明本抄』は、全巻を聖覚房良算《しょうがくぼうりょうざん》（?～一一九四～一二一七～?）が相伝し、上帙《じち》七巻を東北院円玄《えんげん》（院玄）僧都《そうず》（一一七五～一二五〇）に、下帙六巻を光明院覚遍律師《かくへんりっし》（一一七四～一二五八）に各々に書写させ、以後も法器《ほうき》に適《かな》う（因明伝持に値する）者にのみ伝えることが定められ、後世、『明要抄』と共に大乗院・一乗院等では秘伝的傾向を持っていくことになります。

参考文献

武邑尚邦『因明学——起源と変遷』（法藏館、一九八六年）

後藤康夫「貞慶の「因明四種相違」解釈」（『南都佛教』九五号、二〇一〇年）

後藤康夫「在东亚的佛教逻辑学之开展」（『因明』一一号、二〇一八年）

（後藤康夫）

『文殊講式』（もんじゅ・こうしき）

笠置《かさぎ》に隠遁した貞慶は、建久《けんきゅう》五年（一一九四）、十一年間にわたって書写した『大般若経《だいはんにゃきょう》』を納めるための般若台《はんにゃだい》を建立し、本尊としての釈迦に加え、弥勒とともに文殊を安置します。同九年（一一九八）に、釈迦如来像と仏舎利を安置し供養した十三重塔には、初層の障子に、釈迦の霊山《りょうぜん》浄土図とともに文殊の浄土である清涼山《しょうりょうせん》が描かれました。加えて、建仁《けんにん》三年（一二〇三）には、弥勒《みろく》磨崖仏《まがいぶつ》の前に建つ礼堂を建立供養するなど、弥勒信仰の聖地である笠置寺の整備を進めます。このような貞慶の弥勒信仰と分かちがたく結びつき、最初の発心から成仏得道を目指す仏道実践を一貫して支えるのが文殊菩薩です。『心要鈔《しんようしょう》』に「般若波羅蜜・文殊菩薩は是れ三世諸仏の発心の覚母《かくも》なり。体は是れ知恵なり。法に在っては「大般若」と称し、人に在りては妙吉祥《みょうきつしょう》と号す」と記されるように、貞慶は、般若の知恵であり菩提心の発起をうながす「覚母」である文殊菩薩の加被《かび》を重んじ、深い信仰を寄せました。

この文殊を本尊として編まれた講式が、『文殊講式』です。鎌倉時代に遡る古写本である高山寺方便智院旧蔵今津文庫本（花園大学図書館蔵）『上人御草等《しょうにんごそうとう》』には、五段からなる『文殊講式』が含まれています。冒頭に長大な表白文《ひょうびゃくもん》を掲げ、そこに「最初の発心」が慈恩大師《じおんだいし》基《き》（六三二～六八二）の『般若心経幽賛《はんにゃしんぎょうゆうざん》』に説かれる「三種妙観」に求められて重視されます。それは、『発心講式《ほっしんこうしき》』の表白文にも「十種徳」とともに挙げられており、『発心講式』との密接な関連がうかがえます。その上で、第一段に仏母《ぶつも》の利益《りやく》を讃《たた》え、第二段に知恵の利益、第三段に滅罪の利益、第四段に随縁の利益、第五段に廻向発願《えこうほつがん》を述べ、弥勒の加被《かび》のもとで菩提心を発起し、命終《みょうじゅう》に臨んでは弥勒の本願に帰して、衆生と諸共に都率《とそつ》（兜率・知足）の浄土に往生をすることを願う内容となっています。本講式に貞慶識語は付されていませんが、その趣旨や『発心講式』『心要鈔』との密接な関連からみれば、建久六年（一一九五）から七年（一一九六）にかけて作られたものと推測されます。

『文殊講式』には、このほか、一段式（龍谷大学図書館蔵『諸講式集』所収）、六段式（高野山大学図書館蔵）、五段式を増補した七段式（高野山大学図書館蔵）があります。般若の知恵により菩提心の発起を支え済度《さいど》する文殊菩薩は、南都では興福寺講堂の本尊の前に維摩居士と並んで安置されて維摩会を見守り、また春日若宮の本地仏として信仰されます。『文殊講式』は、文殊を祈誠の対象とする『道心祈誠状《どうしんきしょうじょう》』や『愚迷発心集《ぐめいほっしんしゅう》』とも関連し、法相・唯識の教学に則り発菩提心を重視する貞慶の生涯を通じた仏道実践と儀礼空間の解明の上で、極めて注目される講式といえるでしょう。

参考文献
ニールス・グュルベルク「『文殊講式』について」（『大正大学綜合佛教研究所年報』一六、一九九四年）
楠淳證『心要鈔講読』（永田文昌堂、二〇一〇年）
楠淳證『貞慶撰『唯識論尋思鈔』の研究――仏道篇』（法蔵館、二〇一九年）

（阿部美香）

『唯識論尋思鈔』（ゆいしきろん・じんし・しょう）

本書は、貞慶が玄奘三蔵《げんじょうさんぞう》（六〇二～六六四）訳出の『成唯識論《じょうゆいしきろん》』に関する諸問題を自らの視点で解明し、問答体をもって綴った現存最古の法相論義抄《ほっそうろんぎしょう》です。大きく「別要《べつよう》」と「通要《つうよう》」の二部より構成されています。

奥書等によれば、貞慶が本書の作成を企図したのは建久《けんきゅう》八年（一一九七）のことであり、以降、弟子たちとの談義を通して作成に向けた準備が進められました。そして、最終的には良算《りょうざん》・円玄《えんげん》等の「二～三人」の弟子たちと論談しながら、正治《しょうじ》二年（一二〇〇）の十一月より翌年（二月十三日に建仁《けんにん》元年と改元）の初めにかけての五十余日を費やして、まず七十余の論義テーマに関する「別要」を作成しました。さらに、同年（建仁元年）六月一日より九月上旬までの一〇〇日をかけて、「余残の問答」を収録した「通要」を作成しました。

本書の写本は、龍谷大学図書館・大谷大学図書館・身延山大学図書館・無為信寺《むいしんじ》（新潟県）等に所

蔵されており、中世の法相学侶によって尊重・依用された点より、法相教学の解明に不可欠な貴重古典籍であったといってよいでしょう。

なお、本書については現在、「別要」収録の論義テーマについての思想解明を行なっているところですが（書名は参考文献に記載）、その中で特筆すべきは、貞慶の仏道成就の思いが教義解釈に影響を与えていたことが確認された点でしょう。すなわち、一乗も五姓も対立するものではなく共に真実であると論じた「一乗五姓了不了義《いちじょうごしょうりょうふりょうぎ》」、信心こそ仏道の初門であると説いた「約入仏法《やくにゅうぶっぽう》」、実我実法に迷う凡夫《ぼんぷ》の識《こころ》の構造を明確にした「変似我法《へんじがほう》」、禅定《ぜんじょう》阻害の要因となる定障《じょうしょう》を伏断《ふくだん》するあり方を解明した「定障伏断」、空理を証する空観について論じた「若論顕理《にゃくろんけんり》」、妄識を転じて智慧を成就する道を示した「転識得智《てんじきとくち》」、仏果に至る直前の最後の微細《みさい》の煩悩を断ずる構造を明らかにした「仏果障《ぶつかしょう》」、菩薩の闡提尽衆生界願《せんだいじんしゅじょうかいがん》を会通《えつう》して大乗菩薩の王道である大悲の道を説いた「大悲闡提《だいひせんだい》」、菩薩は三阿僧祇《あそうぎ》劫《こう》の間に諸仏の浄土に生じて歴事することを明確にした「一仏繋属《いちぶつけぞく》」、菩薩としての浄土往生の道を理論化した「変化長時浄土有無《へんげちょうじじょうどうむ》」等々、総じて仏道成就《ぶつどうじょうじゅ》への思いが強く出た論題が含まれており、そこに貞慶の篤実な願いを見ることができます。

このような貞慶の仏道成就への願いは、実は本書の奥書においても明確に示されており、そこでは「この書を編述する一縁によって、命終時《みょうじゅうじ》には正念《しょうねん》に住《じゅう》して浄土に往生し、見仏聞法《けんぶつもんぽう》して二利《にり》を行じ続け、その結果として得た福慧《ふくえ》を衆生《しゅじょう》に回向《えこう》し、共に菩提《ぼだい》を成就したいものだ」と述べられています。本書の編述によって教義的研鑽を深めた貞慶は、浄土信仰という仏道成就のための実践理論をいよいよ整え、本書編述年の建仁元年以降には、大悲闡提菩薩として知られる観音の補陀落《ふだらく》浄土への往生を願う観音浄土信仰を展開していくことになるのです。

参考文献

楠淳證・後藤康夫編『貞慶撰『唯識論尋思鈔』の研究――「別要」教理篇・上』（法藏館、二〇二二年）

（楠　淳證）

『唯心念仏』（ゆいしん・ねんぶつ）

本書は、貞慶が唯心観《ゆいしんかん》に基づいた念仏思想を述べた書で、『観念発心肝要集《かんねんほっしんかんようしゅう》』に収録されたものと『解脱上人小章集』に収録されたものとの二系統があります。前者の写本には大谷大学本（万治二年写）と東京大学史料編纂所本（天文二十一年写）とがあり、後者の写本には京都大学本があります。他に法隆寺本もあったようで、活字化された『日本大蔵経』収録本の底本は法隆寺本であったと伝えられています。また、活字本としては他にも『大日本仏教全書』収録本がありますが、底本は不明です。

本書の冒頭には、『大方広仏華厳経《だいほうこうぶつけごんぎょう》』の「三界唯一心《さんがいゆいいっしん》　心外無別法《しんげむべっぽう》　心仏及衆生《しんぶつきゅうしゅじょう》　是三無差別《ぜさんむしゃべつ》」の文が引用されています。迷いの世界である三界はただ一心からつくられ、心の外に別法はなく、一心と仏と衆生の三は、本来、差別のないことがまず明らかにされています。

この文をあげた後、貞慶は唯心観による念仏思想を「三対」で示します。一つは、能化《のうけ》・所化《しょけ》の対です。仏は大悲心をもって教化します。これを能化といいます。教化を受ける衆生を所化といい、衆生の信心と念仏を指します。仏心の相分《そうぶん》（認識対象）には、衆生に似た相分が現れますが、それは本《ほん》質《ぜつ》（真理）を離れてはいないのです。これと同様に、衆生の心にも、仏に似た相分が現れ、その本質は仏を離れてはいないのです。すなわち、自ら信心を発《おこ》して仏を観（念）じる時、仏が自らの心の中に入るというのです。二つには、因位《いんに》・果位《かい》の対です。凡夫《ぼんぶ》の位を因位とし、将来さとりを得る位を果位といいます。大覚（仏徳）の種子《しゅうじ》は、衆生の深層の心である第八の阿頼耶識《あらやしき》の中にあり、それが因となって、やがて仏果に導かれることになるので、将来の果は、今の因と別物ではなく、衆生の位も、仏の位も一念の心の中にあるというのです。したがって、因と果の二位は不即不離《ふそくふり》であるといえます。三つには、俗諦《ぞくたい》・真諦《しんたい》の対です。俗諦とは有為《うい》（因縁によって生起する世界）の事相であり、迷と悟を隔てているが、真諦は無我の理性であり、迷と悟を隔てないというのです。仏性《ぶっしょう》は如来蔵《にょらいぞう》（衆生のなかにある真理）と同義であり、それにはすべての徳がそなわっています。そうであれば、今の衆生の心は、本《もと》より仏といってよいと貞慶は述べているのです。

以上のような「三対」について述べた上で、貞慶は、唯識観の中の無相観（空を観察すること）こそ真の念仏であるとし、私たちの心の本体（唯識の体）は、諸仏菩薩の真実心であると論じました。このように、本書は唯識観に基づいた念仏思想が高調されている点に特色のある書であったといってよいでしょう。

参考文献

楠淳證『貞慶撰『唯識論尋思鈔』の研究――仏道篇』(法藏館、二〇一九年)
楠淳證・新倉和文『貞慶撰『観世音菩薩感應抄』の研究』(法藏館、二〇二一年)

(蜷川祥美)

付録2

奥書・識語集

凡例

一、本書には、貞慶の主要著作の奥書・識語等を収録した。なお、未収録のものや今後発見される書籍等も考えられるので、まずは本書での試みを基盤として、順次に付加していただければ幸いである。

一、本書では、貞慶記載の奥書を「奥書」として「一」に収録し、それ以外の表題や題下・写本奥書に記載される「上人御草」「解脱上人草なり」等によるものは便宜上「識語」としてあえて分類・収録した。ただし、「上人御草」等とあっても、貞慶の撰述年を示す奥書がある場合は「一」の奥書部門に収録した。また、貞慶の著述と判断されるものであっても、書写者の奥書等しかないものは、「二」の識語部門に収録した。

一、写本・版本・活字本の原典のみならず、平岡定海『東大寺宗性上人之研究並史料・下』（臨川書店、一九八八年復刻本）、奈良国立文化財研究所編『興福寺典籍文書目録』（奈良国立文化財研究所、一九八六年）、山田昭全・清水宥聖編『貞慶講式集』（山喜房佛書林、二〇〇〇年）、ニールス・グュルベルク「講式データベース」、『大日本史料』第四編之十二（東京大学史料編纂所、一九八一年覆刻本）、楠淳證『貞慶撰『唯識論尋思鈔』の研究――仏道篇』（法藏館、二〇一九年）等の既存の研究成果も用いた。

一、「一」の奥書については、元号に（ ）書きで西暦を記載し、年代順に並べた。年代不明のものは末尾に列挙した。また、貞慶の書であることを記す「袖書」や「写本奥書」等も、必要に応じて添付した。

一、「二」の識語については五十音漢字順で列挙し、識語が記載されている箇所にしたがって、〔題下〕〔写本奥書〕等と付した。

一、原典の所在については、すでに『国書総目録』『仏書解説大辞典』「講式データベース」等に詳細に記されているので、本書では所蔵機関のみを数箇所に限って、タイトル下に掲載するにとどめた。

一、具体的な出拠となる「影印・翻刻等所在」については、現在までの研究成果を反映し、紹介した。中には、許可をいただいて紹介した未翻刻資料も一部、含まれている。

一、未翻刻資料の判読不能文字は□で示し、筆勢のままに翻刻した文字には「ママ」を付した。原則として常用漢字を用いたが、使用文字の違いを示すために一部、旧字を用いたものもある。

一、筆者の視点より一部、誤翻刻を改めたり、「ママ」が付された文字を修正したところもある。

一、説明を要すると思われる書籍には、「筆者注」を付した。

一、貞慶の著作であると推定されている他の書物等については、今回は「奥書・識語集」のため、断腸の思いで掲載しなかった。

一　貞慶記載の奥書（年代順）

①『仏性論文集』（蔵俊撰／立命館大学蔵）

此書一部、故道南房僧都蔵俊所被抄書也。誠是照中辺之明日、択金石之要、示道之亀鏡。以何加旃変。治承第五之歳（一一八一）中春上旬之候、不図伝得十二巻。大以伏膺、忽企繕写。潤二月五日馳斡已了。但恨四巻欠闕一篇不備矣。寺塔空為灰煙之藉併化煙雲。今当法滅之期、適得恵命之縷、悲喜之腸一時九廻。仍且為興隆自尽筆毫、廻下尽之功資上生之因焉。

興福寺沙門　釋貞慶

〔影印・翻刻等所在〕楠淳證・船田淳一編『蔵俊撰『仏性論文集』の研究』（法藏館、二〇一九年）三九八～三九九頁。

〔筆者注〕蔵俊撰『仏性論文集』には明確な書名がなく、「仏性論」という後補題簽があるのみだったので、筆者が共同執筆者五名の同意のもと、仮の名称を付した。その事情については、楠淳證・船田淳一編『蔵俊撰『仏性論文集』の研究』を参照のこと。なお、二行目の「不図伝」の「図」の字は、原文では「面」に近いが、意味内容よりして右書籍の船田氏の訓読に順じ、「図」の誤写と見て訂正した。

②『唯識義私記』（真興撰／朝吹英二氏蔵）

此章者詞約十門悟覚五位、出離之要須、掌中之秘決也。修学之徒須留心腑。爰義釈之家先記雑多、子嶋之伝独為指南。仍年来殊有書写志。今年適為配研学竪義之所立、勧同門輩写一部六巻之中、染拙筆書此巻。願開後学之恵眼、資上生之業因。于時養和二年壬寅（一一八二）正月二十日、於灯火下記之矣。

興福寺沙門釈貞慶

〔影印・翻刻等所在〕東京大学史料編纂所編『大日本史料』（東京大学出版会、一九八一年覆刻本）第四編之十二・三〇四〜三〇五頁。

〔筆者注〕『大日本史料』の翻刻文では、一行目の「悟覚」は「悟苞」、「雑多」は「雖多」、二行目の「子嶋」は「子島」となっていたが、添付の影印に基づき訂正した。

③『四相違短釈』（東大寺蔵）

壽永元年（一一八二）九月八日、於灯下草之。子時夜半也。第三度案也。当年研学之。竪義者貞学記之。

〔袖書〕此短冊者上人第三度之御案立云云　然上者一円無流布抄也。深可秘。

〔写本奥書1〕聖覚房良算相伝之。定仏房之伝書之而教信房之文言写之。勝進　判　已上写本記。

〔写本奥書2〕此短冊上人第三度之御案立ト云事今度始知之。所秘御更無流布之者。英訓之伝也。深可崇之。弘治三　十二月二日　浄實三十六。

〔写本奥書3〕然者此四相違短釈者一定一定上人第三度之御案也。秘之秘之。東大寺東室

〔影印・翻刻等所在〕袖書は『南都仏教』第九五号（南都仏教研究会、二〇一〇年）収録の後藤康夫「貞慶の「因明四種相違」解釈――『四相違短冊』「法自相相違因」翻刻読解研究」（二二九頁）に出る。他は未翻刻。東大寺図書館のご許可をいただいて翻刻・掲載した。
〔筆者注〕奥書の署名が「貞慶」ではなく「貞学」と誤写されていたので、本書が貞慶のものであるという傍証のため、写本奥書を付記した。また、袖書の「深可秘」は後藤論文では「源可秘」となっていたが、原典に基づき訂正した。

④『隠劣顕勝識短釈』（上人草／無為信寺蔵／同書二本あり）

本云。元暦元年（一一八四）九月十七日子剋草之。為同法禅師顕実居大業也。以此功徳資見仏聞法之因矣。

大法師　貞慶

〔題下〕上人草
〔影印・翻刻等所在〕新潟県無為信寺の所蔵であり、現在、公開に向けてデジタル撮影ずみ。
〔筆者注〕貞慶には他にも他者のために草した五重唯識に関する短釈が存する。奥書番号㊱、識語番号㉔を参照のこと。

⑤『唯識比量問答』巻下（蔵俊撰／興福寺蔵）

元暦二年乙巳（一一八五）春二月中旬比、以上綱御本書写畢。此書八門之玄巻三支之麗華也。縦懸千金莫許一覧矣。

釈貞慶本

〔影印・翻刻等所在〕奈良国立文化財研究所編『興福寺典籍文書目録』第一巻（奈良国立文化財研究所、一九八六年）五二頁。

〔筆者注〕蔵俊・覚憲・貞慶・覚遍の奥書が記載されている。

⑥**『発心講式』（高野山金剛三昧院・東京谷中天王寺等蔵）**

修行之門広略随帰依之誠、宿縁自感。如予者、未得専修之行。又無広学之望。蒙々緩々生涯将暮。但依世尊之恩受慈氏之化、於知足天上安養浄土院且奉仕弥陀。慈尊一代之末、円寂双林暮、永生極楽至不退転。愚意所望蓋以如此。仍為結三尊之縁、聊運一称之功。為日々礼誦、抄此文畢。不交私語、雖綴聖言、偈句失首尾、文義不連続。愚簡之過、不可不恐。唯願如来哀愍丹誠而已。

于時建久三年（一一九二）七月二十日記之。雖須自筆書之依深意趣。申請真蓮房上人所令写也。

沙門貞慶抄之

〔影印・翻刻等所在〕山田昭全・清水宥聖編『貞慶講式集』（山喜房佛書林、二〇〇〇年）五九～六〇頁。

〔筆者注〕右の奥書において貞慶は、「娑婆世界から兜率天にある安養浄土院」「安養浄土院から弥勒下生時の娑婆世界」「弥勒円寂の後の娑婆世界から極楽浄土」という「三生往生」（極速三生）による独自の凡入報土論を示している。これは報化二土一体同処による「二生往生」の凡入報土論と共に貞慶独得の見解といってよく、法然の凡入報土論とはまた異なる画期的な思想展開であった。なお、奥書中に出る「真蓮房」とは静遍（一一六六～一二二四）のことである。

⑦ **『讃仏乗抄』（東大寺蔵）**

〔奥書1〕治承　年（一一七七〜一一八一年間）十一月十五日　沙門貞慶敬白

〔奥書2〕文治四年（一一八八）五月　日　沙門貞慶敬白

〔奥書3〕建久元年（一一八九）十一月十七日　沙門貞慶等敬白

〔奥書4〕建久六年（一一九五）十一月十九日　沙門釈貞慶敬白

〔奥書5〕建暦三年（一二一三）正月二十一日　沙門貞慶敬白

〔影印・翻刻等所在〕東京大学史料編纂所編『大日本史料』（東京大学出版会、一九八一年覆刻本）第四編之十二・二九七〜三〇二頁。

〔筆者注〕貞慶名と著述年月の明記された奥書のみ、古い年代より列記。二十代より没年に至るまで本書を著し続けていたことが知られる。なお、著述年が明確なのは「奥書2」以降であるが、治承年間にはすでに著していたことがわかる「奥書1」も併せて添付した。

⑧ **『二巻私記指事』上巻（別名『子島記注』）／興福寺蔵**

建久六年（一一九五）正月十日、於笠置山始読子嶋二巻記、至同二十九日粗終上巻功。上報世尊恩徳、中得弥勒値遇、下蒙春日大明神加護、欲遂臨終正念之大事、暫抑念仏之単修、再交稽古之広業。是非之間、進退難測。于時往日同法等四五許輩止宿草庵。同志竹篇疎略論談頻勧記注。再三固辞、遂随其命、同三十日夜深更馳筆。不携書籍、不顧廃忘、只励等侶之懇誠而已。浅愚之至豈足言乎。

沙門貞慶

〔影印・翻刻等所在〕東京大学史料編纂所編『大日本史料』（東京大学出版会、一九八一年覆刻本）第四編之十二・三〇五頁。奈良国立文化財研究所編『興福寺典籍文書目録』第一巻（奈良国立文化財研究所、一九八六年）四二頁。

〔筆者注〕「同志の勧め」によって著した書。文中に弥陀浄土信仰を断念して弥勒浄土信仰に転じる決意が示されているが、「進退測り難し」としている点にも興味深いものがある。なお、『大日本史料』では一行目の「子嶋」は「子島」、三行目の「四五許」は「四五行」であったが、内容よりして興福寺本の翻刻を採用した。また、書名についても興福寺本を採用した。なお、右の奥書に出る「子嶋」とは、貞慶が教学研鑽の拠り所の一人とした真興（九三五～一〇〇四）のことである。

⑨『笠置上人大般若理趣分奥日記』（『弥勒如来感応抄』内／東大寺蔵）

建久六年乙卯（一一九五）秋七月二十四五日両日之間、於笠置寺奉書写訖。去三年壬子八月之比、於当山弥勒石像前書写此経、異念相交。聊有遺恨。仍重雖繕写凡心如旧。可悲可恨。凡自去養和二年十一月二十七日至建久三年十一月二十七日首尾十一箇年間、発深重大願、奉書写此経一部六百巻。偏為上生内院見仏聞法令法久住報恩利生也。世途忩忙不得休。閑誂他筆終大功。今染拙筆纔写一軸志、擬全部自書之儀。造黒漆六角経臺一基、安置此経。未及永代住持之儀。然間、去去年秋移住当山、以為終焉之地。仍卜一閑地、建立六角三間高臺一宇。緇素善友助成愚願。二年之内土木漸欲成。蓋是宿生願力之所致歟。粗有夢想告等、以為奇矣。所生功徳廻向旁多。然而所帰者只此経。留住至于釈迦如来遺法滅尽之期、其間利益無量。有情仏子及同侶、臨終必預諸仏賢聖来迎、上生兜率内院、

慈尊宝前見仏聞法、開悟般若、利接無量衆生令発菩提心矣。種々願等如別記之

法相宗沙門釈貞慶

〔影印・翻刻等所在〕平岡定海著『東大寺宗性上人之研究並史料・下』(臨川書店、一九八八年復刻本)四一五頁。

〔筆者注〕冒頭に「笠置上人大般若経理趣分奥日記云」という宗性(一二〇二〜七八)の言葉が付記された後に記載される貞慶の奥書文。この貞慶の奥書の後には宗性の奥書が記載されている。なお、平岡定海氏の『東大寺宗性上人之研究並史料・下』に出る翻刻文の「終大切」を「終大功」(四行目)に、「六甬」を「六角」(六行目)に修正した。

⑩『**弥勒講式**』(**五段式／笠置寺・東大寺等蔵**)

建久七年(一一九六)二月十日、於笠置寺般若臺草之。依菩提山仰也。願以此功徳必仕慈尊矣。

沙門貞慶

〔影印・翻刻等所在〕東京大学史料編纂所編『大日本史料』(東京大学出版会、一九八一年覆刻本)第四編之十二・三〇五頁。平岡定海著『東大寺宗性上人之研究並史料・下』(臨川書店、一九八八年復刻本)二一一頁。ニールス・グュルベルク「講式データベース」。

〔筆者注〕平岡定海氏は「建長七年」としているが、その年は西暦一二五五年であり、貞慶はすでに亡くなって久しい。『大日本史料』ならびにニールス・グュルベルク「講式データベース」の翻刻にしたがい、建久七年とした。なお、右の奥書に出る「菩提山」とは、一蓮房専心(?〜一二〇

七〜?）のことである。

⑪『地蔵講式』（五段式／笠置寺・高野山金剛三昧院・龍谷大学等蔵）

建久七年（一一九六）二月十七日、於笠置般若臺草之。依小田原之仰也。願以此功徳奉資四恩矣。
沙門貞慶

〔影印・翻刻等所在〕山田昭全・清水宥聖編『貞慶講式集』（山喜房佛書林、二〇〇〇年）一一一頁。

〔筆者注〕右の奥書に出る「小田原」とは、瞻空（一一六三〜?）のことである。

⑫『沙門貞慶笠置寺舎利講仏供勧進状』（『弥勒如来感応抄』内／東大寺蔵）

笠置寺　一千日舎利講仏供料事　毎日十杯合三升

右、釈迦大師遺身舎利、於補処慈尊御前欲展供養。蓋真報仏恩也。若捧少供必為見仏聞法発心得道之勝因矣。仍奉唱如件。

建久七年（一一九六）四月十四日
沙門貞慶

〔影印・翻刻等所在〕平岡定海著『東大寺宗性上人之研究並史料・下』（臨川書店、一九八八年復刻本）二三八頁。

〔筆者注〕仏恩に報ずる供養もまた、貞慶にとって「見仏聞法・発心得道」のための勝因であったことが確認できる貴重な資料の一つである。

⑬『**欣求霊山講式**』（**高野山金剛三昧院・東京谷中天王寺等蔵**）

建久七年（一一九六）秋月中旬比、於笠置山般若臺菴室草之。依同法等勧也。事非常途。雖悼転毀、若有同志人者、願会霊山矣。

沙門釈貞慶

〔影印・翻刻等所在〕山田昭全・清水宥聖編『貞慶講式集』（山喜房佛書林、二〇〇〇年）一三五～一三六頁。

〔筆者注〕「同法等の勧め」により著されたことが明記されている奥書である。

⑭『**沙門貞慶笠置寺法華八講勧進状**』（『**弥勒如来感応抄**』**内**／**東大寺蔵**）

建久七年（一一九六）十二月　日

沙門貞慶

〔巻頭〕笠置寺沙門貞慶奉唱

〔影印・翻刻等所在〕平岡定海著『東大寺宗性上人之研究並史料・下』（臨川書店、一九八八年復刻本）二四〇頁。

⑮『**貞慶敬白文**』（『**弥勒如来感応抄**』**内**／**東大寺蔵**）

建久九年戌午（一一九八）十一月七日

〔巻頭〕沙門貞慶敬発願曰

〔影印・翻刻等所在〕平岡定海著『東大寺宗性上人之研究並史料・下』（臨川書店、一九八八年復刻本）二三一頁。

⑯『唯識本頌抄』（青蓮院蔵）

建仁元年辛酉（一二〇一）春三月比、為予自行、令同法抄之。不顧万失、只思一要矣。

沙門釈貞慶

〔影印・翻刻等所在〕青蓮院調査団編『青蓮院門跡吉水蔵聖教目録』（汲古書院、一九九九年）五〇八頁。

〔筆者注〕本書は、『唯識論尋思鈔』を編述する「自行」の最中にあった貞慶が、「同法」に書かせたもの。写本奥書には、「正嘉二年十一月一日書写之　澄尋」と出る。なお、貞慶自身には『唯識三十頌』を註釈した書として別に『注三十頌』（『大正新脩大蔵経』六八巻）がある。

⑰『観音講式』（五段式／高野山金剛三昧院蔵）

建仁元年（一二〇一）五月十八日草之了。為女人等雖用世俗之詞其趣尤賤、願結縁之人共値遇観音。又報悲母等恩愛矣。

沙門貞慶

〔影印・翻刻等所在〕ニールス・グュルベルク「講式データベース」。

〔筆者注〕この奥書は「女人等の為に」世俗の詞をもって書かれた講式ではあるが、その真意は『四十華厳』に出る「我と同じく菩薩行を修すべし」と誓う観音の誓願に帰し、「結縁の人と共に観音に値遇することを願う」ものであったといってよい。貞慶の観音値遇の目的は観音の勧める大悲法門を実践することにあったから、ここに明確に貞慶の意思を見て取ることができる。

⑱『観音講式』（三段式／大原勝林院・浅草寺・薬師寺・大谷大学等蔵）

建仁元年（一二〇一）五月二十三日草之了。為世間男女等以別願記之。其詞雖賤其志不軽。凡現世後生之祈請、世多用別々本尊。其理実雖可然、若為現世於一仏菩薩深入其功多者、後生事只可祈彼本尊歟。就中於観音者、有二世願力方々相兼。設又雖絶名利之望為利生殊可仰此誓。又補陀洛山事欣求人甚少歟。極楽方便殊以相応。一条院御時、阿波国賀登上人深欣彼山、頻有夢想。長保二年八月十八日、自土佐国室戸津、相具弟子一人、遂以進発一葉船、如飛向南。設任身於羅刹国風、殞命於沃焼海之焰、本懐猶可足。況大聖方便何不到其所。現身尚如此。況於後生哉。昔人志願堅固如此。我等緩々不勇。可恥可悲矣。

笠置寺沙門貞慶

〔影印・翻刻等所在〕『大正新脩大蔵経』八四巻・八八七頁。『大日本史料』（東京大学出版会、一九八一年覆刻本）第四編之十二・三〇六頁。ニールス・グュルベルク「講式データベース」。関口静雄「解脱上人作『観音講式』について」（『大正大学綜合佛教研究所年報』一五号、一九九三年）。

〔筆者注〕本書もまた「世間の男女等の為に」書かれた講式ではあるが、本書では「別願」をもって記されたものであったことが知られる。その「別願」とは、「観音の侍者となって大悲行を実践する」ことにあり、かつ「極楽往生の方便として観音の補陀落山を欣求する」点にあった。『唯識論尋思鈔』の奥書にもあるように、貞慶の著作活動はすべて仏道成就のためであった。そのことを象徴する奥書の一つと見てよいであろう。なお、本書の翻刻としては、『大正新脩大蔵経』収録本と『大日本史料』収録本およびニールス・グュルベルク「講式データベース」収録本の三つがよく知られているが、共編者である阿部泰郎氏の助言を受け、関口静雄氏による浅草寺本および金剛三昧院本の翻刻に出る貞慶奥書によって一部修正した。

⑲**『唯識論尋思鈔』（身延山大学・大谷大学・龍谷大学等蔵）**

去建久八年丁巳閏六月二十八日、就唯識論聊企愚抄。本无微功。随又廃亡、漸送四年。无何緩怠。但同門良公、常登臨之間、粗示予愚、悉令抄本書大意。即摩尼抄一部三十二巻 去冬之末今春之始五十余日、与両三人談巻々大事、馳筆、記七十余条了。自六月一日至九月上旬首尾百日許、重継先度余残。其以就故上綱反旧抄等取略拾。亦始第二巻終第一巻。合《ママ》□□巻。於本文者別抄之。進退之間、冥顕恐多、所憑亦直心一事而已。敬発願云、今生及先世之中於三宝所於二利事、若願若行若論若慧、多少真妄所有功徳、依此一縁悉皆熏発。□修正念往生浄処、速値大聖聞甘露門。所得福慧転施衆生、二利不退共成菩提。春日大明神殊助我願矣。

于時建仁元年辛酉（一二〇一）秋九月十一日　於笠置山般若臺草菴記之。

沙門釈貞慶

〔影印・翻刻等所在〕楠淳證著『貞慶撰『唯識論尋思鈔』の研究――仏道篇』（法藏館、二〇一九年）六四～六五頁、八三頁。前回は分けて翻刻・訓読をしていたが、今回は前後一貫して掲載した。

〔筆者注〕貞慶畢生の大著である『尋思鈔』の奥書である。本書を作成するに至った経緯と共に、本書の撰述（一縁）が仏道成就のためになされたものであったことが明確に示されている貴重な奥書である。なお、右の奥書に関しては龍谷大学本をもとに翻刻したが、四行目の「合《ママ》□□巻」の「合《ママ》」は今まで「令」と翻刻してきた。しかし、このたび奥書番号㉚の『明要抄』の書き方よりすれば「合□□巻」である可能性が高いと判断するに至ったので訂正した。また、「両三人」とは『尋思鈔』に名の出る良算・円玄の二人に加え、奥書番号㉜の『明本抄添状』に名の出る覚遍のことであると思われる。

⑳『弥勒講式』（三段式／東大寺蔵）

建仁元年辛酉（一二〇一）十二月二十三日、略草之自書之。為玉華院弥勒講有信院御勧之故也。
笠置寺沙門貞（慶）

〔影印・翻刻等所在〕平岡定海著『東大寺宗性上人之研究並史料・下』（臨川書店、一九八八年復刻本）二〇六頁。

〔筆者注〕右の奥書には、兜率願生の言葉はない。なぜならば、この年に貞慶は『観世音菩薩感応抄』および二篇の『観音講式』を著して、観音浄土への往生を願っているからである。そもそも、貞慶の信仰の特色は浄土信仰にあり、弥陀・釈迦・弥勒・観音の四尊の浄土への往生を願っていた。しかし、「一四天下の難」があったため、最終的に願う浄土は一尊の浄土に限られていた。そこで貞慶には、四尊の浄土を願うものの、その時々で主として願生する浄土が移り変わるという特色が見られた。すなわち、当初は弥陀浄土への往生を強く願っていた貞慶であったが、奥書番号⑧の『二巻私記指事』（別名『子島記注』）になると「建久六年（一一九五）正月」に弥勒浄土を主として願生する方向に転換していたことが知られ、さらに建仁元年（一二〇一）には観音浄土を主として願生するようになる。しかし、奥書番号㉗の承元三年（一二〇九）の『値遇観音講式』の奥書に

「釈迦・弥勒・観音の三尊の所居（浄土）を欣求」するとあるように、決して兜率願生を放棄したわけではなかった。そのことから考えると、建仁元年当時の願生浄土が観音の補陀落山であったとしても、貞慶が仏徳讃嘆のために『弥勒講式』を著すことに、何の矛盾もないといってよいであろう。

㉑『**法華講式**』（**高野山金剛三昧院・東京大学史料編纂所・花園大学等蔵**）

建仁元年辛酉（一二〇一）十二月晦日草之。依或人御勧也。有存旨不及義理之讃釈、不呼自宗之名目。恐影向天衆恨法味淡歟。但為緇素通用也。願此微功常値遇此経矣。

笠置沙門貞慶

〔影印・翻刻等所在〕山田昭全・清水宥聖編『貞慶講式集』（山喜房佛書林、二〇〇〇年）一九四頁。

〔筆者注〕「或る人の御勧に依る」とあるが、「或る人」が誰であるかは不明。なお、貞慶もまた『法華経』を深く信奉していたことは、奥書番号㉖に出る『法華経開示鈔』の奥書や『心要鈔』等に出る『法華経』讃嘆の記述によって明らかである。

㉒『**法花転読発願**』（**金沢文庫蔵**）

建仁三年癸亥（一二〇三）秋八月二十二日申刻、於摂州有馬山草之。

笠置寺法相宗沙門□□

〔題下〕笠置上人

〔影印・翻刻等所在〕高橋秀榮「笠置上人貞慶に関する新出資料四種」（『金澤文庫研究』二八六号、

一九九一年）四二頁・四五頁。

㉓『**沙門貞慶等敬白文**』（『**弥勒如来感応抄**』**内**／**東大寺蔵**）

元久元年（一二〇四）十月十七日　　沙門貞慶等敬白

〔影印・翻刻等所在〕平岡定海著『東大寺宗性上人之研究並史料・下』（臨川書店、一九八八年復刻本）一二三二頁。

㉔『**龍華会願文**』（『**弥勒如来感応抄**』**内**／**東大寺蔵**）

元久元年（一二〇四）十月十七日

〔影印・翻刻等所在〕平岡定海著『東大寺宗性上人之研究並史料・下』（臨川書店、一九八八年復刻本）一二三三頁。

〔筆者注〕貞慶名はないが、宗性の奥書より貞慶の書と見た。

㉕『**興福寺奏状**』（**大谷大学・龍谷大学・東京大学史料編纂所等蔵**）

元久二年（一二〇五）十月　日

〔題下〕法然上人流罪事　貞慶解脱上人御草

〔影印・翻刻等所在〕『日本思想大系15　鎌倉舊佛教』（田中久夫・鎌田茂雄校注／岩波書店、一九七一年）三一－六頁。楠淳證「龍谷大学図書館禿氏文庫蔵『興福寺奏達状』について――『興福寺奏状』

の草稿本もしくは今一つの「奏状」」（大取一馬篇『典籍と史料』思文閣出版、二〇一一年、所収）三三一頁。

〔筆者注〕本書には、識語番号⑫の『興福寺奏達状』に出る「解脱上人敬具」および題下の伝持者である「英重」の文字はない。また、奥書に「貞慶」名も明記されていない。しかし、題下に貞慶名が記されていたことと奥書に起草年月が明記されていたので、奥書部門に収録した。なお、右記の楠論稿では、『奏達状』と『奏状』を上下に配して、見やすく比較しているので参照されたい。

㉖『法華経開示鈔』（興福寺・薬師寺・大谷大学・龍谷大学等蔵）

法華結縁人皆有志。当山住侶殊以勇進。而古賢抄出流布不幾。初学之輩、恐有退屈歟。今渉品聊新記問答本末之書、拾要抄之。其失錯邪僻、深怖冥顕。唯願生生世世値遇大聖、自他同共悟入一乗矣。

承元二年戊辰（一二〇八）三月十六日　　沙門貞慶

〔影印・翻刻等所在〕『大正新脩大蔵経』五六巻・四七九頁・下。『日本大蔵経』二三巻・六〇頁・上。東京大学史料編纂所編『大日本史料』（東京大学出版会、一九八一年覆刻本）第四編之十二・三〇八頁。『大日本仏教全書』二〇巻・五二一～五二二頁。校合された『大日本仏教全書』本を用いたが、二行目「冥」のみ見落とされていたので修正した。

〔筆者注〕ここでいう「一乗」とは、「理の一仏乗」のことである。『唯識論尋思鈔』等では、この「理の一仏乗」が説かれたものが三乗の教えであるという見解が記されている。

㉗『**値遇観音講式**』（**七段式／高野山金剛三昧院・興福寺等蔵**）

予有一別願。生々世々値遇大聖、不離其側、不背其教。猶如少児之守父母。於諸仏菩薩、未世定誰尊。於自界他方又無嫌何等。但大都者、以釈迦弥勒観音仰為三尊。彼三尊所居殊欣求也。而霊山講弥勒講如形草式。至観音値遇者、其建仁比、為略記三段。其後懈怠。

承元三年己巳（一二〇九）聊終一篇耳。　貞慶

〔影印・翻刻等所在〕ニールス・グュルベルク「講式データベース」。

〔筆者注〕ニールス・グュルベルク「講式データベース」収録の『値遇観音講式』をもとにしながら、筆者所有の興福寺本（書名は『観音講式』）の写真をもとに一部修正した。

㉘『**薬師講式**』（**高野山大学蔵**）

和州惣持寺者、予所草創也。以薬師如来為其本尊。為彼毎月講乍恐抄経文耳。

承元三年（一二〇九）八月五六両日終功。　沙門貞慶

〔影印・翻刻等所在〕ニールス・グュルベルク「講式データベース」。

㉙『**真理鈔**』（**十二篇内奥書二篇／薬師寺・法隆寺・京都大学等蔵**）

〔題下〕海住山上人御草

〔奥書1〕建暦二年（一二一二）二月晦日、於御社宿所粗記之。慈尊教授頌云、菩薩於定位観影唯是心云云　貞慶所向境界謂唯自心影即入真理。未必有別委曲。

〔影印・翻刻等所在〕『日本大蔵経』六四巻・四〇頁・下。

〔奥書2〕建暦二年（一二一二）二月下旬参籠春日社頭有彼示旨。仍馳筆記之。追可加遺漏耳。

〔影印・翻刻等所在〕『日本大蔵経』六四巻・四四頁・上。

〔筆者注〕奥書1は『真理鈔』に収められている『道理真理事』の末尾にあるもの。奥書2は『真理鈔』の中の最末尾に収められている『道理為先入真理方便』の後にあるもの。これらを見ると貞慶は、入滅する二カ月前に春日社へ参籠した折りに、本書を著していたことが知られる。また、題下の「海住山上人」とは貞慶のこと。その他、「以上上人自筆草也」（同・三六頁・下）という細注もあるので、本書は貞慶の自筆本をもとに書写されたことも知られる。

㉚『明要抄』（**別名『因明明要抄』**）／**興福寺蔵**

予憖迴学窓之昔。素飡過人。永就閑居之後、丹底大改因明之事都非涯分。而往日知己邂逅入来之時、合談自有及法門。若暗推在胸、任口言之。言而去、去而忘。殆似空鳥之迹。今年秋比。聊加覆審。老眼病力不堪自記。仍誂算公綴其新旧。合十八巻、分為二部。初十三巻号明本抄。相承本義先後愚案等、自他異義広記録之。後五巻者名明要抄。傍論別推同法潤色等、明本之残略注載之。遺漏尚多。何足後悔。

于時建暦壬申歳（一二一二）冬十一月一日、於海住山老宿坊終其篇矣。

沙門釈貞慶

〔影印・翻刻等所在〕『大正新脩大蔵経』六九巻・五三四頁・上～中。

〔筆者注〕全十八巻の内、後五巻が『明要抄』、初十三巻が奥書番号㉛の『明本抄』であると記されている。なお、興福寺所蔵の『明要抄』巻第五には、貞慶のものと思われる中奥書「承元三年五月十日於笠置寺般若房案此義了。聊得子嶋御意歟」（奈良国立文化財研究所編『興福寺典籍文書目録』第一巻・一一頁）が存する。また、良算の奥書「此者以御口筆愚僧記之。或消或入、前後散々。仍後日書改之」とある。承元三年といえば一二〇九年であり、一方、『明要抄』の奥書年は建暦二年（一二一二）である。良算の奥書をも兼ねて考えれば、『明要抄』もまた長時間かけて執筆された書と見てよいであろう。

㉛『明本抄』（興福寺・東大寺・高野山金剛三昧院・京都大学・大谷大学等蔵）

因明事本無其功。随又廃忘。今年春秋之間、聊加覆審。或拾往日遺草、或有当時潤色。至十一月一日如形終篇。其間迷謬失錯等、深雖恐冥顕、随分清浄之志、大明神可垂納受。病悩相続之間、未及再治耳。

建暦二年（一二一二）十二月二十三日　　貞慶記之

〔影印・翻刻等所在〕『大正新脩大蔵経』六九巻・五〇五頁・上。

〔筆者注〕興福寺本の日付は二十二日。興福寺等所蔵の『明本抄』は、貞慶を敬慕する宗性の書写したものである。興福寺本の第五には「此書者是祖師上人之御草秘蔵無極之重書也」（奈良国立文化財研究所編『興福寺典籍文書目録』第一巻・一二三〜一二四頁）、大谷大学本の第十には「於此鈔者笠置上人御房御秘蔵無極」（大正六九・四八七の欄外注）等の宗性（一二〇二〜七八）の奥書が存する。

㉜『明本抄添状』（興福寺蔵）

暗推之愚鈔也。拾旧草副新案終篇之後、未及再治。然而、苟思利益我心不穢。書者只一部也。両人事難捨。仍以上帙七巻奉東北院僧都、以下帙六巻奉光明院律師。両人互議可令書写残巻。各御現存之間、都勿増成二本。将来付属之人、偏可簡法器心性。若自門之中無真実之器者、当時伝受三人之内、随宜可令相続。此書良算院既書写了。鈔出之間、彼功莫大之故也。抑此遺言之趣、外人聞之者偏処慢心或処法慳歟。全非其義。即上抄事付惜付与、其憚非一。仍世間只以不知此名字為望。然者各御自筆可令書写。病及急切、不能右筆之状如件。

建暦二年（一二一二）十二月二十三日　　沙門在御判

〔影印・翻刻等所在〕『大正新脩大蔵経』六九巻・五〇五頁。東京大学史料編纂所編『大日本史料』（東京大学出版会、一九八一年覆刻本）第四編之十一・三〇七〜三〇八頁。原則として大正本を用いたが、二行目「議」と五行目「即上抄」と五行目「望」は、『大日本史料』収録本を用いた。また、二行目の「残巻」の「巻」は「ママ」の文字を意味内容にしたがって修正した。

〔筆者注〕興福寺には「明本抄十三巻上帙七巻／下帙六巻」の「書出」を持つ『貞慶置文案』が存する。恐らくは『明本抄添状』と異名同文と考えられる。なお、『貞慶置文案』には、「建暦二年（一二一二）十二月二十三日」の日付、「上人重書之置文トハ是歟。以良算自筆写之畢」の「端奥書」、「病及急切不能右筆之状如件」の「書止」があると、奈良国立文化財研究所編『興福寺典籍文書目録』第一巻（奈良国立文化財研究所、一九八六年）一五〜一六頁には記されている。本書は貞慶の弟子である良算（?〜一一九四〜一二一七〜?）の自筆本をもって書写しているので、信憑性が高いと見てよいであろう。また、右の奥書に出る「東北院僧都」とは弟子の円玄（一一七五〜一二五〇）のことであり、同じく「光明院僧都」とは弟子の覚遍（一一七四〜一二五八）のことである。

㉝『起請文』（別名『海住山寺起請五箇条』／大谷大学・京都大学等蔵）

以前ノ五條大切也。至要仍テ乍レ臥ニ病席一ニ令ニ人ヲ記レ之。凡獅子之中ノ虫能噉ニ師子一。可滅我等者只寺僧也。観音大明神之御冥罰深ク可レ恐レ之ヲ。件ノ條々等雖レ加ニ制止一猶及ニ大事一ニ者早ク令レ訴下中本寺菩提院上ニ定テ有ニン御評定一歟。仍起請如件。

建暦三年癸酉（一二一三）正月十一日　沙門在判

〔題下〕解脱上人造

〔影印・翻刻等所在〕『日本大蔵経』六四巻・三一頁。

〔注記〕題下は大谷大学本（未翻刻）のみ。大谷大学図書館のご許可をいただいて翻刻・掲載した。

㉞『貞慶笠置山詠歌之事』（『弥勒如来感応抄』内／東大寺蔵）

〔袖書〕孟冬於笠置山下同詠水上落葉。和歌一首并小序　南都隠士貞慶

〔影印・翻刻等所在〕平岡定海著『東大寺宗性上人之研究並史料・下』（臨川書店、一九八八年復刻本）二三三頁。

〔筆者注〕著述年代不明本。

㉟『舎利講』（三段式／東大寺蔵）

一此式六人同志一千箇日勤行之。　　沙門貞慶

〔影印・翻刻等所在〕山田昭全・清水宥聖編『貞慶講式集』（山喜房佛書林、二〇〇〇年）二五三頁。

〔筆者注〕著述年代不明本。『貞慶講式集』の解説編に出るもので、「東大寺所蔵乙本」の奥書である。

㊱『遣虚存実』（無為信寺蔵）

為南御所慈恩会御竪義、今草終処也。

〔写本奥書〕解脱房御草也。

〔題下〕上人御草

〔影印・翻刻等所在〕新潟県無為信寺の所蔵であり、現在、公開に向けてデジタル撮影ずみ。

〔筆者注〕著述年代不明本。奥書の内容よりすれば、この奥書は貞慶のものと判断される。奥書番号④の『隠劣顕勝識短釈』ならびに識語番号㉔にある良算書写の『摂末帰本草』と同様、貞慶もまた他者のために短釈を作成していたことが知られる貴重な資料といってよい。なお、写本奥書の文字は、貞慶奥書文の次行左下に付記されている。

二　貞慶の書であることを示す識語（五十音順）

①**『安養報化』（薬師寺蔵）**

〔題下〕上人御草

〔影印・翻刻等所在〕楠淳證・新倉和文共著『貞慶撰『観世音菩薩感應抄』の研究』（法藏館、二〇二一年）に「附録」として翻刻研究を付記した。

〔筆者注〕弥陀浄土信仰を断念した建久六年（一一九五）以前の作と推定される。

②**『因明要義抄』二帖之中上（興福寺蔵）**

〔写本奥書〕元久二年（一二〇五）四月二十三日賜此御草了。同二十六日巳時写此巻了。以為掌中秘要矣。良算

〔影印・翻刻等所在〕奈良国立文化財研究所編『興福寺典籍文書目録』第一巻（奈良国立文化財研究所、一九八六年）一七頁。

〔筆者注〕貞慶の弟子であった良算記載の写本奥書よりして、元久二年に貞慶に書写を許された書であったことが知られる。

③**『春日御本地尺』（金沢文庫蔵）**

〔題下〕笠置上人

〔影印・翻刻等所在〕高橋秀榮「笠置上人に関する新出資料四種」（『金澤文庫研究』二八六号、一九九一年）三四頁。

④**『勧誘同法記』（金沢文庫・善通寺等蔵）**

〔題下〕解脱上人造

〔影印・翻刻等所在〕『日本大蔵経』六四巻・一頁・上。

⑤**『愚迷発心集』（東大寺・薬師寺・高野山金剛三昧院等蔵）**

〔題下〕上人御草云云

〔影印・翻刻等所在〕『日本思想大系15　鎌倉舊佛教』（田中久夫・鎌田茂雄校注／岩波書店、一九七一年）三〇六頁。

⑥**『観心為清浄円明事』（『解脱上人小章集』内／京都大学等蔵）**

〔写本奥書〕病席雑談多、在観音補陀落事。初心同法等云、此事欲廃妄粗令記如何。答云、有何事乎。仍始少少思出先言有被書付之人。又云、或失或背。只此事以口筆可書之云云　其後乍臥出詞首尾散散歟。又注付之後、自未見之。気力衰遂日。微音言語不分明。定多其誤歟。如此物在外流布、人生悪気。其憚非一。為之如何。建暦三年（一二一三）正月十七日記之。同年二月三日辰初御入滅。

〔影印・翻刻等所在〕『日本大蔵経』六四巻・二四頁・上〜下。

〔筆者者注〕『解脱上人小章集』に収録されている。明確な奥書表示はなく、本文に続く形で右の文が記載されている。その冒頭には「貞慶の言葉」を記し、その後に筆録者の記録的奥書が記される。この奥書よりして、没年の建暦三年に口述筆録されたことが知られる。

⑦『解脱上人勧学記』（大谷大学蔵）

〔表題〕解脱上人勧学記
〔影印・翻刻等所在〕『日本大蔵経』六四巻・二七頁。
〔筆者注〕『日本大蔵経』の題名には「解脱上人」の記述はない。しかし、大谷大学本（未翻刻）の表題には『解脱上人勧学記』と明記されている。大谷大学図書館のご許可をいただいて、翻刻・掲載した。

⑧『解脱上人戒律興行願書』（興福寺・東京大学史料編纂所等蔵）

〔題字〕解脱上人戒律興行願書
〔写本奥書〕奥書云、去承元之比、為崇興福寺律宗、令施行律談義之刻、且為建立其道場、且為書写彼章疏、令送付件用途之時、願主先師上人、所記之願書也。
戒如注之
〔影印・翻刻等所在〕東京大学史料編纂所編『大日本史料』（東京大学出版会、一九八一年復刻本）第

四編之十二・二八三〜三八四頁。『日本思想大系15　鎌倉舊佛教』（田中久夫・鎌田茂雄校注、岩波書店、一九七一年）三〇四頁。前者には脱字があったので、後者を用いた。

〔筆者注〕承元年間は一二〇七〜一一年までであり、その頃の作。「願主先師上人」とあるから、写本そのものは貞慶が示寂した建暦三年（一二一三）二月三日以降に戒如によって書写されたものと考えられる。

⑨**『解脱上人御道心祈誠状』（東大寺図書館蔵）**
〔写本奥書〕解脱上人御道心祈誠状
〔影印・翻刻等所在〕山田昭全・清水宥聖編『貞慶講式集』（山喜房佛書林、二〇〇〇年）二四一頁。

⑩**『解脱上人小章集』（京都大学・東京大学史料編纂所等蔵）**
〔書名〕「解脱上人小章集」あるいは「上人御草」

〔収録〕『閑寂隙』『修行要鈔』『唯心念仏』『観心為清浄円明事』『命終心事』『臨終之用意』『勧学記』『起請文』『春日大明神発願文』『仏舎利観音大士発願文』。

〔影印・翻刻等所在〕『日本大蔵経』六四巻。

⑪**『遺虚存実短釈』（無為信寺蔵）**
〔題下〕上人。一説ハ円玄云云。

〔写本奥書〕此短釈解脱上人草云云　或説ニハ円玄僧都依上人教訓抄之云云
〔影印・翻刻等所在〕新潟県無為信寺の所蔵であり、現在、公開に向けてデジタル撮影ずみ。
〔筆者注〕無為信寺には他に著述年代不詳の貞慶撰『遺虚存実』（上人御草／奥書番号㊱を参照のこと）があるが、いずれも遺虚存実識における空観について論じており、共通性が見いだされる。文章量は本書の方が多く、より詳細である。写本奥書には、「貞慶の書」あるいは「貞慶の教えを受けた弟子円玄の書」とあり、いずれとも取れる内容になっている。

⑫**『興福寺奏達状』（龍谷大学・大谷大学蔵）**
解脱上人貞慶敬具
〔題下〕法然上人流罪之事　貞慶解脱上人之御草　英重
〔影印・翻刻等所在〕影印は『禿氏文庫本』（思文閣出版、二〇一〇年）、翻刻は『典籍と史料』（思文閣出版、二〇一一年）三〇八〜三二一頁。
〔筆者注〕貞慶名はあるものの「上人」と書かれているので、この部分は後人の付加と考えられる。なお、奥書番号㉕の『興福寺奏状』には元久二年十月の記述があるが、『奏達状』にはない。諸点よりして、筆者は本書を『興福寺奏状』の草稿本と見て、元久二年九月の撰述と推論している。

⑬**『局通対』第三度（良算筆録／興福寺蔵）**
〔写本中奥書1〕（前略）又以此善根奉廻向先師上人矣。建暦三年（一二一三）三月二十日記之。

〔写本中奥書2〕此義者去年（一二一二）三月十八日、以御口筆大旨記之。（後略）
〔影印・翻刻等所在〕奈良国立文化財研究所編『興福寺典籍文書目録』第一巻（奈良国立文化財研究所、一九八六年）一四五頁・上。
〔筆者注〕中奥書よりすれば、建暦二年（一二一二）に口述筆録された貞慶の「書」があったことは明白である。これをもとに、翌年の貞慶示寂日（二月三日）の約一カ月半後に「先師上人である貞慶」に善根を廻向するために良算が本書を記したことが知られる。

⑭『**局通対**』三伝（**良算筆カ／興福寺蔵**）
〔写本奥書〕建暦二年（一二一二）三月十八日朝、此義沙汰了。

〔影印・翻刻等所在〕奈良国立文化財研究所編『興福寺典籍文書目録』第一巻（奈良国立文化財研究所、一九八六年）一四四頁・下。

〔筆者注〕前書の姉妹本か。貞慶の「沙汰」を記した書。

⑮『**舎利勘文**』（**大谷大学・大正大学等蔵**）
〔題下〕解脱上人集。

〔影印・翻刻等所在〕東京大学史料編纂所編『大日本史料』（東京大学出版会、一九八一年覆刻本）第四編之十二・三〇四頁。

⑯ **『舎利講式』（一段式／曼殊院蔵）**
〔題下〕此式春日大明神対笠置解脱上人所望。仍上人於坐被書進也。

〔影印・翻刻等所在〕山田昭全・清水宥聖編『貞慶講式集』（山喜房佛書林、二〇〇〇年）三頁。

⑰ **『舎利講式』（一段式／龍谷大学蔵）**
〔写本奥書〕笠置解脱上人貞慶御作也。
〔影印・翻刻等所在〕ニールス・グュルベルク「講式データベース」。

⑱ **『舎利講式』（五段式／高野山大学蔵金剛三昧院本）**
〔題下〕般若臺作
〔影印・翻刻等所在〕未翻刻。高野山大学本の題下。
〔筆者注〕この指摘は、山田昭全・清水宥聖編『貞慶講式集』（山喜房佛書林、二〇〇〇年）三三頁の「校異」においてなされている。

⑲ **『舎利発願』（金沢文庫蔵）**
〔題下〕笠置上人
〔影印・翻刻等所在〕高橋秀榮「笠置上人に関する新出資料四種」（『金澤文庫研究』二八六号、一九九一年）三八頁。

⑳『社頭発願』（金沢文庫蔵）

〔題下〕笠置上人

〔影印・翻刻等所在〕高橋秀榮「笠置上人に関する新出資料四種」（『金澤文庫研究』二八六号、一九九一年）四一頁。

㉑『修行要鈔』（別名『出離最要』／『観念発心肝要集』内／大谷大学等蔵）

〔題下〕依無別題号、私名之。

〔写本奥書〕建暦三年（一二一三）正月十二日、以御口筆記之。

〔影印・翻刻等所在〕『日本大蔵経』六四巻・二〇頁・上。

〔筆者注〕識語番号㉒の大谷大学蔵『出離最要』の姉妹本。貞慶の示寂は建暦三年二月三日なので、正月十七日記載の『観心為清浄円明事』とともに、貞慶の最後の書籍の一つと考えられる。なお、本書はもともと『観念発心肝要集』（大谷大学本等）に収録されていたものであったが、その後『解脱上人小章集』に収録された。大谷大学本の題下には「別の題号無きに依り私に之れを名づく」とあるので、もともと無題であったことが知られる。詳しくは、楠淳證著『貞慶撰『唯識論尋思鈔』の研究――仏道篇』（法藏館、二〇一九年）七二一～七三四頁、ならびに本書の「貞慶主要著作解説」を参照のこと。

㉒『出離最要』（別名『修行要鈔』）／大谷大学蔵

〔表紙題下〕解脱上人作
〔内題下〕海住山御抄
〔写本奥書〕笠置上人御房記此御詞、授海住山慈心御房耳。
〔影印・翻刻等所在〕楠淳證著『貞慶撰『唯識論尋思鈔』の研究――仏道篇』（法藏館、二〇一九年）七二四頁。
〔筆者注〕識語番号㉑の姉妹本。著述年は明記されていない。詳細については、拙著『貞慶撰『唯識論尋思鈔』の研究――仏道篇』七二一頁〜七三四頁、ならびに本書の「貞慶主要著作解説」を参照のこと。なお、大谷大学図書館のご許可を再度いただいて翻刻・掲載した。

㉓『摂在一刹那』（良算記／薬師寺蔵）

〔写本奥書〕建久九年（一一九八）四月十八日、於笠置山般若臺相伝了。　同月二十五日酉　尅記之　良算
〔影印・翻刻等所在〕楠淳證著『貞慶撰『唯識論尋思鈔』の研究――仏道篇』（法藏館、二〇一九年）五四七頁。
〔筆者注〕弟子の良算が笠置寺般若臺において貞慶より「相伝」したとあるので、本書は建久九年の貞慶の書と見た。なお、この奥書の後に、さらに「上人云」のメモ書きが見られる。

㉔『摂末帰本草』（別名『摂末帰本短釈』／両書とも無為信寺蔵）

〔題下〕笠置草

〔写本奥書〕写本云。以上笠置御房、為禅定院大僧都御房慈恩会御竪義被草抄也。彼草案在光明院。以件本写之了。于時建仁二年（一二〇二）九月四日在新院写畢。良算云々　以彼本一更了。嘉禎二年（一二三六）二月二十二日。

〔影印・翻刻等所在〕新潟県無為信寺の所蔵であり、現在、公開に向けてデジタル撮影ずみ。

〔筆者注〕元本は良算の書写本。右の写本奥書の後に、さらに寛喜元年（一二二九）九月の良玄、文和二年（一三五三）正月二十九日の懐暁の書写奥書が続く。貞慶もまた、他者のために短釈を作成していたことがわかる貴重な資料。

〔筆者注〕無為信寺所蔵の『鏡中影像事』（題下に良遍上人又笠置上人／応永二十九年英専写）の中に、「笠置上人御□摂末帰本短釈云」として『摂末帰本短釈』（『摂末帰本草』）の一文が抜き書きされている。写本奥書には、「已上、上人短釈之詞也」とある。

㉕『心要鈔』（京都大学・金沢文庫等蔵）

〔題下〕笠置沙門貞慶草

〔影印・翻刻等所在〕『大正新脩大蔵経』七一巻・五〇頁・下。楠淳證著『心要鈔講読』（永田文昌堂、二〇一〇年）七六頁。

〔筆者注〕建久六年（一一九五）の撰述と推定される。拙著『心要鈔講読』を参照されたい。

㉖**『神祇講私記』（天理図書館吉田文庫・西大寺等蔵）**

〔天理写本奥書〕右此式者、南都興福寺学侶解脱上人之御作也。但後笠置寺上人。

〔西大寺写本奥書〕右此式、笠置寺解脱上人貞慶之製作也。始興福寺住居之時、為二春日大明神法楽一有二製作一云々

〔影印・翻刻等所在〕岡田荘司稿「『神祇講式』の基礎的考察」（『大倉山論集』四七、二〇〇一年）に収録。天理本は三二一頁、西大寺本は三三二頁。

〔筆者注〕天理図書館吉田文庫のものは室町時代の写本。本書の識語は、共編者の阿部泰郎氏の助言を得て編入した。なお、『神祇講式』が貞慶の作か否かについては議論の分かれるところであるが、筆者は複数もの貞慶の特色ある思想が明記されている点より、かねてより貞慶の真撰と見てきた。このたび、本書の「終章」において阿部泰郎氏も国文学的研究視点より、貞慶の真撰と判定しているので、参照されたい。

㉗**『第九識体』（大谷大学蔵）**

〔写本奥書〕以上人御真筆之本書写之。一棟了。　尋思抄当段者堕之間、以興善院之本書写之。即故尊舜学専房律師之筆録也。（後略）

〔影印・翻刻等所在〕北畠典生編『日本中世の唯識思想』（永田文昌堂、一九九七年）二九四頁・上。

〔筆者注〕『唯識論尋思鈔』（別要）収録の問答が欠落していたため、別出書写したもの。

㉘ **『八門秘要抄』（興福寺蔵）**

〔題下〕笠置寺聖人御草

〔影印・翻刻等所在〕奈良国立文化財研究所編『興福寺典籍文書目録』第一巻（奈良国立文化財研究所、一九八六年）一八頁・下。

〔筆者注〕因明の書。良算・興玄による同名書籍が興福寺には伝えられている。

㉙ **『辨財天式』（別名『弁天式』）／龍谷大学蔵）**

〔写本奥書〕右件式者解脱上人作。神之中深秘之御式也。

〔影印・翻刻等所在〕楠淳證稿「貞慶撰『辨財天式』・『辨財天女講式』にみられる利生思想」（龍谷大学短期大学部編『社会福祉と仏教』百華苑、二〇〇二年）七六～七七頁。

〔筆者注〕右記の拙稿に全文翻刻したので参照されたい。なお、「尚《上》人」は「上人」と改めた。

㉚ **『辨財天女講式』（勝林院蔵）**

〔写本奥書〕此壹則解脱上人処撰也。上人夙尊崇辨才天女、嘗詣大和州天河神祠通宵修法。有処感得、乃撰期文納諸祠中。其模本者在于京師般舟三昧院。（後略）

〔影印・翻刻等所在〕山田昭全・清水宥聖編『貞慶講式集』（山喜房佛書林、二〇〇〇年）二二五頁。

〔筆者注〕右の奥書は「法眼源定」のもの。

㉛『**法自相短釈**』**（良算筆／興福寺蔵）**

〔写本奥書〕已上問答、上人御伝也。依二巻私記九局義伝、令案立此義給了。就勝論伝□問答甚難会。此義誠未曾有歟。唯子嶋大□者誰得此□厳哉。唯我師義解者、争推被難意哉。末生恐受其旨、報謝曠劫難□□□仏子照志矣。助願　于時元久二年（一二〇五）四月二十二日巳刻草畢。当年法華会竪義者良算

〔影印・翻刻等所在〕奈良国立文化財研究所編『興福寺典籍文書目録』第一巻（奈良国立文化財研究所、一九八六年）一四六頁・上〜下。

〔筆者注〕貞慶案立の「伝」を記すもの。

㉜『**法相宗初心略要**』『**法相宗初心略要続編**』**（京都大学・龍谷大学等蔵）**

〔題下〕笠置上人御草

〔影印・翻刻等所在〕『日本大蔵経』六四巻・三五八頁・上。

㉝『**弥勒如来感応抄**』**（宗性編述／貞慶の小篇を収録／東大寺蔵）**

〔写本奥書〕（前略）兼以祖師上人御製作為本。（中略）此中観兜率記之外、皆是祖師上人御草案也。（後略）

〔影印・翻刻等所在〕平岡定海『東大寺宗性上人之研究並史料・下』（臨川書店、一九八八年復刻本）二五八頁と二五九頁。

〔筆者注〕宗性の奥書は長文であるため、右の文が埋没する恐れがあったので、あえて貞慶の書であることを明示する当該文のみを抜き書きした。なお、収録本には『弥勒講式』四篇、『兜率略要』『別願講式』『帰依慈尊略要文』『弥勒値遇奉唱敬白文』『仏子某春日明神願文』『兜率問答』『貞慶敬白文』『沙門貞慶等敬白文』『龍華会願文』『貞慶笠置山詠歌之事』『沙門貞慶笠置寺舎利講仏供勧進状』『沙門貞慶笠置寺法華八講勧進状』等がある。

㉞『命終心事』（『観念発心肝要集』『解脱上人小章集』内／大谷大学等蔵）

〔写本奥書〕以上海住山御草。

〔影印・翻刻等所在〕『日本大蔵経』六四巻・二二五頁・下。

〔筆者注〕大谷大学本の奥書には、「以上」の語はない。

㉟『臨終之用意』（『解脱上人小章集』内／仮名まじり文／京都大学・陽明文庫等蔵）

〔写本奥書〕笠置上人の御誡なり。努努忽緒する事なかれ。没後には光明真言。任ㇾ心。

〔影印・翻刻等所在〕『日本大蔵経』六四巻・二一七頁・上。

〔筆者注〕貞慶には臨終正念による来迎を求める強い思いがあり、そのことが諸種の講式等において確認できる。これについて思想的な観点より述べられたものとしては、『唯識論尋思鈔』（別要）の中の「命終心相」や『解脱上人小章集』の中の『命終心事』等がある。貞慶の命終心思想については、楠淳證著『貞慶撰『唯識論尋思鈔』の研究——仏道篇』（法藏館、二〇一九年）四四一頁～四五九頁を参照されたい。なお、恋田知子「陽明文庫蔵「道書類」の紹介（十五）貞慶撰『〔臨終用意事〕』翻刻・略解題」（『三田國文』五九、二〇一四年）九八～九九頁に、『臨終之用意』の姉妹本が翻刻紹介されている。ほぼ同文であるが、「神咒」を「大明神」と書きかえている点等の幾つかの相違点が確認できる。

㊱『唯心念仏』（『観念発心肝要集』『解脱上人小章集』内／大谷大学蔵）

〔題下〕海住山上人草
〔影印・翻刻等所在〕『日本大蔵経』六四巻・二〇～二二頁。
〔筆者注〕本文のみは右の『日本大蔵経』に収録されているが、「題下」については、大谷大学本（未翻刻）のみに明記されている。大谷大学図書館のご許可をいただいて翻刻掲載した。

（楠　淳證）

付録3

解脱上人貞慶年譜

和暦	西暦	月日（旧暦）	年齢	事績	出典
久寿二年	一一五五	五月二十一日	1	誕生。父は藤原貞憲、祖父は藤原通憲（信西）。	解脱上人御形状記（以下、御形状記）ほか
応保二年	一一六二		8	興福寺の蔵俊の門に入る。	御形状記ほか
永万元年	一一六五		11	東大寺で受戒する。	御形状記ほか
承安二年	一一七二	四月	18	醍醐寺の運阿闍梨から求聞持法を授けられる。	虚空蔵要文
治承四年	一一八〇	四月二十五日	26	『虚空蔵要文』を書写。	虚空蔵要文
		十一月		父貞憲の中陰供養を行い、諷誦文を起草。	讃仏乗抄
		十二月二十八日		＊平重衡、南都を攻め、東大寺・興福寺等を焼き討ちする。	玉葉・山槐記ほか
養和二年	一一八二	一月一日	28	『大般若経』書写を発願、同年十一月二十七日から書写を始める。	讃仏乗抄
		一月二十日		『唯識義私記』巻一を書写。	唯識義私記
寿永元年	一一八二	九月八日	28	『四相違短釈』を著す。	四相違短釈
		十月十一日		興福寺維摩会で研学竪義をつとめる。	維摩次第、三会定一記
寿永二年	一一八三	七月六日	29	法勝寺御八講の第四日夕座で問者をつとめる。	法勝寺御八講問答記
元暦元年	一一八四	七月六日	30	法勝寺御八講の第四日夕座で問者をつとめる。	法勝寺御八講問答記

元暦元年	一一八四	九月十七日	30	『隠劣顕勝識短釈』を著す。	隠劣顕勝識短釈（新潟県無為信寺蔵）
元暦二年	一一八五	五月二十三日	31	最勝講に聴衆として出仕する。	玉葉
				沙門信長のため笠置寺弥勒殿毎日仏供の勧進状を起草。	弥勒如来感応抄
文治元年		十二月二十一日		仏子如教のため笠置寺毎日仏供の勧進状を起草。	弥勒如来感応抄・上人御草等
文治二年	一一八六	十月十日	32	興福寺維摩会で講師をつとめる。	維摩会次第・三会定一記
				この年、元興寺玉華院弥勒堂再建の勧進状を起草。	弥勒如来感応抄・讃仏乗抄
文治三年	一一八七	七月七日	33	法勝寺御八講の第五日朝座で講師をつとめる。	八講問答記
文治四年	一一八八	五月	34	大和尚延寿のため諷誦文を起草。	讃仏乗抄
		六月		沙門観俊のため笠置念仏道場塔婆寄進状を起草。	弥勒如来感応抄
		七月二十七日		季御読経論議に出仕する。	玉葉
文治五年	一一八九	五月二十一日	35	最勝講で講師をつとめる。	春華秋月抄草
		九月二日		沙門観智・行西のため龍蓋寺（岡寺）金堂勧進状を起草する。	讃仏乗抄
		十一月二十九日		法成寺御八講の第五日朝座で問者をつとめる。	玉葉
		十二月一日		法勝寺御八講で竪義をつとめる。	玉葉

建久元年	一一九〇	五月二日	36	興福寺衆徒と共に九条兼実に面談し、石清水八幡宮寺領・切山の住人による興福寺領・天山の杣人殺害（切山・天山はいずれも現・京都府相楽郡笠置町笠置町）に関する対応を訴える。	玉葉
		五月二十四日		最勝講で講師をつとめる。	春華秋月抄草
		十一月十七日		笠置寺龍華会願文を起草。	讃仏乗抄
				この年の法勝寺御八講の第五日朝座で講師をつとめる。	法勝寺御八講問答記
建久二年	一一九一	二月二十一日	37	法成寺御八講で結座導師をつとめる。兼実は「説法珍重」「末代の智徳」と評す。	玉葉
		五月二日		覚憲の使いとして九条兼実に面談。	玉葉
		五月二十二日		九条兼実の南都下向の際、興福寺南円堂で誦経を行う。兼実は「貞慶已講の表白甚だ優なり」と評す。	玉葉
		十月七日		九条兼実の依頼により水曜供の発願導師をつとめる。	玉葉
		十月十一日		中宮宜秋門院の御祈のため兼実が書写した金泥心経及び金剛般若経の供養導師をつとめる。	玉葉
建久三年	一一九二	二月八日	38	笠置寺に隠遁する旨を九条兼実に伝え、兼実から思いとどまるよう説得される。	玉葉

建久三年	一一九二	六月	38	東大寺戒壇院の勧進状を起草（戒壇院は同八年八月頃完成）。	貞慶鈔物・讃仏乗抄・東大寺造立供養記
		七月二十日		『発心講式』を制作。	発心講式
		八月		笠置弥勒石像前において『大般若経』書写中に異念、交じる。	弥勒如来感応抄
		十一月二十七日		養和二年（一一八二）発願の『大般若経』書写を終える。	讃仏乗抄
建久四年	一一九三	秋	39	興福寺から笠置寺に移住。	御形状記・大般若理趣分
				この年、笠置寺二季八講料舞装束修復の勧進状を起草。	弥勒如来感応抄
建久五年	一一九四	八月二日	40	伊勢神宮に参詣し、神姿を感得するか。	笠置寺縁起
		八月三日		笠置寺般若台を上棟する。	笠置寺縁起・讃仏乗抄
		八月		菩提山正暦寺十三重塔の勧進状を起草。	逸名勧進状類従残篇
		九月二十二日		＊興福寺総供養が行われる。	玉葉・百練抄ほか
				この年、叔父藤原修範の供養のため地蔵菩薩像を造立するか。	讃仏乗抄
建久六年	一一九五	一月十日	41	この日から『子島二巻記』を読み、同月三十日『二巻私記指事』を著す。	二巻私記指事

年号	西暦	月日	年齢	事項	典拠
建久六年	一一九五	四月十七日	41	重源が東大寺造営祈念のため伊勢神宮で行なった大般若経供養に際し、外宮法楽の導師をつとめる。	東大寺衆徒参詣伊勢大神宮記ほか
		七月二十四・二十五日		笠置寺で『大般若経』理趣分を書写。	弥勒如来感応抄
		九月		大和国宇陀郡で春日大明神の託宣を受けるか。	春日権現験記絵
		九月		春日社参籠に際し、老翁から三尺の白檀地蔵尊を与えられるか（後に東大寺知足院に安置）。	英俊御聞書・臥雲日件録・沙石集
		十一月十九日		笠置寺般若台を供養し、敬白文を起草。	讃仏乗抄
				この年の頃、『心要鈔』を著したか。	心要鈔
建久七年	一一九六	二月十日	42	菩提山正暦寺の専心の依頼により般若台で『弥勒講式』（五段式）を制作。	弥勒如来感応抄
		二月十七日		小田原の瞻空の依頼により般若台で『地蔵講式』を制作。	地蔵講式
		四月十四日		笠置寺一千日舎利講仏供の勧進状を起草。一千箇日の勤行をうたう『誓願舎利講式』の制作と関係するか。	弥勒如来感応抄
		八月十五日		重源、笠置寺に銅鐘・宋版大般若経・白檀釈迦像一軀を施入する。	笠置寺鐘楼銘・南無阿弥陀仏作善集
		九月二十七日		笠置寺般若台の鎮守に春日大明神を勧請した小社を造営。	春日権現験記絵・鎌倉遺文一二〇四

建久七年	一一九六	秋中旬	42	般若台庵室で『欣求霊山講式』を制作。	欣求霊山講式
		十二月		笠置寺法華八講の紹隆を願い、勧進状を起草。	弥勒如来感応抄
				この年、八条院より伊勢国蘇原御厨の地頭職を笠置に寄進される。	笠置寺縁起
				この年、千体釈迦如来像造立の勧進状を起草。	貞慶鈔物・讃仏乗抄
建久八年	一一九七	閏六月二十八日	43	『唯識論』に関する抄物の撰述を企画する（建仁元年に『唯識論尋思抄』に結実）。	唯識論尋思抄
		八月二十三日		播磨国浄土寺浄土堂の落慶供養導師をつとめる。	浄土寺縁起・播磨鑑
				この年、興福寺五重塔勧進状を起草。	逸名勧進状類従残篇
建久九年	一一九八	四月十五日	44	先考・先妣のため七箇日逆修を行い、願文を草す。	鎌倉遺文九七六
		十一月一日		平宗清の乱行に関しての興福寺の立場を説明する「興福寺牒状」を草し、幕府に訴える。	興福寺牒状
		十一月七日		笠置寺で十三重塔の供養を行い、敬白文を起草。	讃仏乗抄・弥勒如来感応抄
正治元年	一一九九	六月	45	後鳥羽上皇から伊賀国阿閉郡重次名田を笠置般若台領として寄進される。	鎌倉遺文一〇六三・一〇六四・一〇六六
		七月頃		峰定寺釈迦如来像の造立に結縁する。	峰定寺釈迦如来像像内納入品

正治元年	一一九九	八月二十二日	45	貞慶、笠置の草庵で重病に陥り、春日大明神の託宣を受けるか。	春日権現験記絵
		十月		大安寺梵鐘勧進状を起草。	春華秋月抄
		十二月二十一日		観心上人の勧進により、笠置般若台で宝篋印経を書写。	明本抄紙背文書
正治二年	一二〇〇		46	この年、『中宗報恩講式』を制作したか。	大乗院日記目録
正治年間				行基墓所（竹林寺）の勧進状を起草。	讃仏乗抄
正治三年	一二〇一	一月	47	正治二年冬の末から五十余日をかけて『唯識論』の抄物七十余条（『唯識論尋思抄』別要）を著す。	唯識論尋思抄
建仁元年		二月		某所の阿弥陀・観音・地蔵三千体仏安置堂の供養文を起草。	讃仏乗抄
		四月		後鳥羽上皇から寄進された伊賀国般若庄の一部、能米五石、八条院から寄進された大和国椙本庄内の水田一町を、春日社に寄進する。	鎌倉遺文一二〇四
		五月十八日		『観音講式』（五段式）を制作。	観音講式（金剛三昧院蔵本）
		五月二十三日		『観音講式』（三段式）を制作。	観音講式（東大寺蔵本）
		五月		笠置の東山千手観音堂の修造勧進状を起草。	讃仏乗抄

建仁元年	一二〇一	六月	47	某所千体地蔵造立の願文を起草。	貞慶鈔物
		八月		海龍王寺再興勧進状を起草。	讃仏乗抄
		九月十一日		同年六月一日から百日ほどをかけて、年始に著した『唯識論』の抄物七十余条の残余の問答を収めた抄物（『唯識論尋思抄』通要）を著し、ここに『唯識論尋思抄』が完成する。	唯識論尋思抄
		十二月四日		笠置寺小塔の勧進状を起草。	逸名勧進状類従残篇
		十二月二十三日		沙門信長のため元興寺玉華院の弥勒講に用いる『弥勒講式』を制作。	弥勒如来感応抄
		十二月三十日		沙門信長のため元興寺玉華院毎日弥勒講の勧進状を起草。	弥勒如来感応抄
		十二月三十日		『法華講式』を制作。	上人御草等
				この年の二月上旬から四月下旬までの間に『観世音菩薩感応抄』を著すか。	観世音菩薩感応抄
				この頃、『勧誘同法記』を著すか。	勧誘同法記
				この年、乳父乳母追善のため諷誦文を起草か。	山州名跡志
建仁二年	一二〇二	八月	48	唐招提寺の東室を修造して念仏道場とし、釈迦念仏会を始める。	唐招提寺釈迦念仏願文・招提千歳伝記
				この年の十一月までには笠置寺般若台から笠置寺の東山観音堂に移る。	成唯識論同学鈔

建仁二年	一二〇二	八月	48	この年、東小田原随願寺十三重塔の勧進状を起草。	貞慶鈔物・上人御草等
				この年、新薬師寺釈迦堂を建立。この頃、同寺十三重石塔の供養文を起草か。	新薬師寺縁起・讃仏乗抄
建仁三年	一二〇三	二月一日	49	浄瑠璃寺経蔵・楼門、随願寺十三重塔、笠置寺礼堂の棟上が同日に行われたという。	浄瑠璃寺流記
		二月二十七～二十八日		笠置に訪ねてきた明恵に舎利を与える。	明恵上人神現伝記、春日権現験記絵
		二月二十九日		浄瑠璃寺千基塔供養の導師をつとめる。	浄瑠璃寺流記
		二月・三月		笠置寺の礼堂・軒廊の勧進状を起草、修造を行う。	弥勒如来感応抄・貞慶鈔物・讃仏乗抄
		三月		某所の千体地蔵堂の勧進状を起草。	讃仏乗抄
		八月二十二日		『法華転読発願』を著す。	法華転読発願
		九月十九～二十六日		唐招提寺で釈迦大念仏会を始める。『舎利講式』（五段式）もこの頃の制作か。	浄瑠璃寺流記・招提千歳伝記
				この年、重源発願の東大寺新造屋阿弥陀如来像（俊乗堂安置像）の供養導師をつとめる。	東大寺諸集
		十一月		東大寺総供養の表白を起草。	讃仏乗抄
元久元年	一二〇四	四月十日	50	源頼朝に笠置寺礼堂の造営のため奉加を請い、砂金等を寄進される。	吾妻鏡

元久元年	一二〇四	四月	50	大安寺七重塔修造勧進状を起草。	貞慶鈔物
		十月十五日		笠置寺礼堂の造立供養を行う。	吾妻鏡
		十月十七日		笠置寺で龍華会を始め、願文・敬白文を起草する（笠置寺縁起は十一月十七日とする）。	上人御草等・弥勒如来感応抄・笠置寺縁起・鎌倉遺文一四八四・一四八五
元久二年	一二〇五	三月十三日	51	笠置寺で北観音寺（清水寺）堂舎建立五祖影像供養表白を起草。	如意鈔
		八月十二日		藤原範子（後鳥羽上皇の乳母、刑部卿三位）追善供養の導師をつとめる。	明月記
		十月		『興福寺奏状』を起草し朝廷に提出、法然の専修念仏の停止を訴える。	興福寺奏状
		十二月十五日		後鳥羽上皇の春日杜御幸・七堂巡礼に際し、雅縁の住房・二条御所での一切経供養の導師をつとめる。	春日神社文書
元久三年	一二〇六	二月十九日	52	京都梅小路南堂の供養導師をつとめる。	三長記
		四月十一日		藤原定家が笠置寺で行った九条良経の追善供養の導師をつとめる。	三長記
建永元年		四月八日		快慶作の薬師像を本尊として大和国惣持寺を再興。薬師像の開眼供養導師は慶円がつとめる。	惣持寺縁起・三輪上人行状
		七月二十八日		妙楽寺四季念仏勧進状を起草。	上人御草等

建永二年	一二〇七	三月七日	53	長講堂八講に出仕する。	明月記
		八月		興福寺北円堂再興の勧進状を起草。	弥勒如来感応抄
承元元年		八月三日		興福寺北円堂造営用途勧進のため「興福寺政所下文」を起草。	弥勒如来感応抄
		十一月		笠置寺沙門弁慶のため大般若経供養文・敬白文を起草（上人御草等は承元二年十一月とする）。	貞慶鈔物・上人御草等
				この年、海住山寺に移住する。	御形状記
承元二年	一二〇八	三月十六日	54	海住山寺で『法華開示抄』を著す。	法華開示抄
		九月五日		後鳥羽上皇御願の河内交野の新御堂の供養導師をつとめる。	明月記
		九月九日		河内交野の新御堂供養の功として九月七日に後鳥羽上皇から賜わった舎利二粒を海住山寺に安置する。	貞慶仏舎利安置状
				この年、某所小塔建立の勧進状を起草。	貞慶鈔物・讃仏乗抄
承元三年	一二〇九	八月六日	55	快慶作の薬師像を本尊として再興した大和国物持寺における毎月の薬師講のため、『薬師講式』を制作。	三輪上人行状・薬師講式
		十月		南京北山宿非人のため八曼荼羅堂修造勧進状を起草。	上人御草等
		十一月		比丘尼阿光のため安位寺一切経会童舞装束の勧進状を起草。	上人御草等

承元三年	一二〇九	十二月	55	中川寺地蔵院金色一尺六寸釈迦如来像造立の勧進状を起草。	貞慶鈔物・讃仏乗抄
				この年、『観音講式』（七段式、別名『値遇観音講式』）を制作。	観音講式（金剛三昧院蔵本・興福寺蔵本）
承元四年	一二一〇	九月十九日	56	笠置寺で、後鳥羽上皇臨幸のもと『瑜伽論』の供養を行う。	承元四年具注暦裏書
		九月二十二日		後鳥羽上皇近臣の藤原長房が貞慶の徳を慕って、出家して覚真と名乗り、海住山寺に入る。	密宗年表
		十一月十日～		貞慶をはじめ二十一名の海住山寺僧、翌年一月十五日まで八斎戒を受持する。	禁断悪事勧修善根誓状抄
		十二月十一日		快慶作の白檀釈迦像を観心上人に付嘱。	明本鈔紙背文書
承元年中				この頃『戒律興行願書』を著す。	戒律興行願書
建暦元年	一二一一	九月一日	57	九条道家を訪ね、談ずる。	玉蘂
		九月六日		法隆寺上宮王院で釈迦念仏会を始める。	法隆寺別当次第
		九月十三日		唐招提寺の鑑真御影堂で『梵網経古迹記』を講ずる。	招提千歳伝記・唐招提寺解
		十一月		沙門弁慶のため、笠置寺多宝塔の修造願文を起草。	貞慶鈔物・讃仏乗抄
		十二月十二日		宜秋門院より、春華門院の五七日忌供養の導師に請ぜられる。	明月記

年号	西暦	月日	年齢	事項	出典
建暦二年	一二一二	二月十一日	58	九条道家を訪ね、談ずる。	玉蘂
		二月十二日		八条旧院で説法を行う。	明月記
		三月三日		石清水八幡宮検校祐清造立の丈六阿弥陀像（現京都府八幡市正法寺阿弥陀如来坐像）の供養導師をつとめる。	讃仏乗抄・解脱上人明恵上人伝絵巻（探幽縮図）
		二月		春日社宿所で『真理鈔』を著す。	真理鈔
		九月二十六日		貞慶の勧進により、法隆寺聖霊院で観音宝号の奉唱が始められる。	法隆寺別当次第
		十一月一日		海住山寺で『因明明要抄』（現・興福寺蔵）を著す。	因明明要抄
		十二月二十三日		海住山寺で『明本抄』を撰述して良算に書写させ、そのうち上帙（巻第一～七）を円玄に、下帙（巻第八～十三）を覚遍に分け、互いに不足の残巻を書写するよう指示する添状（貞慶置文案）を記す。	明本抄・明本抄添状
				この年、興福寺に律院として常喜院を建立する。	円照上人行状記・招提千歳伝記、他
				この年、浄瑠璃寺吉祥天立像造立か。	浄瑠璃寺流記
建暦三年	一二一三	一月十一日	59	海住山寺の規式『海住山寺起請文』を口述、署名する。	海住山寺起請文
		一月十二日		『修行要抄』を口述。	修行要抄

建暦三年	一二一三	一月十七日	59	『観心為清浄円明事』を口述。	観心為清浄円明事
		一月二十一日		先師覚憲の五七日忌供養を行い、諷誦文を作成。	讃仏乗抄
建暦年中				某所五髻文殊乗師子像の造立願文を起草。	貞慶鈔物
建保元年	一二一三	二月三日	59	示寂。	招提千歳伝記、他
建保二年	一二一四	二月三日		覚真、海住山寺五重塔に仏舎利を納め、安置状を遺す。	覚真仏舎利安置状
元仁二年	一二二五	二月三日		海住山寺で貞慶の十三回忌追善法会が営まれる。	一切経供養式幷祖師上人十三年願文・興正寺一切経

＊本年譜は、瀬谷貴之・高橋悠介編「解脱上人貞慶年譜」『解脱上人貞慶――鎌倉仏教の本流』（奈良国立博物館・神奈川県立金沢文庫・読売新聞社、二〇一二年）を改訂増補したものである。なお、本年譜の作成にあたっては、『大日本史料』第四編之十二・建保元年二月三日の貞慶卒伝や、竹居明男「笠置寺編年史料（一）（二）――僧貞慶入寂まで」（同志社大学人文学会『人文学』一四三・一四四、一九八六・八七年）、牧野和夫「『讃仏乗抄』をめぐる新出資料――七寺蔵『大乗毘沙門功徳経』と東寺観智院蔵『貞慶抄物』ほか」（『金沢文庫研究』二九六号、一九九六年）、杉﨑貴英「高山寺方便智院伝来『上人御草等』（抄）――解脱房貞慶関係史料の紹介と翻刻」（『博物館年報』三三号、二〇〇一年）、山田昭全・清水宥聖編『貞慶講式集』（山喜房佛書林、二〇〇〇年）・瀬谷貴之「貞慶と重源をめぐる美術作品の調査研究――釈迦・舎利信仰と宋風受容を中心に」（『鹿島美術研究年報』第一八号別冊、二〇〇一年）・藤岡穣「解脱房貞慶と興福寺の鎌倉復興」（『京都国立博物館　学叢』二四号、二〇〇二年）・多川俊映『貞慶『愚迷発心集』を読む――心の闇を見つめる』（春秋社、二〇〇四年）掲載の年譜等を参照した。記して感謝申し上げる。

（高橋悠介）

編集後記

二〇二一年二月、『貞慶撰『観世音菩薩感應抄』の研究』（楠淳證・新倉和文 共著）を法藏館より上梓した。『観世音菩薩感應抄』（本叢書では『観世音菩薩感応抄』と表記／以下『感応抄』）は、鎌倉初期の唯識学匠であった解脱房貞慶（一一五五～一二一三）が、建仁元年（一二〇一）に自らの観音浄土信仰の理論を確立した書であり、同年五月に著された二篇の『観音講式』の本体となった記念すべき書であった。しかし、著者名等が明記されていなかったためか、長年、顧みられることなく東大寺図書館にひっそりと埋もれていた。これを我々の研究グループ（楠淳證・新倉和文・後藤康夫）が調査時に見いだし、故・新倉和文氏の遺稿も収録して、共著の形で上梓した思い入れのある書籍であった。

しかし、法相教学に関する研究は研究者が少ないこともあり、今まであまり注目されてこなかったため、今回も学界の反応はさして期待していなかった。ところが、阿部泰郎氏より高い評価を受け、ご自身が進めておられる「間宗教テクスト」として本書を一般の方々にもわかる形にして、世に示したいとのお申し出を受けることとなった。了承するや、さっそくに阿部氏は執筆予定メンバーを招集し、二〇二二年二月にオンラインによる公開研究セミナーを実施し、私もそれに参加することとなった。阿部氏の私への要請は、『感応抄』の内容をより具体的かつ平易に示すことにあり、これに文献学・歴史学・文学・仏教美術等の各分野の諸研究をも加え、『感応抄』を基本テクストとして「貞慶」を総合的に解明しようとしたところに、阿部氏の「間宗教テクスト」研究の一つの形があったといってよいであろう。
無事に公開研究会を終えた後、これを書籍として刊行するため、ご担当いただいた研究者諸氏に分担をお願いし、提出された原稿に私と阿部氏は「修正案」を付して執筆者と複数回の遣り取りをし、このたび龍谷大学仏教文化研究叢書『解脱房貞慶の世界―『観世音菩薩感応抄』を読み解く―』として上梓した次第である。本叢書には、貞慶の「主要著作解説」「奥書・識語集」「年譜」等も付録として添付しており、貞慶の思想変遷や行跡を見るに格好の資料となっている。今後の研究者や一般読者の便に資すれば幸いである。
なお、本叢書にはフランスでの学会出張中に急逝された故・近本謙介氏の遺稿もまた、収録されている。近本氏は阿部氏の長年の学友であり、近本氏の遺稿の末尾には阿部氏の深い哀惜の思いも綴られている。ご協力いただいた、阿部美香・後藤康夫・瀬谷貴之・高橋悠介・西山良慶・蜷川祥美・舩田淳一・牧野淳司・松井美樹（五十音順）の諸氏には篤く御礼申し上げる次第である。

令和六（二〇二四）年八月二十七日

編者　楠　淳證

付記　本書は、ＪＳＰＳ科学研究費基盤研究（Ａ）「宗教テクスト文化遺産アーカイヴス創成学術共同体による相互理解知の共有」（課題番号22H00005）の研究成果のひとつであり、更に龍谷大学世界仏教文化研究センターの研究成果であるところから、同センターの刊行助成を受けて、龍谷大学仏教文化研究叢書53として刊行された。記して感謝の念を表する。

研究代表者（編者）　阿部泰郎

執筆者紹介（五十音順）

阿部美香（あべ　みか）
名古屋大学人文学研究科附属人類文化遺産テクスト学研究センター・研究員、昭和女子大学非常勤講師。専門は日本中世宗教文芸。主な著作に『ハーバード美術館　南無仏太子像の研究』（共編著、中央公論美術出版、二〇二三年）、『ことば・ほとけ・図像の交響――法会・儀礼とアーカイヴ』（共著、勉誠社、二〇二二年）、「六道釈が導く六道語り――その主体と『往生要集』」（『仏教文学』第四八号、二〇二三年）がある。

阿部泰郎（あべ　やすろう）
→奥付に別掲。

楠　淳證（くすのき　じゅんしょう）
→奥付に別掲。

後藤康夫（ごとう　やすお）
龍谷大学非常勤講師、龍谷大学世界仏教文化研究センター研究員。専門は東アジアの仏教学、とくに唯識学・因明学。主な著作に『日本中世の唯識思想』（共著、永田文昌堂、一九九七年）、『禿氏文庫本』（項目執筆、思文閣出版、二〇一〇年）、『貞慶撰『唯識論尋思鈔』の研究――「別要」教理篇・上』（共編著、法藏館、二〇二二年）がある。

瀬谷貴之（せや　たかゆき）
神奈川県立金沢文庫主任学芸員。専門は日本彫刻史。主な著作に『運慶と鎌倉仏像――霊験仏をめぐる旅』（平凡社、二〇一四年）、『ハーバード美術館　南無仏太子像の研究』（共編著、中央公論美術出版、二〇二三年）、『国宝クラス仏をさがせ！』（新潮社、二〇二四年）がある。

高橋悠介（たかはし　ゆうすけ）
慶應義塾大学附属研究所斯道文庫教授。専門は日本中世文学・寺院資料研究。主な著作に『宗教芸能としての能楽』（編著、勉誠社、二〇二二年）、「伝貞慶編『舎利勘文』小考」（『斯道文庫論集』第五八輯、二〇二四年）、「貞慶をめぐる説話と律院――「異砂記」・狛行光春日霊験譚」（『説話文学研究』第五五号、二〇二〇年）がある。

近本謙介（ちかもと　けんすけ）
元名古屋大学人文学研究科教授。専門は中世宗教文芸。主な著作に『春日権現験記絵注解』（神戸説話研究会編、和泉書院、二〇〇五年〈二〇一四年改訂重版〉）、『宗教遺産テクスト学の創成』（編著、勉誠社、二〇二二年）、『ハーバード美術館　南無仏太子像の研究』（共編著、中央公論美術出版、二〇二三年）がある。二〇二三年逝去。

西山良慶（にしやま　りょうけい）
龍谷大学文学部専任講師。専門は仏教学、とくに唯識学・因明学。主な著作に「良算教学における大悲闡提論の展開」（『岐阜聖徳学園大学仏教文化研究所紀要』第二二号、二〇二二年）、「法相論義「真報主」と源信の〈唐決〉――輪廻の主体をめぐる二大宗間の一大諍論」（楠淳證ほか編『日本仏教と論義』法藏館、二〇二〇年）、「日本唯識における因明学の展開――有法差別相違因作法の変遷」（『龍谷大学大学院文学研究科紀要』第三八集、二〇一六年）がある。

蜷川祥美（にながわ　さちよし）
岐阜聖徳学園大学教授。専門は仏教学、とくに唯識教学。主な著作に「貞慶・蔵俊・勝超合冊本『見者居穢土』の翻刻研究」（『南都佛教』第九五号、二〇一一年）、「金澤文庫所蔵『法華玄賛文集』巻八十について」（『岐阜聖徳学園大学仏教文化研究所紀要』第一九号、二〇一九年）、『貞慶撰『唯識論尋思鈔』の研究――「別要」教理篇・上』（共著、法藏館、二〇二二年）がある。

船田淳一（ふなた　じゅんいち）
金城学院大学教授。専門は日本中世宗教思想史。主な著作に『神仏と儀礼の中世』（法藏館、二〇一一年）、『蔵俊撰『仏性論文集』の研究』（共編、法藏館、二〇一九年）、『シリーズ宗教と差別　第2巻　差別と宗教の日本史――救済の〈可能性〉を問う』（共編、法藏館、二〇二二年）がある。

牧野淳司（まきの　あつし）
明治大学文学部教授。専門は日本中世文学。主な著作に「延慶本『平家物語』にある道宣律師の物語について――敦煌の「隋浄影寺沙門恵遠和尚因縁記」を視野に入れた考察」（『明治大学古代学研究所紀要』三一号、二〇二二年）、「『平家物語』と唱導文化との関わりについての綜合的研究――後白河法皇をめぐる唱導の観点から」（『明治大学人文科学研究所紀要』第八四号、二〇一九年）がある。

松井美樹（まつい　みき）
奈良国立博物館　学芸部美術室アソシエイトフェロー。専門は仏教絵画史。主な著作に「興福寺護法善神像と笠置寺般若台」（『鹿園雑集』第二六号、二〇二四年）、「奈良・如意輪寺所蔵の蔵王権現立像厨子――扉絵の神像と賛詩に着目して」（『美術史学』第四一号、二〇二〇年）がある。

【編者略歴】

阿部泰郎（あべ　やすろう）

龍谷大学世界仏教文化研究センター・招聘研究員、名古屋大学高等研究院客員教授。専門は宗教文化遺産テクスト学。主な著作に『聖者の推参――中世の声とヲコなるもの』（名古屋大学出版会、2001年）、『中世日本の宗教テクスト体系』（名古屋大学出版会、2013年）、『中世日本の世界像』（名古屋大学出版会、2018年）、『中世日本の王権神話』（名古屋大学出版会、2020年）、『ハーバード美術館　南無仏太子像の研究』（共編著、中央公論美術出版、2023年）がある。

楠　淳證（くすのき　じゅんしょう）

龍谷大学文学部教授。専門は仏教学、とくに唯識教学。主な著作に『心要鈔講読』（永田文昌堂、2010年）、『貞慶撰『唯識論尋思鈔』の研究――仏道篇』（法藏館、2019年）、『貞慶撰『観世音菩薩感應抄』の研究』（共著、法藏館、2021年）、『貞慶撰『唯識論尋思鈔』の研究――「別要」教理篇・上』（共編著、法藏館、2022年）、『貞慶撰『唯識論尋思鈔』の研究――「別要」教理篇・上　解説・索引』（編著、法藏館、2024年）がある。

龍谷大学仏教文化研究叢書53

解脱房貞慶の世界
――『観世音菩薩感応抄』を読み解く

二〇二四年九月十五日　初版第一刷発行

編　者　阿部泰郎
　　　　楠　淳證

発行者　西村明高

発行所　株式会社　法藏館
京都市下京区正面通烏丸東入
郵便番号　六〇〇-八一五三
電話　〇七五-三四三-〇〇三〇（編集）
　　　〇七五-三四三-五六五六（営業）

装幀　野田和浩

印刷・製本　中村印刷株式会社

ISBN 978-4-8318-6289-1 C1015